二战风云人物
World War II
Figures

轮椅总统
罗斯福

鸿儒文轩 编著

中国书籍出版社
China Book Press

图书在版编目（CIP）数据

轮椅总统——罗斯福 / 鸿儒文轩编著 . —北京：中国书籍出版社，2012.10
ISBN 978-7-5068-3189-5

I . ①轮… Ⅱ . ①鸿… Ⅲ . ①罗斯福，A.E.(1882~1945)– 传记
Ⅳ . ① K837.127=5

中国版本图书馆 CIP 数据核字 (2012) 第 211945 号

轮椅总统——罗斯福

鸿儒文轩　编著

图书策划	崔付建　武　斌
责任编辑	王文军
责任印制	孙马飞　马　芝
出版发行	中国书籍出版社
地　　址	北京市丰台区三路居路 97 号（邮编：100073）
电　　话	（010）52257143（总编室）　（010）52257140（发行部）
电子邮箱	eo@chinabp.com.cn
经　　销	全国新华书店
印　　刷	三河市华东印刷有限公司
开　　本	710 毫米 × 1000 毫米　1/16
字　　数	252 千字
印　　张	17
版　　次	2012 年 11 月第 1 版　2018 年 5 月第 4 次印刷
书　　号	ISBN 978-7-5068-3189-5
定　　价	45.00 元

版权所有　翻印必究

前 言

第二次世界大战是人类历史上规模最大、战斗最为惨烈、影响最为深远的一场战争。在这场正义与邪恶的较量中，参战双方都涌现出了不少风云人物。他们或为国家和民族的自由而奋战，成为了名传千古的英雄；或为法西斯卖命，成为了遗臭万年的战争罪犯。

美国总统罗斯福无疑是第二次世界大战期间最受世界瞩目的风云人物之一。他出身贵族，胸怀大志，从少年时代便开始为实现理想而奋斗！他为此付出的艰辛要比常人多得多！因为他患上了脊髓灰质炎，从而导致了下肢瘫痪，不得不坐在轮椅上度过他的后半生！

但身体的残疾并没有影响他成为美国历史上最伟大的总统之一。在20世纪30年代的大萧条时代，他大力推行新政，实施了以工代赈等政策，挽救了大量处于饥饿边缘的难民！他所开创的这种国家福利制度成为了资本主义世界福利制度的典范。

第二次世界大战初期，他为了美国的安全与未来，与国内的孤立主义势力展开了积极斗争，通过了《租借法案》，对英、苏、中等反法西斯国家提供物资援助。美国直接参战之后，他又千方百计地与英国、苏联联手，为反法西斯战争做出了突出贡献。在战争后期，他从维护世界的长久和平出发，构想了建立联合国的方案。这一在战后得到了实施的方案至今仍然发挥着重要的作用。

不管是实施罗斯福新政，还是领导美国人民进行艰苦卓绝的反法西斯战争，他的行动都对资本主义世界，乃至全球产生了深远的影响。迄今为止，他在世界各国仍然享有很高的声誉，被认为是美国历史上最伟大的总统之一。

当然，罗斯福也有缺点，也犯过错误。以往的传记作家在为其立传之时，往往只写他的政治、军事生涯和历史功绩，忽略了他的家庭背景、生活经历、恋爱婚姻等，甚至故意剔除其性格上的瑕疵与人生的败笔。

本书在大量考证历史资料和细节的基础之上，以全新的视角，还原传主的全貌，客观、公允地叙述了罗斯福的成长轨迹和心路历程。希望他的成长经历以及编者的评论能给广大读者带来一些启发，引起广大读者的思考。由于编者的水平有限，书中难免存在谬误与不足之处，请广大读者批评指正！

· 目 录 ·

第一章　美好的青春岁月

一、甜蜜爱情的甜蜜结晶 …………………………… 2
二、在美好的环境中成长 …………………………… 6
三、格罗顿公学的求学生涯 ………………………… 10
四、哈佛大学的出色成员 …………………………… 14
五、幸福美满的婚姻生活 …………………………… 18
六、韬光养晦的 6 年时光 …………………………… 23

第二章　纽约州政界新秀

一、竞选纽约州参议员 ……………………………… 30
二、锐意进取的改革派 ……………………………… 35
三、战斗精神与国家利益 …………………………… 39
四、第一次世界大战的历练 ………………………… 44
五、从失败中总结经验 ……………………………… 49

第三章　坚强的轮椅州长

一、不幸罹患脊髓灰质炎 …………………… 56
二、成立佐治亚温泉基金会 ………………… 60
三、在冷眼观察中等待时机 ………………… 64
四、以微弱优势当选州长 …………………… 68
五、蜚声全国的轮椅州长 …………………… 71

第四章　登上总统的宝座

一、在大萧条中脱颖而出 …………………… 76
二、当选民主党总统候选人 ………………… 80
三、当选第三十二任总统 …………………… 85
四、在惨淡之中宣誓就职 …………………… 90

第五章　推行罗斯福新政

一、入主白宫，力挽狂澜 …………………… 98
二、大力推行"第一次新政" ……………… 102
三、第二次新政及其成效 …………………… 106
四、与联邦最高法院斗法 …………………… 110

第六章　孤立主义的阻挠

一、美国的孤立主义传统 …………………… 116

二、孤立主义与绥靖政策 …………………… 120
三、应对"罗斯福萧条" ……………………… 124
四、发起清洗保守派的运动 ………………… 128
五、罗斯福新政挽救了美国 ………………… 133

第七章 大战之前的风云

一、向孤立主义发起挑战 …………………… 140
二、欧洲再次燃起了战火 …………………… 144
三、修改中立法案的斗争 …………………… 148
四、大力支持研究原子弹 …………………… 153

第八章 破纪录的三连任

一、及早做好两手准备 ……………………… 160
二、日益紧张的国际局势 …………………… 164
三、阻力重重的三连任 ……………………… 169
四、第三次获选总统候选人 ………………… 173
五、以微弱优势取得胜利 …………………… 178

第九章 统领全球战局

一、意义深远的租借法案 …………………… 184
二、发表《大西洋宪章》 …………………… 188
三、卷入第二次世界大战 …………………… 193
四、两大阵营的最终形成 …………………… 199
五、大力推行战时经济体制 ………………… 203

六、统领全球战局的总司令……………………… 208

第十章　加速战争的进程

一、签署《联合国家宣言》……………………… 214
二、登陆北非的"火炬行动"…………………… 219
三、参加卡萨布兰卡会议………………………… 223
四、轴心国同盟的解体…………………………… 227
五、二战三巨头齐聚德黑兰……………………… 231

第十一章　伟人最后的岁月

一、第四次总统候选人提名……………………… 238
二、葬礼之前的就职典礼………………………… 242
三、构想战后的世界新格局……………………… 247
四、带病参加雅尔塔会议………………………… 252
五、人生的最后一次旅行………………………… 256
六、一代伟人骸骨归故乡………………………… 260

· 第一章 ·

美好的青春岁月

一

甜蜜爱情的甜蜜结晶

美国是一个年轻的移民国家。在哥伦布发现这片新大陆之前，只有印第安人安静地生活在这片辽阔的土地上。伴随着新大陆的发现，大批欧洲人怀着狂热的"黄金梦"涌到北美。到18世纪中叶，北美东海岸已经形成了13个英国殖民地。来自欧洲各国的居民们经过长期的融合，逐渐形成了一个新的民族——美利坚。

18世纪末期，美利坚的民族意识觉醒了，美利坚人开始寻求民族独立之路。1774年，来自13个殖民地的代表聚集在费城，召开了第一次大陆会议，试图以和平的方式摆脱英国的殖民统治。大陆会议未能达到目的。于是乎，一场轰轰烈烈的战争爆发了，这便是美国历史上著名的独立战争。美国取得了战争的最后胜利，并顺理成章地摆脱了英国的殖民统治，获得了独立的地位。

罗斯福家族在美国独立战争期间也像美利坚民族其他成员一样努力奋战。罗斯福家族的祖先是17世纪中叶从荷兰迁居新大陆的克莱斯·马顿曾·范·罗斯福。像众多移民一样，克莱斯在横渡大西洋时把昔日的历史全部扔掉了。没有人知道他来自荷兰哪里，也没人知道他曾经做过些什么。家族的人曾经暗示，克莱斯很可能是一个恶贯满盈的罪犯，或者是一个不虔诚的犹太教徒。但这些都不重要了，重要的是他定居哈德逊河畔以后努力经营生意，日子还算过得去。他的子孙显然继承了他灵活的头脑，有些人竟然成了当地数一数二的富户。

到了19世纪中叶，罗斯福家族中出现了一个美国式的绅士，他的名字叫做詹姆斯·罗斯福。詹姆斯崇尚自由，热爱生活，他年轻时曾周游欧洲列国，还参加了加里波第的红衫党，为意大利的独立奋战过。

返回美国后，詹姆斯在故乡海德公园定居了下来。不久之后，他进入了哈佛大学法学院学习。毕业之后，詹姆斯并没有从事法律工作，而是像家族中的大部分成员一样，开始经商。凭借着灵活的头脑和开阔的视野，他很快成为当地的大富豪，不但成为了特拉华—哈德逊铁路的副总裁，还创办了好几家轮船公司。

詹姆斯十分向往田园生活。发家之后，他在德卢思附近买下了大约530公顷绵延起伏的林地。站在海德公园家里的阳台上，越过高高的树梢，便可以瞥见远处源远流长的大河和紫色的卡塔斯基尔山脉。他在庄园中饲养了很多的牛和马。他甚至培育了一种被誉为"格洛斯特"的名马。这种马可以在2分钟之内跑完1500米的路程。

成年后，詹姆斯与一名名叫丽贝卡的女子结了婚。一年之后，他们的儿子出生了。詹姆斯十分高兴，决定用自己的名字给儿子命名。为了加以区别，孩子被称为詹姆斯·罗斯福·罗斯福。家人和朋友们都亲昵地叫他罗西·罗斯福。一家人非常幸福地生活在一起。但天有不测，丽贝卡于1876年因病去世了。詹姆斯陷入了极大的痛苦之中。

詹姆斯经常到家族中另外一个名人西奥多·罗斯福的家中去做客。西奥多常年居住在纽约，是一个著名的政客。1880年春天的一个晚上，詹姆斯应邀到西奥多的家中参加一个小型宴会。在这次宴会上，他与一位极为漂亮的姑娘邂逅了。两人一见钟情，默默地注视着对方。女主人见状，便上前帮他们介绍道："詹姆斯，这位是萨拉·德拉诺小姐。"

詹姆斯非常绅士地向萨拉行了一个礼。女主人又对萨拉说："这是我们的堂兄，海德公园的詹姆斯·罗斯福先生。"

萨拉很有礼貌地将右手递给詹姆斯。詹姆斯拉着她的手，轻轻地吻了一下她的手背。就这样，詹姆斯便认识了萨拉。此后，两人的关系迅速升温，并确立了恋爱关系。詹姆斯简直像着了魔一样爱着美丽的萨拉。她那丰满的身材，乌黑的眼睛和栗色头发无不让他魂牵梦绕。

随着两人关系的深入发展，詹姆斯得知，萨拉是他的生意伙伴沃伦·德拉诺的女儿。沃伦曾在中国做生意，并发了大财。回到美国后，他在哈德逊河西岸的纽堡附近买了一处叫阿戈纳克的庄园定居下来。阿戈纳克位于海德公园以南约30公里。

两人可谓门当户对，郎才女貌，但年龄却有些悬殊。詹姆斯已经52岁了，但萨拉才26岁。詹姆斯曾经为此苦恼过，他究竟该不该向萨拉求爱呢？爱情的魔力最终驱使他鼓起勇气，向萨拉敞开了心扉。

　　萨拉并没有因为年龄的差距而拒绝詹姆斯。尽管曾有许多年轻人向她献媚，但她始终没有找到爱情的感觉。而且她的父亲沃伦也看不上那些人，因为他们要么根本配不上萨拉，要么就是太年轻或年纪太大，有的甚至是冲着萨拉将来要继承的100万美元遗产才来追求她的。

　　但詹姆斯是个例外，他的年龄尽管比萨拉大一倍，但由于热爱运动使得他看上去非常年轻，而且身体也很健壮。在萨拉看来，詹姆斯·罗斯福是她所见过的最杰出的人物。他身材高大，相貌英俊，彬彬有礼，一幅十足的美国绅士派头。这样的男人怎么会让她不动心呢？萨拉答应了詹姆斯的求爱，并把他带到了家里。

　　詹姆斯请求萨拉的父亲沃伦允许他向萨拉求婚。沃伦显然十分惊讶，他的顾虑也是两人的年龄差距。他对女儿说："你今年才26岁，你的求婚人却比你大一倍，论年龄他可当你的父亲呢！"

　　萨拉的姐妹们也不断地向她强调这一点。萨拉根本没有理睬他们，她爱詹姆斯，爱他的一切，并不会因为年龄的差距而退却。她反驳父亲和姐妹们说："我爱詹姆斯·罗斯福先生，别说他的年龄比我大一倍，就是再大一些，我也心甘情愿！"

　　1880年10月，这对有情人顺利地步入了婚姻的殿堂。萨拉搬到了海德公园，同詹姆斯一起过着美满幸福的生活。1882年1月30日，萨拉为詹姆斯生下了一个漂亮的小男孩。那天夜间，詹姆斯在日记上写道："8点45分，我的萨拉生下了一个胖胖的男孩，非常可爱，体重10磅（1磅约0.454千克）。"

　　这个小男孩便是后来名扬世界的美国总统富兰克林·德拉诺·罗斯福。老年得子，詹姆斯对富兰克林倾注了更多的心血。萨拉更是喜爱自己十月怀胎生下的这个胖胖的小男孩，因为这是她与詹姆斯甜蜜爱情的结晶。萨拉经常把孩子放进祖传的樱桃木小摇篮里，哼着温馨的歌谣，哄他入睡。罗斯福也会时常在摇篮里发出"咯咯"的笑声，逗得父亲和母亲开怀大笑。萨拉自己给孩子喂奶约有一年之久。后来，她带着满意的口吻回忆说:"我和保姆按我们自己的想法喂他,没有采用什么特别的婴儿食谱。"

萨拉并没有因为儿子的出生而忽略对丈夫的关怀,她依然像往日一样爱着詹姆斯。多年之后,她依然清晰地记得那次在西奥多·罗斯福家邂逅詹姆斯的情景。有一次,她对儿子说:"如果我当时不去那里,我现在可能还是一个孤寂一生的老处女。"

二

在美好的环境中成长

罗斯福在父母的精心呵护下一天天长大了。萨拉完全是按照贵族的方式来培养儿子的。罗斯福是一家人生活的中心，保姆、女仆、厨师、花匠、车夫、马童和雇工都围着他转。萨拉更是为儿子制订了严格的生活制度：早晨7点起床，8点早餐，上午上3个小时的课，从中午12点到下午1点休息，下午1点午餐，然后继续学习到下午4点。周末要跟随大人一起到教堂去做礼拜。

富兰克林像大部分的男孩一样，总是能想到办法来抵制母亲对他的安排。他非常讨厌学习弹钢琴和画画，因为他怎么学也学不会。他还十分不喜欢到教堂去做礼拜，特别是冬天。每当这些时候，他都会在头天晚上就对妈妈说："妈妈，我的身体不舒服，明天不能去教堂了。"

萨拉心疼儿子，便会让女仆细心地照顾他，自己到教堂去向上帝祈祷，希望儿子快点好起来。实际上，这一切都只不过是罗斯福的伎俩而已。萨拉发现儿子"发病"很有规律，一到星期天就头疼，便诙谐地称之为"星期天头疼症"。

尽管母亲对罗斯福的要求十分严格，但从来不会对他粗言恶语，更不会严厉惩罚。她和丈夫都想把儿子培养成一个有海德公园气派的绅士。罗斯福的一位家庭女教师说："他是在一个美好的环境里被抚养成人的。"

詹姆斯则用绅士的方式来培养罗斯福的各种兴趣。在詹姆斯看来，热爱大自然是成为海德公园气派绅士的必要因素之一。因此他经常把儿子扛在肩头，带他去巡视庄园。罗斯福稍稍长大后，他们便骑马在庄园里活动。每天，他们都会骑着马经过修剪过的草坪，顺着车道在田间驰骋。在父亲的熏陶下，罗斯福也爱上了安静的田园生活，尤其热爱动物。对此，詹姆斯十分高兴，他总是在节日的时候将一些动物，诸如苏格兰的小矮马和良种长毛猎狗等当作礼物送给儿子。为了培养儿子的爱心，他们还让罗斯福自己来喂养这些动物。多年之后，罗斯福回忆这一切的时候，仍然骄傲地说："这是一件非常不轻松的工作。"

偌大的庄园完全是罗斯福的王国。夏天，他带着长毛猎狗马克斯曼到森林里去挖土拨鼠的洞穴；躺在草莓树丛中间，一边晒着太阳，一边吃草莓；张弓带箭地在树林里漫游，捕捉小鸟，制作标本。冬天，他会跑到河边，看大人们把大块大块的冰从河里拉上岸来；穿着雪鞋在田野上奔跑；在河上溜冰和乘坐冰船。

童年的罗斯福非常喜爱和爸爸詹姆斯一起在大自然里自由畅游。因此，与大多数美国孩子不同的是，罗斯福跟父亲在一起的时间要比和母亲在一起的时间多得多！但罗斯福对父母的爱却是一样的浓厚。1888年5月18日，6岁的罗斯福给萨拉写了一封信。当时，萨拉回到娘家去照顾生病的父亲。罗斯福在信中写道：

我亲爱的妈妈：

　　昨天下午，我同爸爸一起去钓鱼。我们抓到了十几条鳑鱼。我们把它们都扔在岸上了。爸爸对我说，如果把它们放到池塘里去，那会把鱼吓坏的。我亲爱的外公他好吗？亲爱的妈妈，我希望他身体比以前好一些！

　　吻你！

　　　　　　　　　　　　　你亲爱的儿子富兰克林

年幼的罗斯福十分喜爱大海。自从他的父亲在坎波贝洛岛上建造了别墅之后，他们每年夏天总要在那里住些时候。在这个小岛上，罗斯福尽情地欣赏了浩淼的大海和过往的船只。热爱旅游的爸爸还经常带着他和母亲乘船周游欧洲。在14岁之前，他已经到过欧洲8次，并去过欧洲所有重要的国家。因此，年幼的罗斯福对英国、法国和德国就已经非常熟悉了。

这些经历不但培养了他战狂风胜恶浪的勇气,而且还使他掌握了驾船的技术。当他还够不着驾驶盘之时,父亲就已经同意让他来操纵那条长达15米的"半月"号帆船了。后来,他有了一条6米多长的单桅快艇。罗斯福给他命名为"新月"号。他曾驾驶这只船勘探过芬迪湾多岩的海岸。这些经历对他日后的工作有相当大的作用。他在当海军助理部长时,还曾亲自驾驶一艘驱逐舰通过坎波贝洛岛与大陆之间的危险通道。

外公沃伦·德拉诺也非常喜欢罗斯福。他曾经给外孙弄到了一个美国自然历史博物馆的终身馆员的资格。有一年夏天,罗斯福和家庭教师阿瑟·邓柏在伦敦旅游。他们本来打算去南肯辛顿博物馆参观鸟类标本的。但当地居民告诉他,这里不对一般公众开放,因为威尔士亲王即将来此主持一个隆重落成典礼。所有的人必须要有请帖才能进入。罗斯福灵机一动,落落大方地掏出自己的纽约博物馆的馆员证向守卫一晃,就同邓柏进去了。那一天,罗斯福像所有的要人一样,受到了热情的接待。

罗斯福在少年时期就对集邮产生了浓厚的兴趣。他的母亲萨拉也是一个集邮迷。很多年之前,萨拉跟随父亲沃伦到中国的时候就开始集邮了。后来,萨拉把集邮册送给弟弟弗雷德。当弗雷德舅舅看到小外甥罗斯福是如此地热爱集邮,便把自己珍藏的集邮册当作生日礼物送给了他。

罗斯福十分喜欢读书,尤其是关于航海和海军方面的书籍。有一次,萨拉读书给儿子听,罗斯福却在摆弄集邮册。母亲对他说:"做事情的时候要专心!"

罗斯福不高兴地说:"何必要专心呢?"

在母亲惊讶的目光之中,罗斯福将母亲念给他的最后一段一字不差地背诵了下来。罗斯福的这种过目不忘和过耳不忘的本领让他的朋友都十分惊讶。罗斯福曾经骄傲地说:"我若是不能同时干好两件事,就会感到羞耻。"

1899年,年轻的富兰克林·罗斯福与他的父亲坐船航行

罗斯福就在这种美好的环境下快乐地成长着。他的父母从来没有想过他有一朝一日会成为美国总统，也不希望他成为美国总统。詹姆斯和萨拉对政治毫无兴趣。詹姆斯曾跑到纽约民主党代表大会上去阻止乡亲们提名他当国会议员。罗斯福的母亲萨拉希望罗斯福能像他的父亲一样当个士绅，在哈德逊河畔过着宁静的生活。她说："我所能为我们的儿子设想的最高理想是长大后像他父亲一样，正直诚实、公正仁慈，成为一个堂堂正正的美国人！"

在罗斯福童年之时，詹姆斯曾带他到白宫会见自己的好朋友克利夫兰总统。克利夫兰为了报答詹姆斯对民主党的支持，想让他出任驻荷兰公使。詹姆斯谢绝了这项任命，他婉转地说："总统先生，能够像我一样为您效劳并享受这一荣誉的人多得很。我太喜爱海德公园了。克利夫兰先生，我是一个胸无大志的人，我的主要愿望是使妻子和儿子幸福。"

克利夫兰只好退而求其次，任命罗斯福同父异母的哥哥罗西·罗斯福为美国驻维也纳大使馆的一等秘书。罗西·罗斯福和父亲一样，都是民主党的支持者，他曾给民主党捐了一大笔钱。后来，他还被派往伦敦担任过同样的职务。

当分别的时候，正因经济衰退而焦头烂额的克利夫兰抚摸着罗斯福的头说："我的小朋友，我要向你表示一个奇怪的祝愿，祈求上帝永远不要让你当美国总统。"

詹姆斯完全同意克利夫兰的意见，因为竞选公职不是绅士的作风。他的堂弟西奥多·罗斯福于1880年竞选州议会议员之时，就曾震惊了整个罗斯福家族。让人意想不到的是，日后打破美国历史纪录连任4届总统的正是他的儿子罗斯福！

三

格罗顿公学的求学生涯

　　罗斯福的小学阶段基本上是在家里度过的。海德公园有一所学校，但萨拉不愿意让自己的儿子跟普通人家的子女一起去接受普通教育。因为她一直希望将罗斯福培养成一个像他父亲一样的绅士。当时，罗斯福家的邻居罗杰斯家请来了一个德国女教师，并开设了班级。萨拉就把儿子送到那里去学习。罗斯福在罗杰斯的家里每天要学习两个小时的德语。

　　不久之后，萨拉为儿子请了一个专职女教师弗劳莱因·莱因斯伯格。莱因斯伯格是一位非常负责任的好老师。在她的教育下，罗斯福很快就能说一口流利的德语，并能用德文给母亲写信了。他在信中写道："我要向你表明，我已能用德文写信。但我却没法进一步提高，以便使妈妈真正高兴。"

　　可惜的是莱因斯伯格并没有在罗斯福家呆多长时间，就因得了精神病而被送进了疗养院。接替她的是一位年轻的瑞士人让·桑多斯。桑多斯是罗斯福最喜欢的家庭教师之一。多年以后，他曾写信给桑多斯老师说："你在奠定我的学业基础方面发挥的作用比谁都大。"

　　虽然罗斯福经常在桑多斯面前搞一些恶作剧，但老师依然很喜欢他，并坚信他"将来会出人头地"。更加难能可贵的是，她不仅奠定了罗斯福法语和其他课程的扎实基础，而且还培养了他的社会责任感。罗斯福在一篇关于古埃及的作文中写道："劳动人民一无所有，帝王们迫使他们辛苦地劳动，但给予他们的报酬竟是如此之少，可真是伤天害理啊！他们濒临于饥饿，惨不忍睹！他们几乎衣不蔽体，死者更是不计其数。"

　　由于萨拉严格地规范着儿子的教育进度，罗斯福直到14岁才离开父母，进入实行寄宿制的格罗顿公学学习。格罗顿公学的创办人思迪科特·皮博迪博士来自新英格兰最富有的家族之一。从剑桥大学毕业之后，他不愿随父进入工商界，而是选择在一个偏僻的矿区当了一名牧师。1883年，皮博迪来到位于波士顿西北60余公里的小镇格罗顿，创办了格罗顿公学。格罗顿公学类似于英国专门为贵族子弟进入名牌大学作准备的预备学校。学校收费昂贵，规模也不大，仅有150名学生，学制6年，而且只收男生。

格罗顿公学的教育体系深受校长皮博迪的影响。皮博迪始终把为国家献身作为终身追求的目标和理想，因此他希望格罗顿公学能把这些富家子弟培养成改造社会的栋梁之材。他曾对人说："如果格罗顿培养的学生不从事政治并为国家做出贡献的话，这并不是因为我没有敦促过他们。"

为了实现这一目标，格罗顿公学不但重视学生的智力发展，也十分注重学生们的道德和体育教育。罗斯福的父母都不希望他参与政治，但他却在日后成了美国总统，这和他在格罗顿公学所受的教育是分不开的。1940年，罗斯福总统在写给年迈的校长皮博迪的信中写道："40多年以前，您曾在旧教堂的一次布道中讲过，不能让青年人的生活丧失理想，即使在晚年也不应当失去童年时代的梦想。这就是格罗顿的理想！我不曾把它忘记，它一直到现在还在我耳边回响。"

格罗顿公学不管在生活方式上，还是在课程内容上都照搬了英国伊顿公学的模式。为了强调生活简朴、锻炼意志，学校还额外规定了一些斯巴达式的生活。皮博迪规定，学生们一律住在长3米，宽1.5米的单独小寝室里，室内仅有一张床。寝室没有门，仅在房门口挂着一块布帘。每天早晨7点，所有的学生必须起床，洗一个冷水澡。晚上参加集体晚餐时要穿戴整齐，白衣领要浆得笔挺，而且一定要穿皮鞋。

格罗顿公学的课程并没有什么新意。在语言课中，拉丁语和古希腊语占了很大比例，然后才是法语和德语。历史课则专讲欧洲史，根本就没有与美国直接相关的课程。因为美国的历史太短了，短到历史学家根本没有为其书写历史的想法。由于学校教育方式的死板，致使自幼受到良好家庭教育的罗斯福在头两年里的平均成绩竟然不及格，仅仅为C。直到两年后，他才勉强把成绩提高到B。

轮椅总统·罗斯福 lunyizongtong

罗斯福是作为三年级的插班生而进入格罗顿公学的。刚入学之时，罗斯福显得有些不太合群。因为他操着一口浓重的英国口音，同学们经常因此而取笑他。因为他同父异母的哥哥罗西·罗斯福的儿子埃塔·罗斯福比他高一年级，而且名声不大好，同学们还送了他一个"富兰克叔叔"的绰号。

不过，自幼受到良好教育的罗斯福很快融入了学校的生活，跟同学们打成了一片。在进校的第二年，他还获得了"严格守时奖"。老师和校长也都十分喜欢他。皮博迪校长向他的父母报告说："在我的印象中，他是个聪明和诚实的学生，也是个好孩子。"

1900年6月，18岁的罗斯福从格罗顿公学毕业了。毕业典礼那天，他的堂叔西奥多·罗斯福应邀前来演讲。当时，西奥多是纽约州的州长。西奥多州长在演讲中说："……一个人只要有勇气、有善心、有智慧，那么他所成就的事业即是无限的。当今我国政治正需要这样的人。"

西奥多激情澎湃的演讲感染了毕业生们。罗斯福十分崇拜西奥多，他像对待英雄一样，带头鼓掌。西奥多跟皮博迪校长一样，都是罗斯福在政治上的启蒙者。

在6月25日的授奖会上，罗斯福意外地得到了拉丁文奖，奖品是40卷一套的莎士比亚全集。罗斯福大感意外，因为他的成绩在所有的同学之中并不突出，单就他本人而言，他的辩论也远比拉丁文要好。因此，他描写自己当时的心情是"心里乐滋滋的"。

皮博迪校长在他的毕业证书上写道："他是个诚实的学生，在整个学习期间，他在集体中的表现令人非常满意。"

1932年底，罗斯福当选为美国总统，皮博迪校长当着众多记者的面激动地宣布道："富兰克林·罗斯福就是当年在格罗顿学习的那个少年。我认为，关于他在学校时的表现，还应当多说几

12岁的罗斯福

句。他当时的表现十分普通，他的才能是比一些同学强一些，但并不是一个出类拔萃者。他的身体较弱，因此在体育方面没有取得什么成就。不过，我们大家都非常喜欢他。"

　　皮博迪的这段话可以作为罗斯福在格罗顿公学求学的简略概括。实际上，在4年的时间，他的表现并不突出，也没有犯过什么错误。可以说，他仅仅只是一个普通的学生而已。但这段求学生涯，尤其是校长皮博迪对他的影响相当之大。成为总统之后，罗斯福曾如是写道："在我的一生中，除了父母之外，皮博迪校长对我的影响比其他任何人都大。"

四

哈佛大学的出色成员

在格罗顿公学毕业前夕，罗斯福一度想进安那波利斯海军学院学习，将来当一名海军军官。但年迈的父亲坚决反对。詹姆斯耐心地解释说，他是唯一能够继承财产的孩子，不应该选择职业军人的生涯。因为那会远离家乡，生活也十分艰苦。但是学习法律就不一样了，毕业后可以从事自己想从事的任何职业。罗斯福听从了父亲的安排，准备进入父亲的母校哈佛大学法律系学习。为了实现父母的这一愿望，罗斯福在格罗顿公学的最后一年中就修完了进哈佛所必需的16个学分以及一年级新生的一些课程。也就是说，罗斯福进入哈佛大学之时，虽然是1900级的新生，但实际上却是从二年级开始读起的。

哈佛大学位于波士顿附近的查尔斯河畔，始创于1636年，有着悠久的历史和光荣的传统。当罗斯福在1900年9月25日成为哈佛的新生时，这座大学正处于"黄金时期"。校长查尔斯·埃利奥特是推行自由选修课程制度的首创者。在查尔斯任校长期间，哈佛大学由一所小型的地方性大学发展成了世界著名的学府。这所著名的学府秉承"兼容并包"的传统，学生里既有贵族阶级的公子哥儿，也有来自中下层的普通人。

1900年9月25日，罗斯福在家信中写道："我最亲爱的妈妈和爸爸：我现在坎布里奇。12小时以后我将完成全部注册手续而成为1900级的成员。"

罗斯福的寝室看起来好像"被片状闪电击中"了似的，零乱不堪，起居室内没有窗帘和地毯，床铺看起来也"不适合睡觉"。但罗斯福却十分高兴，因为他即将成为一名哈佛人了。哈佛的学生中有的是格罗顿公学的毕业生。刚刚进入大学的罗斯福还不太适应同陌生人打交道，他通常选择同格罗顿的校友同桌吃饭。

哈佛大学的管理并不严格，课程也很轻松。有的学生甚至可以整个学期都在四处游玩，在期末时请个老师突击一下就可以通过考试。轻松的学习环境加上波士顿光怪陆离的夜生活，许多富家子弟在入学不久就会跟路灯下的"性感女郎"厮混在一起。哈佛大学的一位历史学家甚至说："波士顿就是附在大学身上的一条'社会水蛭'。"

尽管罗斯福很快就和那些来自社会上层的学生混熟了，并相处甚欢，但却与他们有着完全不同的兴趣。他似乎对女孩子没有多少兴趣，仅仅在二年级时同作家亨利·朗费罗的孙女弗朗西丝谈了一段时间的恋爱，但很快就因为母亲的反对而分手了。他的兴趣不在寻欢作乐方面，而集中在政治上。政治明星西奥多·罗斯福是他的偶像。要成为政治明星自然要和社会上层的人士打交道。

正是为了这个目的，罗斯福在哈佛期间择了历史和政治作为主修课，而把英语和演讲作为副修课。因为这些课程可以为他将来的政治活动奠定坚实的基础。不过，罗斯福并不是一个只会死读书的书呆子。他十分讨厌一位毫无吸引力的、近视眼的英国史教授的讲课。于是，他便和班上的同学一个个地从窗户和太平门溜了出去。哈佛的老师们再也没有一个能像皮博迪博士那样激起过他对学习的渴望。他曾经说过，在哈佛学习的课程同校门以外的现实很少联系。这些课程就"像是没有电线的电灯。你需要灯是为了求得光明，如果你不能扭亮它，它就毫无用处"。

尽管他这样说，但无可否认的是，罗斯福在大学时代还是读了不少书的。他采纳了波士顿一位书商的建议，收

少年罗斯福

藏了许多书。起初，所有关于美国的书籍，他都会收藏。后来他便把范围缩小到只限于军舰内容的书籍、杂志和图片。他还因此被选入了哈佛联合图书馆委员会。

尽管罗斯福长得英俊潇洒，又出身名门，但并没有成为校园里的明星。富家公子们在社交圈和体育活动中成就的好坏决定了其在校园里所享的声誉。罗斯福身材瘦长，体重仅146磅，几乎没有任何拿手的运动项目。他好不容易才当上了一年级橄榄球队的后边锋，但两个星期之后便被撤换了下来。女孩子们因此打趣地称他为"妈妈的乖儿子"。

罗斯福在社交方面也受到了严重的挫折。当时，哈佛大学有名目繁多而又等级森严的社交俱乐部。最高级的俱乐部是直通波士顿乃至全国上流社会的桥梁。在这些俱乐部中，最令人向往的无疑是"波尔柴兰"俱乐部。罗斯福的堂叔西奥多·罗斯福在哈佛就读时就是这个俱乐部的会员。罗斯福也信心满满地申请加入其中，但不知什么原因，俱乐部最终没有接纳他。这对罗斯福来说，是其整个大学生涯中最大的打击。他的妻子埃莉诺·罗斯福后来曾说过，这次打击使罗斯福产生了一种自卑心理，甚至成为他一生中最痛苦的时刻之一。

没能进入"波尔柴兰"俱乐部，罗斯福只好退而求其次，参加了档次稍差的"旗帜"俱乐部，并担任了俱乐部图书馆的首席管理员。除此之外，他还陆续参加了其他一些俱乐部。临近毕业时，他还以三分之二的票数当选为优等生委员会常务主席。

正所谓"失之桑榆，收之东隅"，罗斯福在体育和社交方面没有取得什么成绩，但却在社会活动方面取得了巨大的成就。最有意义的莫过于担任《校旗报》的编辑了。当进入《校旗报》编辑部任助理编辑时，他在家信中兴奋地说："如果我好好干上两年，就有可能当上编辑。"

罗斯福的工作很快就得到了同学们的认可。当然，这其中少不了他得天独厚的亲属关系。一次，他打电话给堂叔西奥多·罗斯福，说自己想去看他。在电话中，他意外地得知，西奥多将到哈佛做一次学术性的演讲。于是，罗斯福抢先在《校旗报》上发布了这一内幕消息。正是因为这样，他在进入《校旗报》两年之后便取得了主编这个最高职位。

不过，他之所以能够取得这样的成绩，主要还是得益于他锲而不舍的工作精神。《校旗报》有一条不成文规定：严禁向大学校长采访。但罗斯福却在1900年总统大选前夕打破了这一惯例，顺利地采访了哈佛校长。1913年，罗斯福向记者详细叙述了当时的经过。

当罗斯福设法见到校长后，校长惊愕地问："您是谁？"

罗斯福回答说："我是海德公园的富兰克林·罗斯福，现在为《校旗报》工作。"

没等校长反应过来，罗斯福就紧接着问："我来请问您，校长先生，您准备投谁的票？是麦金莱，还是布赖恩？"

问完这句话，罗斯福感到了前所未有的紧张，他恨不能躲到门后去。不过，他知道，自己不能放弃，因为他是来寻找答案的。校长埃利奥特先生从上到下反复地打量了他一会，终于开口问道："您为什么要知道这个？"

罗斯福诚恳地回答说："我是为《校旗报》来采访您的。"

在罗斯福的追问下，校长埃利奥特终于说出了轰动一时的新闻，他准备投共和党人的票，赞成麦金莱为总统，西奥多·罗斯福为副总统。一年之后，总统麦金莱遇刺身亡，年仅42岁的副总统西奥多·罗斯福顺理成章地成为了美国历史上最年轻的总统。

1945年出版的《真正的罗斯福》一书如是评价罗斯福的创举："当他还是大学一年级学生的时候，他就曾冲破禁区，采访了哈佛大学校长埃利奥特，问他打算投谁的票，是麦金莱还是布赖恩。"

除了担任《校旗报》的主编之外，罗斯福还从事了一些慈善活动，比如给穷人的孩子上课，发起筹集"支援布尔人基金"等。

五

幸福美满的婚姻生活

罗斯福进入哈佛大学不久，他的父亲詹姆斯便因心脏病恶化而去世了。1900年12月初，詹姆斯同萨拉住在纽约的文艺复兴饭店时，心脏病突然发作，而且十分严重。12月7日，萨拉把罗斯福和他同父异母的哥哥罗西·罗斯福一同叫到了父亲的病床前。第二天一早，詹姆斯就去世了。伤心欲绝的萨拉在当天的日记里这样写道："2点20分，他在睡眠中安详地去世了。当我写这一行字时，我不知道没有他的日子，我们今后该怎样生活。"

詹姆斯给每个儿子留下了一笔12万美元的信用存款，每年约有6000美元的利息收入。12万美元在当时来说是一笔巨款，完全可以让罗斯福无忧无虑地过完一生。位于海德公园的斯普林伍德庄园及其他财产则归萨拉所有。实际上，萨拉并不在乎财产，她要比丈夫富有得多。她的父亲给她留下了将近130万美元的遗产。萨拉更在乎的是她的丈夫和儿子。

詹姆斯去世后，整个斯普林伍德庄园陷入了一片凄凉之中。萨拉异常苦闷，年仅46岁的她在日记中写道："我想多干点事，但很难。我把富兰克林养的鸟儿全部放了出去……日复一日，日日如是。20年来，我把自己的爱均分给詹姆斯和富兰克林，现在我要把全部的爱都倾注在儿子身上了。"

不久之后，萨拉就迁到了波士顿，在靠近哈佛大学的地方租下了一套房子定居下来。细心的母亲在日记中如是说："它离大学不太远，这样就可以在他需要我的时候，很快看见他；同时也不太近，这样就不会妨碍他的大学生活。"

罗斯福经常在母亲的住处招待宾客，陪伴她。但母亲对他倾注的爱太多了，以至于总想把他控制住。聪明的罗斯福并没有因此和母亲发生冲突，而是巧妙地回避掉了。他带着母亲外出参加午餐会和郊游，协助母亲处理海德公园和坎波贝洛的一些事务。在假期的时候，他便陪着母亲去欧洲旅行。

对此，萨拉十分满意。多年之后，她在给罗斯福的信中写道："我是一个非常幸福的女人。从前，我先后受到你外公和你父亲的照顾，晚年你又使我享受到了美好的生活。"

1902年春，罗斯福陪着母亲乘坐纽约市中心铁路公司的一列火车，沿着哈德逊河做短途旅行。罗斯福在各节车厢里走来走去，忽然，他看到了一张似曾相识的脸。这张脸下面长着苗条的身材，是个美丽的姑娘。姑娘独自坐在窗户旁边，看着窗外的风景。一个个名字在他的脑海里闪过。终于，他想起来，眼前的这位姑娘不正是他远房堂妹埃莉诺嘛！

罗斯福比埃莉诺大3岁，两人很早就相识。当年在海德公园的儿童室里，5岁的富兰克林曾背着两岁的埃莉诺，在房间里兜圈子，玩得不亦乐乎。尽管埃利诺出身名门，是西奥多·罗斯福的兄弟埃利奥特的女儿，但其童年并不幸福，因为她的父亲埃利奥特是个放荡不羁、纵欲无度的花花公子。在埃莉诺6岁的时候，他突然离家出走了。母亲安娜·霍尔因此变得行为古怪起来。她甚至将丈夫的不忠迁怒到了女儿的身上。她处心积虑地惩罚女儿，为其取绰号叫"小老太婆"。有一次，她指着埃莉诺对客人说："瞧，这孩子多滑稽，长得多老啊！"

而父亲的形象在埃莉诺的眼中变得异常高大起来，她无时无刻不在向往着见到父亲。多年之后，她描述自己当时的心态时说："当时，我幻想会有一天我能和父亲生活在一起，我渴望留在幻想的世界之中，在这里我是女主角，他是男主角。母亲去世时，我并不十分悲痛，因为有一件高于一切的事，那就是父亲会很快回来，我将同他一起生活。"

实际上，埃莉诺的父亲永远也回不来了。他不久之后就因为酒精中毒而死在了一家疗养院里。也有人说，他是因为酒后骑马跌下来摔死的。在此之前，特德（西奥多·罗斯福的昵称）叔叔曾多方奔走，证明自己的兄弟已经失去了自控能力，将财产转移到了埃莉诺的名下。埃莉诺小小年纪就失去了父母，只好住到外婆霍尔的家里。霍尔一家住在海德公园北边不远处的第沃里。她的外婆十分古板，用最传统的方式来教育她和弟弟。她的姨妈和舅舅也都不太正常。姨妈们性情乖戾，经常因为爱情的挫折而歇斯底里，舅舅则嗜酒如命，整日耍酒疯。在这种环境中长大的埃莉诺对未来充满了恐惧，直到她遇到了罗斯福为止。

罗斯福停下脚步，同埃莉诺攀谈起来。显然，埃莉诺也认出了自己的这位远房堂兄。在聊天中，罗斯福得知埃莉诺在英国念了3年书，刚刚回到美国。她正乘坐火车，赶往第沃里。罗斯福同她有一搭没一搭地聊着。在火车到达波基普西之前，他邀请埃莉诺到另一节豪华的车厢里去见见他母亲。萨拉使得这位少女第一次领略了上层社会女性的优雅。萨拉对她的印象似乎也不错。

在这次邂逅之后，罗斯福经常跟埃莉诺在哈德逊河畔的海德公园和纽约市内举行的宴会或舞会上相会。他们之间逐渐产生了爱情。埃莉诺吸引罗斯福的除了她那迷人的外表之外，还有一个重要的原因，那就是她是美国总统的侄女。埃莉诺的名字越来越多地出现在罗斯福的日记中。他更是千方百计地去跟埃莉诺约会。有一次，他同母亲一起到纽约去买圣诞礼品时，居然悄悄溜走，同埃莉诺一起喝茶去了。

1902年的冬季，罗斯福和埃莉诺不约而同地来到了华盛顿。西奥多·罗斯福邀请侄女到白宫去度假。萨拉的好友安娜·罗斯福·考尔斯夫人则邀请罗斯福到家中去过新年。埃莉诺的姑妈拜伊同考尔斯夫人也相熟。拜伊大概已经猜到了侄女对罗斯福的感情了。于是，罗斯福也被邀请到了白宫，跟埃莉诺等人一起喝茶。1903年的新年，罗斯福就是在白宫里跟其他家族成员一起站在总统的家眷圈中，看着西奥多·罗斯福总统热情地与成千上万个祝愿的人握手。那年的新年给罗斯福留下了深刻的印象。他在一页日记中写道："这是非常有意思的一天。"

此后，两人的关系更加密切了。罗斯福还经常邀请埃莉诺到海德公园去参加家庭宴会。夏天的时候，他还把埃莉诺带到了坎波贝洛的别墅，跟她一起在树林中散步，一起驾帆船，一起野餐，一起在晚间的炉火旁读书……

　　能够得到罗斯福的倾心让埃莉诺感到由衷的高兴，但也有点胆战心惊。因为朝气蓬勃的罗斯福让她想起了自己幻想中的父亲，给她提供了一个庇护所。埃莉诺由此彻底向罗斯福敞开了胸怀。

　　当时，年轻人之间的恋爱远没有今日那么开放。埃莉诺在回忆中说："你只有在很了解一个男人时才写信给他或者接受他的信。除了花、糖果，有时是一本书之外，你不能接受男人的礼物。从没有与你订婚的男人手里接受一件首饰会被看成是放荡的行为。所以，在订婚之前让他亲吻这样的想法从来没有在我脑海中出现过。"

　　1903年11月21日，罗斯福邀请埃莉诺到哈佛大学去观看一场足球比赛。比赛结束之后，两人在林间散步。就是在这个温馨的时刻，罗斯福向埃莉诺求婚了。埃莉诺并没有立刻答应他。回到纽约之后，埃莉诺把罗斯福向她求婚的事讲给外婆听。外婆问她是否真的爱上了他，埃莉诺郑重其事地回答说："是的！"

　　1903年底，罗斯福以平均3分的成绩从哈佛毕业了，并获得了学士学位。由于被选为《校旗报》的主编，他又在哈佛呆了一年。他告诉一年级的新生们要严肃对待"自己的工作，认真处理同学校和周围同学的关系，并且要自爱，要向高处走，必须始终勤奋"。

　　从哈佛大学毕业后，罗斯福便与安娜·埃利诺·罗斯福订婚了。西奥多·罗斯福高兴极了，他对罗斯福说："听到这个消息，我非常高兴。我很喜欢埃莉诺，她就像是我的亲生女儿一样。当然，我也喜欢你，相信你……祝愿你们永远幸福。"

　　1905年3月17日，罗斯福与埃莉诺举行了婚礼。西奥多·罗斯福总统亲临现场，慈祥地挽着侄女，亲手将她交给了罗斯福。婚礼现场来了很多人，但大部分都是来看总统的。军警和保镖们环绕在总统的左右，不让人靠近。尽管如此，人们依然尽量跟总统挨得近一些。无论他走到哪里，总有一群人簇拥在他的身后。总统的威风给罗斯福留下了深刻印象。

　　婚后，埃莉诺无论是在生活上，还是在政治之路上，都给丈夫带来了许多帮助。在生活上，埃莉诺精心地照顾着罗斯福，连一向对生活细节挑剔的萨拉，都十分满意儿子挑选的妻子。在政治上，埃莉诺是美国历史上第一位举行正式记者招待会的总统夫人和独立的社会活动家、报纸专栏作家。罗斯福之所以能在日后入主白宫，除了他自身的努力之外，妻子埃莉诺也作出了重要贡献。

六

韬光养晦的6年时光

与埃莉诺结婚之时,罗斯福正在哥伦比亚大学法学院读书。他是在1904年进入该校的。罗斯福的成绩依然不好不坏,第一学年竟然有两门功课仅得了2分,没有及格,只得补考。罗斯福对繁琐精细的法律条文十分厌烦。他沮丧地给老校长皮博迪博士写信说:"没有你,一切都变得不同了。我正在试图对法律这种工作有所了解。"

几年之后,想起这段经历,他依然如是说:"你知道你在最好的法学院里也学不到多少法律,你要学会怎样去思考。"

埃莉诺十分了解自己的丈夫,她知道罗斯福之所以进入哥伦比亚大学法学院完全是因为出于对母亲的尊重。她曾对拜伊姑妈说:"如果不能凭藉学习法律来和人们广泛接触的话,那么他在哥伦比亚大学学法律是不会觉得满意的。"

尽管如此,罗斯福依然坚持了下来。本来,他们婚后就要出去度蜜月的,但为了法学院的课程,他们在斯普林伍德庄园只住了一个星期便回纽约去了。在回到纽约后,这对新婚夫妇住在一

1905年,罗斯福与埃莉诺在加拿大坎波波洛岛

间租来的公寓里。他们对公寓的生活还算满意,埃莉诺曾说:"在那个地方,我一点家务都不用干。"

1905年6月,哥伦比亚大学法学院的春季课程结束了。罗斯福带着新婚妻子,登上了"大洋号",到欧洲去度蜜月。在船上,罗斯福对6个日本海军军官产生了兴趣。罗斯福主动跟他们交谈了几次,想从他们那里了解一些关于日本的情况。但罗斯福很快就发现,尽管他从来没有去过日本,但是他从书上了解的关于日本的知识要比这几个真正的日本人还要多!为此,罗斯福洋洋得意了好一段时间,但也有一些失落,因为他不能从几个日本军官那里了解更多的知识。

在横渡大西洋的旅途中,与罗斯福的高谈阔论相比,埃莉诺显得深沉得多。她几乎不说话,整日就默默地陪在罗斯福的身边。她发觉罗斯福有梦游的毛病。有一次,罗斯福在深夜里居然悄无声息地走下床,向客舱门口走去。埃莉诺尖叫了起来,罗斯福听到妻子的尖叫声才醒过来。

罗斯福还经常做恶梦。有一次,他们正在苏格兰旅游。由于白天他们在野地里走得太远了,都十分疲倦了。到了晚上,埃莉诺被旁边床上的尖叫声吵醒了。她睁开眼睛,居然看见富兰克林笔直地坐了起来,手指着天花板,大声喊道:"你看见了吗?你没看见这房梁在旋转吗?"

旅途中的这些插曲让埃莉诺十分疲惫。不过,他们也有十分开心的时候。威尼斯无疑是他们蜜月旅行中最难忘的一站。他们泛舟于运河上,欣赏着铁栅栏门后宫殿式的粉红色建筑和房屋后面的花园。埃莉诺在多年以后回忆说:"我们的船夫非常有趣。乍看起来他活像一个善心的强盗,带领我们在运河上逛了大半个晚上。"

白天,夫妻俩在日光下沐浴,坐在圣马科广场周围的桌子边上,喂鸽子。他们看了不少教堂,直到罗斯福说,他不愿再看了。离开威尼斯的时候,他们还在穆拉诺的玻璃器皿厂定做了一套带有罗斯福家族纹饰的杯子留作纪念。

9月初,他们结束了这种田园诗般的日子,回到了纽约。埃莉诺似乎不太习惯坐船,在返回纽约的途中,她一直觉得不舒适。回到家中很久了,这种不舒服的感觉依然没有散去。埃莉诺便去看了医生。医生兴奋地告诉她:"你怀孕了。"

埃莉诺简直不敢相信。她一直害怕生育,但一旦怀孕了,她倒淡定了。她说:"我一向害怕不会生育,这下我真的松了一口气。不然的话,我丈夫肯定会很失望的。"

1906年5月,他们的第一个孩子,女儿安娜出生了。在以后的10年里,他们又陆续生了5个儿子,但十分遗憾的是,第二个孩子在8个月大时因流感夭折了。罗斯福做了父亲,成了一个有自己的家庭的男子汉大丈夫,他要对妻子和孩子负责。因此,回到学校后,他读书十分用功,顺利地通过了两门课程的补考。1907年,罗斯福从哥伦比亚大学毕业了,平均成绩依然是不好不坏的3分。由于他拒绝回校参加考试,所以并没有获得学士学位。多年之后,哥伦比亚大学校长曾开玩笑地对他说:"如果您不按规定回哥伦比亚大学通过考试,那您就永远不能称自己为知识分子。"

罗斯福则笑着回答说:"我的这个事例恰好证明,法学实际上没有什么用处。"

尽管罗斯福没有获得法学学士学位,但却通过了纽约州的律师考试。凭借着这次考试和家族的关系,他顺利地进入了华尔街著名的卡特—莱迪亚德—米尔本律师事务所当了一名职员。

律师事务所的工作非常轻松,罗斯福也没感到工作的压力。第一年,他并没有获得任何薪水。但这对他们的生活没有丝毫的影响,因为他俩每年可从信托财产基金获得12500美元左右的收入。这在当时绝对算得上是一笔巨款,足可以让他们衣食无忧了。

罗斯福似乎对金钱也没有什么概念。他虽然像父亲一样,具有开拓进取的精神,但却对商业上的竞争不太感兴趣。罗斯福严格地在自己的圈子里活动,不越雷池半步。他称自己是"一个成熟的办公室人员"。

罗斯福的工作十分庞杂,包括为事务所的合伙人研究案例、记录案情及其他一些琐事。他曾写了一则自嘲广告,让大家知道他愿作有关法律方面的任何杂事:"处理未付款的汇票是本人一大特长,免费回答女士们提出的有关酗酒的问题。乐意告发因过度节育而造成的种族灭亡。免费为小犬施行麻醉。在很熟练的老婆婆的指导下育养婴儿,如此等等。"

不过，作为一名律师，罗斯福的主要工作还是帮助委托人打官司。在处理案件的过程中，他常常因为自己的机智而获胜。有一次，他的对手是一位非常有经验的律师，以擅长说服陪审员而闻名。罗斯福听了他的发言后认为自己取胜的机会几乎等于零。但他却发现对手有一个策略上的错误：他的发言太长了，讲了一个多小时。

罗斯福抓住这个机会，站起来说："先生们！大家都了解这个案子的材料，也听了我的对手、著名律师的辩护发言，如果您们相信他，而不相信这个案子的材料，您们就应当作出利于他的裁决，我没有更多的话要说了。"

对手被罗斯福这一句话弄得哑口无言，早已厌烦了长篇大论发言的陪审员们当然乐得其所。几分钟之后，陪审员的意见就出来，结果这个本来毫无胜算的案子居然就因为罗斯福的这几句话而获胜了。这种专攻形式而不谈实质问题的方法让罗斯福在工作中获得了不少益处。这种方法在他日后的政治生涯中也发挥了不小的作用。

事务所不仅要办大案，还接一些经济纠纷的小案子。大律师们大多看不起这些琐碎的小案子，于是乎，罗斯福这个新手便被安排到市立法院去反驳对一些公司提出的小数额赔偿要求。在跟这些社会中下层的人士打交道的过程中，罗斯福始终小心翼翼，十分警觉。他不仅认真地观察对方的相貌，还努力地去了解他们的生活方式和思想。

渐渐地，罗斯福学会了如何跟中下层人士打交道，学会了如何在复杂的形势中理出头绪，解决问题。所有这一切，都为罗斯福日后在政治上的平等交易提供了很好的训练。当上总统之后，罗斯福曾经向一位同事说："我常常觉得，我在市立法院的工作比我生活上的任何其他要素都更有利地为我的从政生涯打下了坚实的基础。"

婚后的6年时间里，罗斯福的生活十分平静，但是他已经在为将来的政治之路暗暗积蓄力量了。有一次，他向事务所的同事们说，他想进入政界，就像他的堂叔西奥多·罗斯福一样，先当州参议员，然后当助理海军部长，再当纽约州州长。他胸有成竹地说："任何人处在这个地位上，只要他走运就能当上总统。"

人们一般将罗斯福这6年平静的时光称之为罗斯福的"静止阶段"、"社会心理发展的暂停期"或"韬光养晦的6年"。事实证明，正是这6年韬光养晦的经历为其奠定了基础，他才得以顺利地按照自己规划的路，一步一步地走向了成功。

·第二章·

纽约州政界新秀

一

竞选纽约州参议员

1910年初,代表达切斯县的州参议员职位出缺。纽约州民主党的领导人非常想把这个被共和党人把持了达32年之久的职位夺过来。他们盯上了罗斯福,想让他代表民主党参选。他们之所以选中罗斯福是有原因的。尽管罗斯福显得有些傲慢,但他的举止和谈吐十分有教养,而且十分年轻,可谓初生牛犊不怕虎。更为重要的是,他有罗斯福这个具有魅力的姓。这个姓在美国不但代表着高贵和教养,而且意味着他很有钱。在美国,参加竞选是离不开金钱的支持的。当然,罗斯福的个人魅力也让民主党的领导人十分看重。在一次野餐会上,罗斯福发表了极其优美的演说。这次演说征服了民主党人。

罗斯福并没有给他们明确的答复。尽管他才28岁,但他对民主党领导人头脑里的那些想法了解得一清二楚。罗斯福向来是以超党派人士的眼光来观察政治风云的。共和党已经把持这个职位32年之久了,根基十分深厚,想打败他们简直比登天还难。

不过,事情很快就迎来了转机。当时,美国的形势错综复杂,人心浮动。大托拉斯几乎垄断了国内所有的工商贸易,对自然资源和劳动力资源的掠夺也已经达到了无以复加的程度;社会财富分配的极为不均,贫富差距日益拉大;种族歧视和种族隔离现象依然如故,毫无改善的迹象;毫无节制的城市化进程使得城市里的贫民窟迅速蔓延,与之相伴而生的疾病、骚乱、犯罪等社会问题日益严重;政府中的腐败也到了十分严重的地步。

面对种种社会问题,一场"进步运动"于1890年前后在美国出现了。历届政府都在努力改变现状,企图建立一个强有力的中央政府,对工业、金融、货币、运输、农业、劳工，以及社会道德标准实行有效的调控和引导。西奥多·罗斯福在任内就一直致力于这种改革。

1908年，总统任期将满的西奥多·罗斯福曾授意选举威廉·霍华德·塔夫脱作为共和党总统候选人，以便继续推行改革政策。随后，西奥多·罗斯福就大摇大摆地穿过非洲丛林，去做了一次极为有趣的冒险活动。等回到美国后，他突然发现塔夫脱作为新总统太缺乏锐意进取精神了，根本不是那些鼓吹"一切维持原状"的老油子们的对手。一切又都落入了保守派的掌控之中。西奥多·罗斯福怒气冲冲地在全国各地奔走，臭骂那些他认为背叛了他的人。共和党内产生了严重的分歧。与此同时，美国人民也对塔夫脱政府的政策产生了不满情绪。

罗斯福敏锐地抓住了这一有利时机。他相信这股普遍不满的情绪会像飓风一样，把其所在选区内的民主党候选人迪克斯吹上纽约州州长的宝座，甚至还会再刮出一名民主党参议员来。罗斯福决定答应民主党领导人帕金斯的邀请，参加这次竞选。母亲萨拉和多数亲友都反对罗斯福去作一次他们认为"毫无成功希望"的竞选。但妻子埃莉诺依然一如既往地支持着丈夫。当时，她的第四个孩子刚刚出生，她把大部分心思都放在了孩子的身上，但是她表示，凡是丈夫愿意干的事，她都支持。

罗斯福给西奥多·罗斯福打了个电话，他说："特德叔叔，我准备竞选纽约州参议员。"

西奥多·罗斯福兴奋地说："干得好，我的孩子！我早就说过，像你这样的人应该进入政界才是！"

罗斯福补充道："不过，我在民主党候选人名单上。"

作为共和党中最出色的成员，西奥多·罗斯福顿时咆哮起来："你这个卑鄙的兔崽子！你这个叛徒！你是在开我的玩笑吗！这不是故意和我作对吗！你要知道，作为一个民主党人是不可能获胜的！"

实际上，罗斯福对民主党和共和党两大阵营并没有什么概念，他之所以会成为一名民主党斗士，仅仅是因为民主党给了他一次机会，提名他作为纽约州参议员的候选人。

当时的竞选跟美国今天的竞选略有区别，只要在党内获得提名并在大会上通过了，便可以作为候选人参加竞选了。罗斯福的提名顺利地通过了大会的审核。在接受提名的演说中，罗斯福说："大家知道，我是以绝对独立自主的态度接受这一提名的。我不效忠于任何个人，不受任何特殊利益的影响，而且将永远如此。"

共和党提名的参议员候选人是施洛瑟。他既有财产又有名望，曾在费什基尔兰丁开设过一个法律事务所，踏入政界后一帆风顺，平步青云。为了保持与选民的联系，他还在当地的志愿消防队员协会中参加了广泛的活动。但罗斯福很快就找出了他的弱点，那就是在两度担任参议员期间，他的表现是十分保守的。而这种保守正是以西奥多·罗斯福为首的共和党改革派所攻击的对象。

罗斯福并没有把改革的主张作为他在竞选运动中争论的问题。他故意模糊了共和党内改革派与保守派之间的分歧。他以同样严厉的言辞来谴责民主党与共和党的党魁们。他发表模棱两可的谈话，回避了可能使他表明自己党派立场的具体问题。施洛瑟企图阻挠当时的共和党纽约州州长查尔斯·埃文斯·休斯的改革方案。罗斯福立即跟共和党人中的改革派站在了一起，谴责施洛瑟。有人问他："你是否赞成休斯的政策？"

罗斯福毫不犹豫地答道："当然赞成。"

罗斯福正是用这种模糊党派的做法，让选民相信他并不代表任何党派的利益，而是全心全意为选民服务的。

除此之外，他特意渲染自己和"特德叔叔"的关系。在一次集会上，他一开始就说："我不是'特德叔叔'。"

有个小伙子对他说："我知道你不是'特德'。"

罗斯福问："何以见得。"

那个小伙子回答说："因为你从来不发火。"

奠定了竞选的基础之后，罗斯福就开始到选民中间去和他们建立联系了。实际上，罗斯福并没有多大的名望，甚至在他的家乡海德公园，他也并不出名。罗斯福回到故乡，把这个地区仅有的一辆红色马克斯韦尔轿车租了下来，并用旗帜加以装饰。他乘坐这辆轿车，以每小时40公里的速度跑遍了许多地区，发表演说，吸引了许多人的注意。

每到一处，他总不忘对他所到的城镇说一两句奉承话，以拉近与当地居民的关系。只有跟听众在其他问题上建立了一定的联系后，他才接触到竞选问题。他称呼选民为"我的朋友们"。他的演说很有技巧，如他说他不知道施洛瑟是代表本地的党魁，还是只代表他本人，但是"我确实知道他不代表我，也不代表你们。"

除了在讲台上发表演说，罗斯福还随时随地跟人们进行交谈。不管在路上遇到过往的卡车司机，还是在商店里遇到闲逛的人或者在果林里遇到摘苹果的农民等，罗斯福都要走上前去，跟他们攀谈一会。他还经常微笑着跟选民们握手。有一次，他对一个神色惊讶的房屋油漆工人说："叫我富兰克林，我叫你汤姆。"

施洛瑟低估了罗斯福获胜的可能性。连当地一家共和党人开办的报纸根本不相信施洛瑟会受到"很大的干扰"。等到他们发现事态的发展已经无法控制之时，一切都已经太晚了。对方不得不在报纸上大事渲染罗斯福和纽约的一家律师事务所的关系，说"他们替一些正被塔夫脱总统的政府起诉的大托拉斯进行辩护"。

共和党人无论如何也没有想到，他们的这一行动非但没能打击到罗斯福，反而帮了他的大忙。因为这正说明了罗斯福是一位不带任何党派色彩的候选人。

罗斯福在海德公园发表了最后一次演讲。在向他的家乡表示敬意以后，他表示希望以他的父亲为榜样，和海德公园的各项事务保持密切的联系。最后，他再次谴责了施洛瑟，说他"同一小撮竭尽全力阻挡实现进步和政治清明的共和党政客为伍"。

1910年11月，选举如期举行了。那一天天气寒冷，而且下着雨。许多支持共和党的选民都没有到场参加投票。选举结果很快就出来了，罗斯福以15708票对14568票击败了施洛瑟，当选为新任参议员。罗斯福的这次胜利部分地反映了全国总的趋势。民主党人在美国众议院中赢得了几乎五分之三的议席，竞选纽约州州长获胜并在纽约州参、众两院中获得了多数议席。

选举获胜使罗斯福获得了极大的满足感。他在奥尔巴尼州议会大厦附近租了一幢宽敞、豪华的房子，举家迁了过去。这座房子的年租金是400美元，但一个州议员的年薪只有1500美元。当时，大部分议员仅在开会期间来到首府租个便宜的房间住一段时间，而把妻子和儿女留在家中。所以，罗斯福的家就成了民主党改革派议员经常聚会的场所。这所房子也因此成为了罗斯福的一笔政治资产。罗斯福就这样满怀希望和激情，投入到了他期待已久的政治事业之中。

二

锐意进取的改革派

罗斯福刚到纽约州的首府奥尔巴尼就成了众人皆知的政治人物了。这一方面是因为他是32年来首次当选该区参议员的民主党候选人，另一方面则是因为他和前任总统西奥多·罗斯福的关系。一位传记作家曾如是评价他："第二个罗斯福走上了30多年前西奥多·罗斯福赢得声誉的舞台，这是不能等闲视之的事情！"

罗斯福首次在参议院上露面时才29岁。这个年轻的参议员很快就引起了民主党领导人的注意。纽约州总部坦慕尼协会的负责人之一蒂姆·沙利文看着罗斯福的背影，对人说："又是罗斯福家的人。这个家伙还很年轻，在他翅膀还没有长硬的时候，把他拉下马是不是更容易一些？"

沙利文错了，罗斯福并不是一个容易对付的人。尽管他还很年轻，但并不会轻易被拉下马。不久，罗斯福就证明了这一点。当时联邦政府的参议员并不是由选民直接选举的，而是由各州议会推选产生的。纽约州的民主党组织长期在坦慕尼协会所控制之下。民主党党魁查尔斯·墨菲已经决定推举威廉·希恩作为民主党的候选人。

希恩是一个卑劣的政客，他许诺墨菲说："一旦跻身于参议院这个'百万富翁俱乐部'，我一定会报答坦慕尼协会的栽培之恩。"

消息传出之后，改革派的民主党议员们纷纷反对。罗斯福冒着违反核心小组规定的风险，也加入到了反对者的行列。作为一颗政治新星，罗斯福很快成为了反对者行列的领袖。

民主党内部围绕着这项提名展开了一场轰轰烈烈的唇枪舌战。尽管反对者们并没有能够改变什么，但罗斯福却在这次论战中声名大噪，一跃成为反对坦慕尼协会的英雄。美国上下对这颗政治新星顿时刮目相看。连西奥多·罗斯福都在来信中称赞他道："我们大伙都为你的表现感到骄傲！祝你好运！"

就这样，为了实现自己的政治理想，平日里文质彬彬的罗斯福经常在参议会上与对手唇枪舌战。他是如此地坚决，以致于会议主持人听了他的热情号召后常常怒气冲冲喊道："算了吧！"

罗斯福在与对手论战的过程中还十分机智。有一次，他赞成通过青少年每周工作不超过 54 小时的法案。在讨论快要结束的时候，罗斯福发现赞成票可能不够，因为有一位支持这个法案的参议员在家睡大觉。罗斯福马上派人去请，自己则站起来开始了即席发言，大讲特讲鸟类学。罗斯福的用意是借此拖延时间，而那些反对者们则指责他说："这与所讨论法案无关。"

罗斯福机智地说："我只是想证明，大自然本身就要求缩短工作日。"

那位在家里睡大觉的参议员利用这段时间及时地赶到了参议院。结果，这项法案就顺利地通过了。

1911 年秋，罗斯福去特伦顿拜访了新泽西州州长威尔逊。威尔逊是著名的学术政治明星，拥有政治学博士的头衔，曾担任普林斯顿大学的校长。1910 年以民主党候选人的身份被选举为新泽西州州长。

威尔逊是一个理想主义者，他刚上任就开始了大刀阔斧的改革，赢得了全国最进步的州长的美誉。当时，威尔逊正在做两件事情：第一件就是清除政府机构里的党魁。这些党魁就像是政府机构里的毒瘤一样，致使各级政府滋生了大量的腐败现象。他宣称要"让政治控制的机构置于人民手中。因为政府的职责就在于把为共同利益奋斗的人们组织起来反对追求特殊利益的人们"。第二件事情是参加争取总统提名的竞选活动。威尔逊的呼声很高，罗斯福很敬佩他，而且两人之间的很多观点也惊人地相似。因此，罗斯福便寻了一个机会去拜访他。第一眼看见威尔逊，罗斯福就被他那冷峻的外表、博学善辩的才华和深邃明澈的理智所折服了。当时，年轻的罗斯福尽管有很多好的想法，但却十分幼稚，不成体系。在威尔逊的指导下，这些想法很快变得清晰了。罗斯福决定，一定要想办法联合改革派的青年,拥护威尔逊的"新自由"政治纲领。

1912年6月下旬,民主党在巴尔的摩举行了全国代表大会。在提名总统候选人的投票中,威尔逊获得了超过三分之二的票数,顺利地击败了竞争对手克拉克,当选为民主党总统候选人。这一选举结果表明,改革派势力赢得了控制党组织的权力。

在这次支持威尔逊的活动中,罗斯福并没有发挥太大的作用。年仅30岁的罗斯福在民主党内资历尚浅,而且又遭到了坦慕尼协会的敌视和排挤,所以连候补代表的资格都没取得。墨菲控制了坦慕尼协会,将他排挤在了纽约州90名正式代表之外。

不过,罗斯福依然付出了巨大的努力。他在巴尔的摩代表大会会场之外进行了一些外围的声援活动,尽量争取舆论对威尔逊的支持。他出资设立了威尔逊讨论会总部和威尔逊俱乐部,并亲自组织演说和游行,对会议代表施加影响,让他们投威尔逊的票。为了盖住竞争对手克拉克的风头,他甚至组织了一帮人跟克拉克的支持者斗殴。这些场外活动虽然对代表们的表决无法起到决定性作用,但多少是有些影响的。威尔逊对罗斯福采取的这些努力十分感激。当然,这种感激也为罗斯福日后的政治生涯奠定了牢固的基础。因为威尔逊在几年之后顺利地当选为美国第二十八任总统。

罗斯福回到奥尔巴尼后,一个新任务已经在那里等待着他去挑战了。每隔两年,参议院都要根据法律的规定改选三分之一的参议员。如何在选区内再度赢得提名,并当选州参议员成了罗斯福必须要面对的事情。

非常不幸的是,罗斯福在此时患上了严重的伤寒,卧床不起。这对雄心勃勃的罗斯福来说无异于一次惨重的打击。就在罗斯福痛苦之时,一个在此后20多年的岁月里深深地影响了他政治前程的人闯入了他的生活。这个人就是年届40岁的路易斯·豪。路易斯·豪是《纽约先驱论坛报》驻奥尔巴尼的记者。在罗斯福刚刚当选参议员之时,他就认定其将来必成大器,是罗斯福家族中继西奥多·罗斯福之后另外一名杰出的政治人物。因此,路易斯·豪在一开始就谋划着如何将罗斯福塑造成一位未来总统的公共形象。

在罗斯福争取第二次当选参议员的活动中,路易斯·豪几乎包揽了一切

轮椅总统 ·lunyizongtong· 罗斯福 ·luosifu·

事务,并且把这次竞选搞得有声有色,让罗斯福再次赢取了选民们的信任。1912年底,罗斯福再次当选为纽约州参议员,成功实现了连任。

纽约州参议员的从政经历对年轻的罗斯福来说,确是一次全面而生动的政治教育。在政治活动中,他学到了许多行之有效的政治手腕,并积累了大量的人脉关系。他不但学会了如何避免对有争议的尖锐问题明确表态,也学会了如何避免卷入当地那些足以使他的政治前程毁于一旦的纠纷;他不但学会了如何与本地的党魁们打交道,也学会了怎样在赞同一种意见的情况下又不至于过多地树敌;他不但学会了怎样回复那些对他纠缠不休的信件,也学会了怎样为达到最终的结果而在具体运作过程中作出妥协。毫不夸张地说,作为一个政治人物所需要的一切经验和手腕,他都已经学会了。

海军助理部长富兰克林·德拉诺·罗斯福

罗斯福本来对党派之争就没有什么兴趣,但经过两年多的政治生活,他发现美国的政治斗争不只是民主党与共和党之间的冲突,而是一种牵涉到多方利益的复杂斗争。罗斯福不但学到了别人的经验和手腕,也悟出了一套属于自己的政治哲学。多年之后,他在回忆这段经历时写道:"我介入了政治,已经成了一个政治家。初胜的时刻可能是任何一位职业政治家必须经历的一次最严重的危机。一直到那时,我的行为还一直停留在书本理论阶段……尽管我曾经在理论上研究过这类问题,但在具体的操作中,尤其对各种理论的灵活运用则引起了我更大的兴趣。"

三

战斗精神与国家利益

正当罗斯福卧病在床,路易斯·豪为其连任州参议员四处奔走之时,总统大选也轰轰烈烈地展开了。西奥多·罗斯福和威尔逊两人的呼声都很高,现任总统塔夫脱虽然也参加了选举,但明显比他们二人要逊色得多!其他人则更加不值一提了。毫不夸张地说,美国第二十八任总统肯定会在西奥多·罗斯福和威尔逊两人之间产生。因此,民主党候选人威尔逊与共和党候选人西奥多·罗斯福之间展开了激烈的论战。

威尔逊宣称:"我在战斗!但我并不是为了那些已经获得成功的人战斗,而是为了那些将要取得成功的人或者正在努力敲开那扇紧闭的机会之门的人战斗。"

西奥多·罗斯福则大声疾呼:"我们主张自由,但我们主张的是给被压迫者以自由……"

不过,威尔逊显然比西奥多·罗斯福具有更多的优势。因为美国有一个传统,即一个人不能连续担任3届总统。西奥多·罗斯福已经担任了两届总统。尽管在他第三次参选之前,塔夫脱已经担任了一届总统,但仍然有一些人反对他参选。一个狂热的反对者在西奥多·罗斯福准备离家外出发表演讲时开枪击中了他的胸部。西奥多·罗斯福身受重伤,但并没有因此而放弃竞选总统。他说:"我拼死也要发表这次讲演。"

西奥多·罗斯福的那次演讲很成功。他在演讲中多次引用《圣经》中的典故,以近乎完美的声调和方式阐述了那些浅显的道理。他要求人们行动起来,重振失落的社会美德。他的演说激起了无数人的共鸣。不过,威尔逊的演说也同样精彩。他自信地向人们阐述了自己的"新自由"纲领。

他的这次演讲激起了更多人的共鸣，并给人们描绘了一个美好的未来。

1912年11月5日，选民们作出了裁决：威尔逊获得了6293019票，西奥多·罗斯福获得了4119507票，塔夫脱获得了3484956票，威尔逊以绝对多数票当选为美国第二十八任总统。

鉴于罗斯福在威尔逊竞选总统期间的出色表现，威尔逊政府决定邀请他到新政府担任公职。1913年1月间，罗斯福应约和威尔逊会面。他们在这次会面中讨论了给予罗斯福何种公职。在威尔逊宣誓就职前不久，即将出任财政部长的威廉·吉布斯·麦卡杜曾问他是否愿意担任助理财政部长。罗斯福委婉地拒绝了他的邀请。

1913年3月4日早晨，威尔逊马上就要宣誓就职了。应邀前来参加就职典礼的罗斯福遇到了新任海军部长约瑟夫斯·丹尼尔斯。丹尼尔斯十分欣赏罗斯福的进步主义色彩、跟坦慕尼协会作对的名声以及他的热情。当时，丹尼尔斯正在物色助理海军部长的人选。当他看到罗斯福，便认为他是最合适的人选了。他不但有能力，而且又跟自己来自不同的地区，可以使海军部取得地理上的平衡。

罗斯福跟丹尼尔斯握了握手，真诚地说："祝贺你被任命为海军部长。"

丹尼尔斯微笑着问道："你到华盛顿来担任海军部助理部长，如何？"

罗斯福自幼就喜欢海军这个富有浪漫主义色彩的兵种，并收集了大量关于军舰和海洋的书刊。还有什么职位能比助理海军部长更吸引他呢？何况，他的堂叔西奥多·罗斯福当年也是从这个职位上竞选纽约州长，并最终当上美国总统的。

罗斯福高兴地说："问我是否愿意，我太愿意啦！这比什么都令我高兴。"

罗斯福把这一消息告诉了母亲萨拉。萨拉在给儿子的回信中写道："我亲爱的富兰克林，千万别把签名写得太小了。许多知名人物都把签名写得十分糟糕，让人根本看不清楚！"

罗斯福一家特意租住在华盛顿的"小白宫"。当年，麦金莱总统遇刺后，西奥多·罗斯福在等待其家人搬出白宫时曾住过这里。所以，人们便把这幢房子称之为"小白宫"。罗斯福之所以选择在这里安家,其用意是十分明显的。尽管助理海军部长一年的薪水有 5000 多美元,夫妻俩的财产收入有一万多,但他们的生活仍然时常捉襟见肘。因为他们不想让罗斯福这个姓在华盛顿蒙羞,又想在上层社会维持门面和声望。他们家中有时甚至会雇佣 10 个保姆和仆人。母亲萨拉不等儿子开口,就慷慨地接济了他们。

由于罗斯福自幼就学习了许多关于海军和海洋的知识,当他进入海军部工作之时已经是一位不折不扣的专家了。而来自北卡罗来纳州的海军部长丹尼尔斯对海军和军舰知识几乎一窍不通。他曾是一名报社编辑,支持"禁酒法"和农业改革,几乎没有跟海军产生过任何联系。因此,丹尼尔斯在工作上十分倚重罗斯福。

罗斯福从来不放过机会表现自己与堂叔西奥多·罗斯福在仕途上的共同点。有一次丹尼尔斯到外地去了,罗斯福留在华盛顿主持工作。在记者招待会上,他半开玩笑地对记者说:"今天又是一位罗斯福负责……你们还记得上次有位罗斯福担任这一职务时发生的事吗?"

罗斯福担任助理海军部长之时只有 31 岁,还显得太年轻,大部分海军军官的年龄都比他大。一些海军军官和他们的妻子甚至把他当成了新来的大学毕业生。但罗斯福对海军业务的熟练掌握很快就让海军军官们对他刮目相看了。他跟军官们谈话时使用的都是航海行话和专业术语,引用美国海军发展史上的典故时更是不假思索,如数家珍。再加上他身上特有的那种贵族气质与风趣,海军军官们很快就对这位年轻的上司佩服得五体投地了。

上任伊始,罗斯福就对美国海军的现状进行了全面而深入的调查。结果,他发现美国海军存在着很大的缺陷。上任不久,他就在《科学美国人》杂志上发表了《我国海军的问题》一文。他就在这篇文章中指出,美国海军的效率低下,不仅人员缺额很大,炮舰等装备也十分陈旧,根本不能跟德国和英国的无畏战舰相抗衡。

罗斯福马上通过发表演说和文章等方式,促使政府扩展美国海军的力量。罗斯福所做的这些事情,西奥多·罗斯福在任助理海军部长之时也做过。由于他此时并没有形成自己的思想体系，公众不免认为他是刻意模仿西奥多·罗斯福。因此，公众对他的这种呼喊并没有给予太多的关注。

不过，美国海军同盟倒是十分支持罗斯福的主张。美国海军同盟是一个主要由钢铁业、造船业和金融业的巨头们把持的组织。他们之所以支持罗斯福的主张，其用意非常明显。美国海军一旦扩展，他们将获得大量的国家订单。他们频繁地跟罗斯福在私下里往来，并同他建立了良好的私人友谊。

罗斯福的战斗与冒险精神在此时也已经显现了出来。1913年春，美日关系出现危机。罗斯福立即联合一批好战的海军将领，联名要求威尔逊政府调动战舰和军队，应对这种危机。不过，理智的威尔逊认为，罗斯福的这一做法实在有些过火了，很容易被国际社会认定为挑衅行为。因此，他否定了罗斯福的这一主张。

1914年，威尔逊政府对"违反宪法与公众良心的"墨西哥乌埃尔塔政府采取了不承认政策。两国之间由此发生了武装冲突，并不断升级。路易斯·豪强烈支持罗斯福，要他公开发表演说，敦促政府对墨西哥开战。罗斯福在演说中说："我不知道怎样才能避免战争。美国迟早要到墨西哥去，整顿那里的政治混乱。最好马上就去。"

除此之外，罗斯福还在一篇文章中阐述了自己的国防理论："我们的国防必须要扩大到整个西半球，必须要远涉万里海洋，必须包括菲律宾和我们贸易所及的整个海外地区。我们必须建立一支强大的海军，不仅要保卫我们的海岸和财富，还要能够在战时保卫我们的商船队，不论它们驶向何方。"

罗斯福的这种战斗精神并不是与生俱来的，而是由当时的时局所决定的。罗斯福希望，他自己可以通过这种方式在公众中赢得声誉，以便将来登上总统的宝座。因为当时的欧洲局势十分严峻，世界大战有一触即发之势。威尔逊总统与其政府中的大多数成员都奉行和平主义政策，并不认同罗斯福的观点。但罗斯福的这些主张与活动是符合美国国家利益的。除非美国想在世界大国中继续保持无足轻重的地位，否则就不能不加强对海洋的控制。

当然也有历史学家认为，罗斯福的这些主张是在老谋深算的威尔逊授意下进行的。威尔逊是想借血气方刚的罗斯福来试探美国民众对扩军备战的态度。

四

第一次世界大战的历练

　　罗斯福一直将堂叔西奥多·罗斯福作为自己在政治上的榜样。西奥多·罗斯福在当助理海军部长的第二年就通过竞选，当上了纽约州长。罗斯福的心里也一直有这样的打算。他十分希望自己能在1914年参加纽约州长的竞选。不过，当时纽约州州长苏泽尔刚刚上任，离任期结束还有好几年的时间。罗斯福似乎没有机会实现自己的梦想了。

　　正当他彷徨之时，机会来临了。1913年底，苏泽尔因为与坦慕尼协会作对，遭到了民主党的弹劾。经过裁决，苏泽尔被免去了州长的职务，纽约州州长的职务出现了空缺。随后，民主党在纽约州陷入了分裂之中，实力大大减弱了，仅坦慕尼协会的联合候选人赢得了纽约市的选举。

　　罗斯福岂会放弃这个大好时机呢！他马上请求威尔逊总统委托他到纽约州恢复民主党的地位。威尔逊并没有给罗斯福明确的答复，不过却暗示他说，自己将会支持罗斯福。于是，雄心勃勃的罗斯福便去参加了民主党纽约州州长候选人的预选。在预选开始之前，他就让人四处放出风声，称自己将成为州长候选人。为了实现这一目的，他还通过自己手中的任免权来加强反坦慕尼协会的民主党人的力量，并斥责坦慕尼协会的墨菲贪赃枉法。

　　坦慕尼协会被罗斯福的一系列言行激怒了，他们决定站出来反击。1914年7月23日，联邦众议院最重要的拨款委员会主席菲茨杰拉德代表20名纽约市国会议员警告威尔逊总统说："自称代表政府讲话的造谣者把我们看成是走狗、懦夫、强盗和冒险家，我们决不会听任这种诽谤而不采取行动。"

　　威尔逊马上意识到，联邦众议院里的部分议员很可能会追随菲茨杰拉德，跟自己过不去。他不能再让罗斯福继续行动了。一个助理海军部长对自己稳固总统地位的作用来说，远远比不上众议院的几十名议员。经过一番权衡之后，威尔逊决定放弃罗斯福，尽管他代表着改革派，跟自己是站在同一条战线上的。只有这样做，才能保证那些由坦慕尼协会控制的议员们继续投票支持他的"新自由"纲领。

第二天，《纽约时报》便刊登了威尔逊总统与坦慕尼协会的和解声明。罗斯福读到这份声明之时，便知道自己在这场政治斗争中失败了。不过，他并没有迁怒威尔逊，因为他知道，在美国从事政治活动，学会妥协是非常重要的一条。为了保全面子，罗斯福站了出来，公开辟谣说："种种关于我的传闻均属无稽之谈。"

不过，罗斯福在内心深处并没有承认自己的失败。他不想浪费这次大好时机，何况他已经为参与竞选铺开了准备活动，还取得了一定的成效。罗斯福决定退而求其次，宣布自己将作为纽约州的民主党候选人竞选联邦参议员。

尚且缺乏政治经验的罗斯福再一次低估了对手的实力。当时，他的政治导师路易斯·豪恰巧不在身边，血气方刚的罗斯福自作主张，先行动了起来。他甚至没有将自己的决定事先跟威尔逊商量，就公开了消息。

就在这时，第一次世界大战爆发了。整个欧洲陷入了一片炮火之中。威尔逊政府秉承美国一向中立的传统，在战争开始之时并没有卷入。不过，明眼人一眼就能看出，美国想在这场大战中独善其身几乎是不可能的。新的形势对罗斯福的竞选更加不利。

坦慕尼协会慎重地提出了自己的候选人詹姆斯·杰拉尔德。杰拉尔德是威尔逊政府驻德国大使。他在战争中极力发挥一个大使应当发挥的作用，保护着美国公民在欧洲的利益。因此，他在美国国内享有极高的声望。

罗斯福请了3个月的假，全力以赴地展开了竞选。路易斯·豪没有陪在他的身边，因为他知道罗斯福在这次竞选中必败无疑。他忧心忡忡地守在华盛顿总部，期盼着奇迹的发生。但奇迹发生的几率实在太小了，罗斯福到底败下阵来。在当年10月的预选中，他仅获得了可怜的76888票，不过是杰拉尔德得票数的三分之一而已。然而，杰拉尔德在正式竞选中也没有获胜，他输给了共和党候选人詹姆斯·瓦兹沃斯。

对罗斯福的这种轻率之举，威尔逊感到十分不满，他在信中严厉教训了罗斯福。不过，失败也并不是没有一点好处。罗斯福从这次失败中彻底认清了坦慕尼协会的实力，也明白了一个道理，那就是要赢得全国性的胜利，没有坦慕尼协会的支持是无法办到的。从此之后，他便逐渐与坦慕尼协会达成和解，慢慢妥协了。这预示着罗斯福开始由血气方刚、冲劲十足的激进青年向精气内敛、老练沉稳的政治家过渡了。

回到华盛顿之后，罗斯福立刻转入了海军部的工作。他发现海军部依然处于平静如水的夏季休假时期。富有战斗精神的罗斯福岂能容忍这种状况呢！他在给妻子埃莉诺的信中抱怨道："对于欧洲发生的危机，似乎谁都无动于衷。丹尼尔斯先生在他对人类本性、文明和近乎理想主义谬论的信仰遭到可怕打击时，仅仅表示非常伤感而已。"

随后，罗斯福单枪匹马地投入了战斗之中，企图公开与威尔逊政府的现行政策展开辩论，希望美国能介入第一次世界大战，维护自身的利益。他向新闻界披露了许多美国海军的弱点，希望通过舆论来督促政府加强海军建设。罗斯福获胜了，政府终于同意加强海军建设了。不过，罗斯福仍然没有罢休。他于1915年夏强烈要求成立一个国防委员会，来监督工业动员，并宣称自己是威尔逊政府内部"唯一能够从国家和政治的角度看清形势并完成这项持久建设的人物"。

路易斯·豪觉得罗斯福在这条路上走得有些远了，他几乎是在拿自己的政治前途冒险。当路易斯·豪把这一想法跟他说明了之后，罗斯福又想到了自己在1914年的失败，便开始小心谨慎起来。

1916年是美国大选之年，结果，威尔逊参与了竞选，争取连任。罗斯福在此时安静了很多，因为他知道自己如果继续跟威尔逊政府唱反调，很可能会把威尔逊赶下台。而自己的政治前途在很大程度上还要依赖威尔逊。结果，威尔逊在这次大选中再次获胜，胜利地取得了连任。

威尔逊取得连任之后，罗斯福再次向威尔逊政府发起了进攻，敦促政府参与协约国，对德意志等同盟国宣战。威尔逊在此时也倾向于作出参战的决策，但碍于各方的阻力，其进展十分缓慢。罗斯福不断通过各种活动来敦促美国尽快参战。他在一次演说中，以形象的说法让人们明白了加强海军建设的必要性。他说美国人每年花在口香糖上的钱都要比用在海军上的多。在督促政府参战的过程中，罗斯福个人的知名度也急剧上升，许多年轻人都将其视为自己的偶像。

1917年4月，美国国会终于通过了威尔逊总统提出的议案，对德意志等同盟国宣战。罗斯福立即投入到了紧张的战争动员工作之中。作为海军部的文职官员，太多的工作需要他去亲自过问了。大规模地征募新兵和采购物资，加速海军建设工作，迅速采取防御措施，制定海军作战计划，同商船队进行合作，和英法两国就舰艇的调度进行细致的安排等等都离不开他。

罗斯福与海军部长丹尼尔斯，一个血气方刚、富有战斗精神，一个则成熟稳重、深思熟虑。两人相互配合，虽然难免发生一些冲突，但却能取长补短。在那段时间，他全身心地投入到了海军部的工作之中，连1918年夏竞选纽约州长的机会也放弃了。他对身边的朋友说："我正想忘掉还有政治这件事。"

罗斯福这样做并不是没有目的的。当时，成千上万的人穿上了军装，但是他却没有，甚至连派到海外的机会都没有。他知道，在战争年代，这无疑会成为他将来竞选总统的一大劣势。于是，他千方百计地劝说丹尼尔斯让他到前线去看看。丹尼尔斯经不住罗斯福的软磨硬泡，终于答应了他的请求，让他去欧洲视察海军基地并和协约国的领导人磋商与战争相关的问题。

1918年7月初，罗斯福乘一艘驱逐舰前往欧洲。旅途中，他所乘坐的驱逐舰经历了几次有惊无险的袭击。但这些袭击在日后成为了他竞选的政治资本。作为文职官员，罗斯福并没有机会到前线去。有一次，一位海军武官想让这位看上去文质彬彬的文职官员绕过战区。罗斯福觉得自己受到了侮辱，大发雷霆，在此后的几个月里都跟那位武官过不去。

罗斯福最终还是感受了战场的气氛，不过不是在正在交战的战场，而是在海军陆战队已经取胜的战区。罗斯福用敏锐的目光详细地介绍了这满目疮痍的战区情况。最使他兴奋的是：他遭到了零星炮火的袭击。

1918年9月，罗斯福返回了美国。但由于旅途劳顿，他患了流行性感冒和肺炎，是被人用担架抬上岸来的。罗斯福本来打算要求丹尼尔斯给予他武官资格的，但这场该死的病来的太不是时候了。等他恢复健康之后，已经是10月底了。经过丹尼尔斯的批准，罗斯福去见威尔逊，请求给他委派军职。此时，第一次世界大战已经接近尾声，总统对他说："现在为时已晚了。我已经收到了要求停战的最初信息，而且我也希望战争不久就结束。"

1918年11月，第一次世界大战结束了，协约国获得了胜利。罗斯福在这场战争的大部分时间里都远离战场，但这段经历还是成为了他的政治资本。1922年6月，格罗顿公学为参加大战的校友树纪念碑时，罗斯福曾给负责人写信说："我认为我的名字应该列入第一批服兵役的人员表中。这首先是因为我曾在大洋彼岸考察了人们服兵役的情况，而且险些被鱼雷或炮弹击中。我在欧洲时，实际上领导了那里的海军作战工作。"

五

从失败中总结经验

第一次世界大战之后,美国政局的发展对民主党越来越不利,人们逐渐对威尔逊政府产生了不满。这种不满情绪并不是针对威尔逊本人的,而是针对战争所带来的种种不良后果。持续的紧张、征兵以及战时实行的斯巴达式的节约让美国人产生了厌倦情绪。共和党人充分利用了人们的这一心理,努力争取人们的好感。

偏偏在这个时候,民主党内部产生了分裂。更为严重的是,威尔逊忙于筹建国联,疏于对国内事务的过问,最后导致了民主党政府在处理从战时过渡到正常时期的诸多事务中犯了一些错误,导致经济失调,失业和饥荒迅速蔓延。一向支持威尔逊的工人阶层也由此对民主党政府产生了不满。作为民主党的领袖和象征,威尔逊迅速失去了民心。一位威尔逊政府的内阁成员说:"威尔逊现在的不得人心就像他一度深得人心一样。"

经过了战争的历练,罗斯福则迅速地成熟了起来。这种成熟不但表现在思想上,也表现在他的身体上。他初入政坛时的那张稚嫩的脸上已经悄悄地爬上了皱纹。他比以前略显清瘦,鬓发也逐渐稀疏了,一双蓝眼下面开始出现黑圈。不过,他看上去仍要比他的实际年龄年轻一些,而且英俊不减当年,甚至还多了几分成熟男人的魅力!

也就是在这前后,他跟妻子的社会工作秘书露西·塞默尔产生了一种介乎朋友与情人的关系。露西·塞默尔是一位风华绝代的美人,于1913年被埃莉诺聘请为社会工作秘书。同许多知名人士一样,罗斯福与露西·塞默尔的绯闻被渲染得满城风雨。据说罗斯福的家庭生活一度因此出现了严重的危机。即使在工作最繁忙的时候,埃莉诺发现他仍然跟露西·塞默尔通过书信打情骂俏。埃莉诺一怒之下,带着孩子去了坎波贝洛别墅。

后来，露西·塞默尔嫁给了比她年长30岁的富翁拉瑟弗德，罗斯福家里的这场情感风暴也平静下来。不过，有资料表明，两人在今后的岁月里仍然保持着隐秘而愉快的关系。埃莉诺自己也常常说："平静的背后无不隐忍着压抑的痛苦。"

露西·塞默尔

不过，从总体上来看，战后初期的罗斯福给人们的形象仍然是一位生气勃勃而又富有活力的年轻行政官。他一如既往地站在威尔逊这一边，支持美国加入国际联盟。通过在第一次世界大战中与协约国领导人之间的接触，他充分地认识到，美国必须加入国际联盟，并以此来实践和平与发展的崇高理想。否则的话，美国很可能会回到"一种同外界隔绝的古老中国的长城政策上去。"唯有将扩军备战这种武力方式与加入国际联盟这种和平方式结合起来，才能维持美国的和平与发展。

1919年9月3日，威尔逊决定背离华盛顿政治的传统做法，为美国加入国联问题直接向美国人民呼吁。年逾60岁的他不顾劳累、病痛和挫折，作了有史以来最为艰难而无益的巡回演说，在作了40次演说后，威尔逊于9月25日在科罗拉多州的火车上得了中风。

罗斯福多次发表演说，支持威尔逊的主张，要求美国加入国际联盟。不过，他在此时已经意识到了美国人民的情绪在战后出现了逆转，威尔逊的支持者正在急剧减少。因此，他在演说中并没有采用威尔逊式的理想与激情，而把论点建立在了现实的基础之上。

罗斯福已经意识到了，民主党很可能在1920年的总统大选中败北。他自己也决定不参加纽约州州长的竞选活动。1920年2月，他在给一位支持者的信中说："坦率地说，如果今年共和党占优势的话，我个人则不想在秋天过早地去作牺牲品。"

1920年6月，民主党全国代表大会在旧金山举行。大会就民主党的总统候选人进行了投票。一部分人支持威尔逊的女婿、罗斯福的好友、前任财政部长威廉·麦卡杜，但更多的人则强烈反对诸如威尔逊、麦卡杜这样的改革派再次当权。在大会结束之前，终于决定让曾两度担任俄亥俄州州长的詹姆斯·考克斯为民主党的总统候选人。

考克斯希望民主党能够提名纽约州代表罗斯福为副总统候选人。在向全国代表大会提名之前，考克斯特意征求了坦慕尼协会负责人之一墨菲的意见。一方面，墨菲清楚地意识到民主党人此次得胜的可能性不大，另一方面，他也已经看到罗斯福在这几年间已不像从前那样刻意同自己过不去了。于是，墨菲对考克斯的代理人说："我不喜欢罗斯福，他在全国并不出名。不过，民主党总统候选人破天荒地第一次对我这样尊重，所以，只要考克斯愿意，我准备连魔鬼都支持。请告诉考克斯，我们将集合起来，在第一轮投票时就提名罗斯福。"

考克斯和罗斯福专程拜会了威尔逊总统。中风后的总统神色憔悴，言语不便，但内心的理想之火仍在燃烧。也许是出于一种伟大的友谊之情，考克斯和罗斯福不顾支持者的劝阻，毅然决定把美国加入国联的问题作为他们竞选演讲的主要主题。不过，这个过于侧重于对外政策的竞选纲领显然不会为民主党带来好的效应。他们的竞选活动从一开始就预示着一个吃力不讨好的结局。

罗斯福格外珍视这次被提名的机会，尽管他知道自己作为民主党的候选人，获胜的机会实在不大。不过，一种锲而不舍的战斗精神促使他必须为了自己的理想而奋斗。他要向此时已经去世的特德叔叔看齐。西奥多·罗斯福被提名为副总统候选人时是42岁，而他现在才38岁，他要把目光放得更长远一些，在这次竞选中为下次竞选打好基础。

考克斯/罗斯福海报

罗斯福将海军部的工作跟同事进行了交接，辞别了工作了7年的海军部。同事们献给了他一只银杯，作为退役的留念。临行前，罗斯福特意向丹尼尔斯表达了自己的感谢之情。在这7年之中，丹尼尔斯在工作上给了他极大的帮助，在思想上给他理清了前进的道路。每次他竭力要飞上天去的时候，都是丹尼尔斯巧妙地教会了他在地上行走的本领。

1920年8月9日，罗斯福竞选副总统的演说在海德公园正式开始了。在此后的80多天里，罗斯福坐在竞选专车上，在全国各地进行巡回演说。大多数夜晚，他都是在竞选专车上度过的。他的妻子埃莉诺以及一大帮幕僚给了他极大的帮助。路易斯·豪更是将罗斯福在演说中结识的上千个新朋友用相机记录了下来，并竭力通过这次竞选让全国都熟悉罗斯福，以便为其下一届竞选奠定基础。

罗斯福在演说中不知疲倦地阐述了自己的政治理念。在处理国际关系上，他主张美国加入国际联盟。他说："对于我们面临的世界性问题，我们要么像东方人一样闭起双眼，自欺欺人地过着与世隔绝的生活；要么睁开双眼，认识到当代文明世界已经变得如此错综复杂，而各个国家的人民生活也日益紧密地联系在了一起，以至于建立种种体面而亲密的外交关系已经是迫在眉睫的事情了。"

在国内事务方面，罗斯福主张要组织一个进步而有效率的政府，不断地研究美国的工业、财政税率和社会问题，切实行动起来，改善民众的生活状况。

这次竞选的结果正如罗斯福以及路易斯·豪预料的那样，民主党输得一败涂地，共和党人哈定和柯立芝组合战胜了考克斯与罗斯福组合，以压倒性的胜利赢得了大选。哈定当选为美国第二十九任总统，柯立芝则当选为副总统。

罗斯福以豁达的态度对待这一切，他在一封信中风趣地说："富兰克林·罗斯福，这位前副总统，已被解除职务了。"

通过这次竞选，罗斯福获得了全国性的知名度，结交了许多重要人物，并且积累了重要的经验。这些对其日后参加总统竞选起到了十分重要的作用。

· 第三章 ·

坚强的轮椅州长

一

不幸罹患脊髓灰质炎

1921年3月4日,哈定宣誓就任美国第二十九任总统。共和党人到处搜集前任政府遗留下来的不良记录,以便对其发动攻击。他们在罗德岛发现了一些对自己有利的情况。第一次世界大战后,那里出现了酗酒、吸毒以及同性恋等不良社会现象。

为了弄清事情的真相,罗斯福也组织了一个调查组,到那里去搜集对前任政府有利的证据。遗憾的是,调查组的成员采取了令人厌恶的不正当手段来取得证据。没有证据证明,这种不正当的手段是罗斯福指使的。因为罗斯福在发现这一问题后,便命令他们终止了调查活动。

不过,参议院一个调查委员会的共和党成员们却抓住这一点不放,指责罗斯福对这些不正当手段负有直接责任。1921年7月,罗斯福到华盛顿去为自己辩解。还没有等他出示证据,调查委员会中的多数成员已经公布了他们的调查报告。为此,罗斯福愤愤不平了很久。

极度疲惫的罗斯福决定暂时离开这块是非之地,到坎波贝洛别墅去度假。8月的坎波贝洛阳光灿烂,非常合适游泳和划船。自幼就喜爱帆船运动的罗斯福开始带着几个孩子在海上疯狂地玩耍。有一天,他不小心从船上跌入了海中。到了晚上,他发现身体在出冷汗。罗斯福并没有把这件事情放在心上,因为他第二天就恢复了往常那种充满精力的状态。

几天之后,当全家乘坐小船在浅海区游玩时,发现岸上的森林着火了。罗斯福立即率领全家下船登岸,冲向火场,跟大火做起了斗争。经过几个小时的奋战,大火终于被扑灭了。大火让他觉得有些热,他便在附近的一个湖里游起了泳。游完泳,他又在林间小道上跑了2公里多的路程。

跑完步,罗斯福觉得有些热,又在附近的海湾里洗了一个冷水澡。最后，他还穿着湿透了的泳衣在沙滩上看了半小时的信。看着看着，他突然感到全身发冷，就回到别墅睡觉去了。

第二天，罗斯福的病情加重了，背部和双腿都疼得厉害，而高烧不退。埃莉诺有些担心，便在当地请了一名医生来给丈夫看病。医生认为罗斯福只是感冒了，并没有什么大碍。但是到第三天的时候，罗斯福的病情更加严重，甚至连路都不能走了。

路易斯·豪闻之，急忙从华盛顿赶到了坎波贝洛。他和埃莉诺请来了正在附近度假的费城名医基恩博士。基恩认为罗斯福的病情是由于下肢血栓形成或是脊髓受伤引起的，并建议给他做强力按摩。

尽管埃莉诺按照基恩博士的建议给罗斯福做了强力按摩，但他的病情依然不见好转。直到8月25日，世界一流的专家罗伯特·洛维特才对罗斯福的病情作出了正确的诊断：脊髓灰质炎。

脊髓灰质炎便是人们常说的小儿麻痹症。这种病症是由脊髓灰质炎病毒引起的急性肠道传染病，多在夏秋季节发病。患病初期，病人会有多汗发热和周身疼痛的症状。病毒侵入了神经组织之后，便出现手足软绵无力，四肢无法活动的情况。医学上将这种症状称之为"驰缓性瘫痪"。严重患者病毒可侵入其脑神经，出现面瘫、吞咽和呼吸困难，甚至危及生命。

从该病的别名可以看出，这种病大多发生在儿童的身上，仅有极少数成年人因为没有获得此种病毒的免疫力而不幸染病。不幸的是，罗斯福便是这为数不多的成年患者之一。幸运的是，罗斯福的病情还不算十分糟糕，还有恢复的希望，只是他下肢从此之后便会失去活力了。在病情最严重的那几天，他要通过导管才能顺利地排便。

埃莉诺日夜在床前守护着丈夫，给予了他"最坚定的、最微妙的和最温柔的照顾"。为了不让母亲萨拉担心，罗斯福没有把患上了脊髓灰质炎的消息告诉她。当萨拉在8月底从欧洲旅游回到家时，埃莉诺给她写了一封信。她只在信上说："富兰克林病得挺厉害，所以，他星期二不能去看你，他感到很遗憾。"

萨拉似乎从这封信上看出了一些端倪，马上就赶到了坎波贝洛，前来看望儿子。坚强的萨拉并没有被这突如其来的打击所击倒，她跟埃莉诺一起，给了罗斯福极大的鼓励。

路易斯·豪作为罗斯福的助手，始终同外界保持着某种微妙的联系。他担心罗斯福这一病很可能会影响他的政治前途，因为谁都不愿意选择一个残疾人来当自己的领袖。他一方面鼓励罗斯福，好让他顺利挺过这一关；另一方面则对外封锁了消息，让外界不至于对罗斯福的病情产生太大的顾忌。

在路易斯·豪的精心安排之下，罗斯福于9月14日乘火车回到了纽约。罗斯福斜躺在临窗的一个卧铺上，面带微笑，嘴里叼着一根香烟，看上去十分轻松。记者和赶来看热闹的人们都亲眼目睹了这一幕。

路易斯·豪对新闻界说："这次患病只是使罗斯福膝盖以下的小腿暂时失去了活动能力，但绝对不会留下永久性的后遗症。"

罗斯福在纽约长老会医院度过了6个星期。他的主治医生乔治·德雷帕大夫发现，罗斯福双腿的瘫痪已完全形成，两腿的肌肉和神经已被破坏，且背部肌肉也可能萎缩。他在报告中写道："在他的治疗中，心理因素居首位。他坚毅勇敢、抱负远大，但感情却是少有的敏感。因此，要做到使他既能正视自己的现实，又不至于使他在精神上垮掉，这需要拿出我们的全部本领。"

萨拉伤心极了，她希望儿子能跟着自己回到海德公园去安度余生。罗斯福没有表示反对。不过他知道，自己一旦按照母亲所说的去做，就代表自己这一生就真的完蛋了。

埃莉诺和路易斯·豪在如何安排罗斯福的未来这一点上达成了共识，并联合起来，说服了萨拉。通过这次合作，埃莉诺对路易斯·豪有了新的认识，她发现他一切活动都是围绕着如何让罗斯福成为总统这一目标而实施的。从此之后，埃莉诺改变了以往对路易斯·豪的偏见和冷漠。路易斯·豪还竭力鼓励埃莉诺走向前台，进行广泛的社会工作，以便使罗斯福的名字不会从此在政治地平线上消失。

此后，埃莉诺简直成了罗斯福的助手。她学会了速记、打字、开车和演说，还加入了纽约州民主党委员会的妇女工作部和妇女工会联盟。在妇女工作部，她克服一切害羞心理，结识了许多要人，并且当上了财务委员会主席；在妇女工会联盟，她帮助罗斯福在支持民主党的妇女选民中赢得了好感。后来埃莉诺成为了美国历史上第一个在实质问题上具有影响力的第一夫人。罗斯福能够在日后登上美国总统的宝座,其中有一半功劳是属于埃莉诺的!

路易斯·豪和埃莉诺所做的一切都让罗斯福十分感动。他暗暗地鼓励自己,不能就这样倒下去,他要一如既往地向前走去,尽管这要比从前付出更大的努力。他没有听从母亲萨拉的安排到海德公园去过幽静的绅士生活。他打败了肉体和精神上的双重痛苦,坚持接受了一个又一个的治疗方案。

尽管这些治疗没能让他站起来,但病情总算得到了控制。罗斯福开始努力学习操纵轮椅,练习在轮椅上移动身子的种种方法。几个月之后,他的上半身就变得十分强壮了!

1922年春,德雷珀医生为罗斯福的双腿配了一副支架。借助这幅支架,罗斯福可以撑着双拐,用腰甩动双腿,一步一步地向前移动了。不过,如果碰到稍微高一些台阶,他就无能为力了。

但是这有什么关系呢?他对自己的未来依然充满了希望。他始终坚信自己会康复起来的。甚至在患病将近6年之时,他依然在给一位医生的信中自信地写道:"我双腿的情况在继续好转!非常遗憾的是,我还摆脱不了左腿上的那个支架。"

任何事情都是具有双面性的。疾病给罗斯福带来了极大的不幸,但与此同时也锻炼了他坚忍的性格与自信乐观的心态。在他登上总统的宝座之后,甚至有人说,正是这场突如其来的疾病把罗斯福从一个有点目空一切的年轻的社会名流和业余政客变成了一个具有野心、权力和民主信念的政治领袖。

二

成立佐治亚温泉基金会

罗斯福并没有因为政治上的失利与疾病的折磨而消沉，在与日渐长大的儿女和老朋友度过了一段自由自在的休整期后，罗斯福开始像父亲詹姆斯一样，介入到了商业领域。他还重操旧业，干起了律师的老本行。在给朋友的信中，他如是评价自己的工作："这两项工作显然可以很好地相辅相成。"

实际情况并不像罗斯福在信中说的那样。他根本不适合当一名商人，他在商业上的冒险绝大部分都以失败而告终了。但他身上的那种政治家的谨慎与保守作风又使得他在接二连三的失败中并没有遭到巨大的损失。因为他很少在一笔买卖上大量投资。作为一名律师，罗斯福无疑是成功的。他凭借着自己出色的表现，打赢了许多在常人看来根本不可能获胜的官司。

由于患病在身，罗斯福有充分的理由避免参加那些他不喜欢的活动。他推掉了一部分无谓的应酬，完全避免了城市生活中那折磨人的事情。大部分时间里，他都呆在室内，专心地读书。这是一次很好的机会。在此之前，由于忙于各种事务，他很少有时间静下心来读书。妻子埃莉诺负起了选书的重任，并设法把一些知名的作者请到家中来同他进行面对面的交流。在这些谈话中，罗斯福受益不浅。

他始终不愿读那些纯学术性的著作，更不愿意像威尔逊一样，去认真地研究社会问题。因此尽管他十分崇拜威尔逊，但一直也没有能够像威尔逊一样，成为学术领袖。他最热衷的书籍依然是一些名人的传记和历史学，尤其热衷游记和探险故事。他甚至计划利用这次难得的机会来写两本书。一本是美国历史，另一本则是分析美国政府实际作用的书。非常遗憾的是，每一本书，他都只写了十几页便放弃了。

从已经写出的部分来看，罗斯福试图用社会经济学的观点来解释历史。与历史上的"伟人"论相比，他这两本没有完成的著作并没有表现出任何新的或独创性的见解。不过，其内容倒是十分丰富。结合罗斯福的历次演讲，不难看出，他是一个富于思想而不是具有深刻见解的人。他对许多问题都有自己的看法，但往往都缺乏深刻的见解。

除此之外，罗斯福还积极参与了社会活动，并担任了许多社会组织的职务，譬如哈佛大学监理会成员、海军教会学校名誉校长、海洋俱乐部主任、大纽约童子军俱乐部主席、美国地理学会会员、援助近东国家委员会会员等等。

不过，罗斯福仍然将主要的精力放在了康复训练上。他从一位著名的医生那里得知，游泳对他的身体有好处。于是，他便开始了疯狂的游泳计划。患病后第一次在水中移动双腿之时，他兴奋得不得了。这种活动方式是他在陆地上根本无法体验到的。有一次，他一边在水中漂浮，一边兴奋地对司机大喊道："水把我带到了灾难之中，也会把我送回去的！"

不久，罗斯福又发现阳光对他的肌肉和神经恢复也有很好的帮助。于是，他又计划到阳光充足的佛罗里达州去过冬。1923 年初春季节，罗斯福去了佛罗里达州，并在那里度过了一个美好的假期。他乘坐一条租来的游艇，在船上钓鱼。不久之后，他晒得黑黑的，回到了纽约，向人们吹嘘说自己钓了很多鱼。他还兴致勃勃地说："明天冬天，我要自己买一条游艇，再去那儿！"

1924 年秋，一个富有的银行家乔治·福斯特·皮博迪写信告诉罗斯福，他在佐治亚州有个荒废已久的温泉疗养院，那里环境十分优美，山坡上长满了松树，山脚下还有一个富含各种矿物盐的温泉泳池。一向支持罗斯福的乔治希望那里可以帮助他恢复健康。

罗斯福十分感谢乔治，并很快就到了这个荒凉的地方。温泉疗养院附近只有一家破旧的旅馆，几间小屋，甚至连一个连医生都没有。罗斯福就按照自己的方法每天在泳池里游泳，在山脚下晒日光浴。

一个多月之后，罗斯福惊喜地发现他的脚趾头竟然有了感觉。罗斯福高兴极了，马上把这个消息告诉了记者。两名记者在访问之后，写了一篇题为《游泳恢复健康》的报道，发在了纽约的一家报纸上。

就这样，温泉与阳光可以治疗小儿麻痹症的消息不胫而走。天气逐渐暖和之后，成群结队的小儿麻痹症患者怀着希望来到了温泉。罗斯福积极帮助这些与自己一样不幸的人安排生活和治疗，还热心地把自己编的游泳动作教给大家。到了晚上，大家就围在篝火前联欢，原本十分寂寞的土地因罗斯福而变得生机勃勃了。

此时，一个更大的计划正在罗斯福的心里悄悄地酝酿着。他想把这里建成全世界第一个小儿麻痹症温泉疗养院。他请来了一个专家组，对相关问题进行专业的论证。在得到了专家组肯定的答复之后，改造温泉的紧张工作便正式展开了。

罗斯福用近20万美元买下了温泉附近的大片土地，把那家破旧的旅馆也买了下来。在房屋改建、道路修筑和绿化种植等方面，罗斯福都向设计师们提供了自己的建议。他还亲自参与研究新的供水系统、设计钓鱼场地，甚至还计划筹建一个有舞厅、茶室、野餐和高尔夫球场的俱乐部。

忙活了整整两年的时间，佐治亚温泉基金会终于在1927年正式成立了。罗斯福亲自挑选医务人员到疗养院工作。到当年年底，佐治亚温泉基金会便对150名患者进行了治疗。

佐治亚温泉基金会的成立让罗斯福名声大噪。一时间，他成为了一个与疾病作斗争的英雄，并使温泉疗养院"成为了一切需要与疾病作斗争的人的希望"。残疾人更是将罗斯福视为了自己的偶像。这对他日后在竞选中赢取残疾人的选票无疑是具有重大意义的。

更多人的则将罗斯福看成了一个现代传奇英雄。他与病魔作斗争的勇气鼓舞了大家，同时也激起了人们对他的同情。事实上，改造温泉的费用很大，罗斯福个人根本无力承担，正是因为有了全国各地人民的捐助，他才得以将其进行了下去。

在当选为总统之后，每逢他的生日，就有无数的小额捐款单像雪花一样从四面八方飞到温泉。他也一直没有停止对其他患有小儿麻痹症病人的帮助。当选为总统之后，他于1938年建立了小儿麻痹症全国基金会，通过遍及全国的近3000个地方分会提供住院治疗、护理和应急费用，并为立志于研究此病的科学家们提供研究基金。

佐治亚的温泉成了罗斯福的第二个家，此后的岁月里，他在一年之中总有很长一段时间是在这里度过的。1932年，当选为总统的他还在这里建了新居。人们美其名曰地称之为"小白宫"。他生命的最后阶段就是在这座"小白宫"里度过的。

三

在冷眼观察中等待时机

20世纪20年代是资本主义世界发展的黄金时期。经济的蓬勃发展掩盖了政治和社会矛盾。尽管当时农民的生活状况没有多少改变，城市贫民也急剧增加，社会道德标准也在走下坡路，但人们在经济的快速发展中明显将这些忽略了。共和党把持的哈定和柯立芝政府（1923年，第二十九任总统哈定在任内病亡，副总统柯立芝补任第三十任总统）也没有给予太多的关注。正是由于经济的快速发展，使得共和党深得人心，民主党一时根本看不到组织政府的希望。敏锐的罗斯福发现了这种对自己极为不利的状况，他打算继续积蓄力量，待时而发。

在时代大背景不利于民主党的情况下，民主党内部也产生了分裂。罗斯福的好朋友威廉·麦卡杜成为了民主党的新领导人之一。作为一个坚定的禁酒主义者，他一方面声讨着纽约华尔街在道德滑坡现象中的罪恶影响，另一方面又与新崛起的党派势力达成了某种妥协，希望在1924年民主党全国代表大会上取得总统候选人的提名。

民主党另一派的艾尔弗雷德·福斯特·史密斯主要代表原城市民主党人和城市新移民的利益，曾在1919年到1920年担任纽约州州长。他是一个致力于长期目标的著名改革家，他具有一套行之有效的行政管理本领，其改革也侧重于注意实际的工时、工资、医疗卫生、货币情况以及城市日常问题。罗斯福对这位昔日的州长有着不错的印象，两人之间还建立了良好的"本质上是一种政治上的友谊"。

1922年，两年一度的纽约州州长竞选活动再次展开了。史密斯再次被民主党提名为州长候选人。在这次活动中，罗斯福作为民主党提名的参议员候选人科普兰竞选运动的名誉主席，对史密斯再次当选为纽约州州长起到了重要的作用。

在公共场合，路易斯·豪规定不能搀扶罗斯福，必须由他自己站立起来。罗斯福的侍从人员很快就在这方面做得很好了。如此一来，双腿的残疾几乎成了罗斯福的一种政治财产。当他紧张、痛苦而又笨拙地移动身体，向演讲台上走去的时候，无数美国人的心都被深深地打动了。罗斯福那容光焕发的微笑和刚劲有力的手势更是让他们感到了深深的震撼。毫不客气地说，史密斯之所以能够在共和党当政的大环境下，以民主党候选人的身份竞选上纽约州州长，除了他自身的主张得到了选民的拥护之外，罗斯福那双残疾的腿发挥了极其重要的作用。

史密斯再次当选为纽约州州长之后，罗斯福就开始帮助他筹划于1924年竞选总统的有关事宜。作为新移民之子，史密斯赢得了大量移民的支持，并在美国民众中间赢得了普遍的尊重。但作为民主党参与1924年总统大选的主要候选人，史密斯还有许多不足。

首先，当时的大环境对民主党不利。想击败共和党的候选人兼现任总统柯立芝，机会十分渺茫。其次，与大多数美国人信仰基督教新教不同的是，史密斯是罗马天主教的信徒。信仰不同在宗教信仰十分普遍的西方社会里是产生分歧的重要因素。再次，史密斯反对禁酒，并主张废除一切禁酒的法令。在当时社会道德风尚急剧滑坡，酗酒事件不断发生的繁荣时期来看，史密斯的这种主张无疑是其政治道路上一大绊脚石。

罗斯福建议史密斯在大选年以较为委婉和变通的方式对待这两个问题。不过，生性坦率诚实的史密斯拒绝了罗斯福的建议。由于当时民主党党魁墨菲已经去世了，史密斯决定由罗斯福出任其竞选总统的委员会主席。1924年4月，史密斯宣布了这一消息。

罗斯福立即全力以赴地投入了工作。通过大量的通信和复杂的情报网络，罗斯福取得了各州代表团中的代表在个人和政治方面的情报。他第一次在全国规模上的竞选活动中详细地研究了全国代表大会上推推拉拉的表面活动背后隐藏着的潮流和逆流、互相敌对的个人和派系、选举法和选举机器。这些经历结结实实地给罗斯福上了一堂政治教育补充课！有人认为，罗斯福之所以在大环境不利于民主党之时，答应帮助史密斯竞选总统，他是有自己的目的的。这个目的就是让全国民众更加真切地认识自己，提高自己在政治上的知名度，以便日后参与竞选。不管罗斯福帮助史密斯竞选总统有没有自己的目的，他确实是在努力地帮助史密斯拉选票。当然，这在客观上也提高了他自己在全国的知名度。

1924年6月24日，民主党在纽约州麦迪逊广场花园召开了全国代表大会。在这次会议上，罗斯福作了自1920年卸任助理海军部长之后的第一次重要演说。那一天，他17岁的大儿子詹姆斯从格罗顿公学回到了家中，来当父亲的助手。他搀扶着父亲，缓缓地顺着后面的斜坡走上了演讲台。本来十分喧闹的大厅一下子变得鸦雀无声了。

罗斯福看了看台下的人，把拐杖递给儿子，双手紧紧地抓住放讲稿的小台架，以防跌倒。他用敏锐的目光扫视了会场一周，便用洪亮而富有磁性的声音说："我真诚地请求大家克服分歧、加强团结，我们要牢记亚伯拉罕·林肯的话，'对任何人都不怀恶意，对任何人都充满友善。'"

在演说中，他极力赞扬史密斯"因其深切的同情心和对人民的杰出贡献，他的名字业已成为忠实的象征。他具有英勇善战的领袖气质，他是驰骋于政治疆场的'快乐勇士'。他受大家的爱戴、信任和尊敬，大家也承认他能在今年为我们赢得巨大的胜利。这个应运而生的人，我们州骄傲地把他奉献给我们国家，我们自己的艾尔弗雷德·福斯特·史密斯"。

罗斯福的演说得到了经久不息的掌声。由于他在演说中恰如其分地引用了英国著名诗人华兹华斯的名句"快乐勇士"，这次演说也被人们誉为"快乐勇士演说"！

尽管罗斯福的演说十分出彩，但史密斯与麦卡杜两人之间的竞争依然十分惨烈。双方都不肯放弃提名，投票投了100轮仍然没有分出胜负。直到第103轮投票时，民主党全国代表大会的代表们才退而求其次，选出了华尔街的著名律师约翰·戴维斯作为总统候选人，并提名他的弟弟查尔斯·布赖恩为副总统候选人。

结果，1924年的总统大选无可争议地以柯立芝连任而结束了。戴维斯得票率之低创造了现代民主党史上的新纪录。罗斯福明白，这次民主党的失败除了大环境的影响之外，他们自身的分裂也是很大的因素。一位代表在给罗斯福的信中也提到："6月份，我们在纽约已经把自己打败了。"

尽管民主党在大选中失败了，但罗斯福却因在助选中的杰出表现而蜚声美国。在大选前后，他向民主党代表们发出了几千封信，呼吁民主党团结起来，建立健全的财政基础，改进党的宣传工作，指导候选人的竞选活动。

罗斯福收到了几百封回信。各地代表在回信中对民主党当前的表现表示了普遍的不满和悲观。大多数人都同意罗斯福的意见，希望民主党展开改革运动。在路易斯·豪的指导下，罗斯福藉此机会希望能在华盛顿召开一次会议，以讨论怎样才能使全国委员会成为一个经常发挥作用的工作机构。但罗斯福此举也遭到了一部分人的质疑，民主党全国委员会主席克莱姆·谢弗就拒绝跟他合作。谢弗认为，罗斯福动机不纯，明显是想在民主党中取得领导地位。于是，罗斯福试图改革民主党的努力终告失败，但其在全党的感召力已经在无形中得到了提高。

在此后的几年里，罗斯福拒绝了一次参选联邦参议员的提名。因为他认为当时出山为时尚早，而且很容易卷入民主党的内部纷争，从而造成负面影响。路易斯·豪也认同罗斯福的这种看法。不过，罗斯福并没有停止关注国内外重大时事及敏感的争端问题。他通常会不失时机地发表一些温和而得体的评论，来赢取民众的好感。可以说，这一时期的罗斯福是在冷眼观察中等待时机。罗斯福拒绝参选联邦参议员提名的另一个重要原因是，他的身体正在逐步恢复，他不想因为参选而耽误了疗程。

四

以微弱优势当选州长

民主党虽然在全国大选中屡屡失利，但在地方选举中却经常获胜。史密斯在纽约州长的选举中便连续获胜，从1922年直到1928年，连任了3届州长。1928年的总统大选很快就到了，史密斯一枝独秀。在任纽约州州长期间，他那些积极进步的改革，卓有成效，其声誉已经超出了纽约州的界限，蜚声全国了。民主党于6月26日召开了全国代表大会，史密斯在首轮投票上就以绝对优势获得提名。

与1924年的全国代表大会类似的是，罗斯福再次作了提名史密斯的演说。但与上次不同的是，他的身体已经比上次好多了。这次，他一手拄着拐杖，一手扶着儿子詹姆斯，走起路来轻松多了。代表大会之后，罗斯福又去了佐治亚温泉疗养院。

由于民主党在大选中获胜的几率很小，保证地方选举的胜利就显得至关重要了。因此，必须要提名一个强有力的人选来参选纽约州州长。民主党党魁们看中了声名正盛的罗斯福。一开始，罗斯福并不愿意接受提名。原因仍然与几年前他拒绝参选联邦参议员一样。作为民主党内唯一一个没有陷入派系斗争的全国性人物，他要放长线钓大鱼，将目光放在下一届的总统竞选上。

但民主党各地代表的电报像雪花一般从四面八方飞向温泉，电话铃也整天响个不停。罗斯福有些坐不住了。他提出的种种困难都被有力的人士给解决了。甚至连他提出的经营温泉的资金缺口也由杜邦财团业务总经理、通用汽车公司的老板约翰·拉斯科布给自动填补上了。罗斯福似乎没有什么理由再推辞了。再加上路易斯·豪恰巧不在身边，满腔热血的罗斯福终于按捺不住内心的冲动，接受了提名。

罗斯福接受民主党纽约州州长候选人提名的消息不胫而走。共和党人立即抓住这一消息，大做文章，说被权势欲蒙住了双眼的史密斯连最后一名预备队员也拉进了火坑。他们甚至在报纸上呼吁支持并爱护罗斯福的选民，最好的表达方法就是投票反对他，因为他的身体可能根本吃不消竞选这种折腾。

罗斯福站出来表白说："我并不是被人所迫而行不得已的事。因为我自己也已经感觉到，史密斯州长建立的州政府的整个宏伟结构以及他树立的为人民服务的一切崇高理想正处于危难之中，所以我才接受了提名。这事关重大，我决不能考虑个人的得失。"

实际上，正如共和党人所言，罗斯福确实被拉进了政治斗争的火坑。当时的形势对民主党十分不利，如果罗斯福这位唯一一位没有陷入派系斗争的全国性人物在这次选举中失利的话，民主党很可能从此一蹶不振！而罗斯福本人的政治生涯也会受到很大的影响。

10月17日，罗斯福正式接受了民主党的提名。共和党提名的候选人是纽约州司法部长阿尔伯特·奥延格。罗斯福在路易斯·豪的协助下，组建了强大的竞选班子。在这个班子中有萨缪尔·罗森曼、詹姆斯·法利、爱德华·弗林以及哥伦比亚大学雷蒙德·莫利教授。当然，这个班子中最主要成员仍然是路易斯·豪和罗斯福的秘书玛格丽特·利汉德小姐。这些人后来都跟随罗斯福进入白宫，成为助手、智囊团成员或出任了公职。

时光似乎又回到了1910年。当时，罗斯福初次竞选纽约州参议员，不知疲倦地在全州各地作巡回演说，争取选民的投票。这一次的情况和那一次差不多。他坐着汽车，每天要行程300公里，演说十余次。在3周的竞选运动中，罗斯福就人们关心的种种问题与民众进行了面对面的交流。不过，由于史密斯在纽约州州长任内表现十分出色，以致罗斯福根本提不出更为理想的新计划。

好在他的助手们为他准备了详实的资料。再加上他风趣幽默、深入浅出的演讲，民众的反应还是比较热烈的。起码比他先前预料的要好一些。

11月6日，史密斯和罗斯福在纽约一家饭店里等待公众的裁决。到了午夜，投票进程的通报表明，史密斯大势已去。在这次选举中，史密斯依然败在了宗教和禁酒两大难题上。共和党人赫伯特·胡佛则在柯立芝政府繁荣的大背景下大获全胜。得知这个结果之后，罗斯福显得很平静，似乎一切都在他的预料之中。但自己会不会成为史密斯的殉葬品呢？这还需要耐心地等待几个小时。

　　那一夜，罗斯福默默地坐在饭店里里，似乎什么也没有想。次日凌晨，纽约州州长的投票结果统计出来了。罗斯福紧张地等待着纽约选民对自己的裁决。罗斯福胜利了，但优势非常微弱。在420多万选民中，罗斯福仅以比对手多25664票的微弱优势险胜。在民主党于全国选举中屡屡失利的大背景下，罗斯福能以微弱的优势登上纽约州州长的宝座，完全可以说是他个人的胜利。由于优势微弱，罗斯福在此后的两年中常常自嘲为"0.5%的州长"。

五

蜚声全国的轮椅州长

1929年新年的钟声敲响之际,奥尔巴尼议会大厅内举行了隆重的新州长就职仪式。罗斯福手按着家族传下来的那本荷兰版《圣经》,在礼炮轰鸣声中宣誓就任纽约州州长。议会大厅内,一群显要人物围在罗斯福的周围,向他报以了热烈的掌声。

史密斯在告别演说中描述了他从1919年初次当选为纽约州长至离任,纽约发生的变化。人们对这位杰出的州长有些恋恋不舍,但同时也对罗斯福充满了期待。

在离开议会大厅之际,史密斯诚挚地对罗斯福说:"富兰克林,我祝贺你!希望你能用你聪明的头脑来解决本州的问题。"

罗斯福作了答谢词。在就职演说中,罗斯福说:"这一天具有重要意义,其重要意义与其说是在于新州长的就职,不如说是更多地表现在原任州长的离去。"

但机智的罗斯福并没有让史密斯这位即准备离开的州长盖住自己的风头。他将话锋一转,提到了自己今后面临的重大任务。他说:"保证农民能享受更多的生活乐趣,保护工厂里辛勤劳动的人们获得合理的工资,并且不受他们所从事的行业的危害。对他们在为我们工作期间遭受的伤害,应当以足够的保险措施进行赔偿!必须提出的是,我们应该向工人和农民的孩子敞开知识的大门,让他们接受更好的教育。这不但关乎着他们家庭的未来,更关乎整个纽约,乃至美国的未来!"

罗斯福不失时机地将史密斯从来没有考虑过的农民问题提到了同工人问题同等重要的地位。这就赢得了许多农民和同情农民遭遇之人的支持。人们对他的演说报以了热烈的掌声。等到掌声平息之后,罗斯福又说:

"我们要将那些掠夺同胞的恶人严厉地绳之以法。与此同时，我们也要对那些犯错误的人机智地伸出同情与援助之手，引导他们改邪归正！所有这些伟大的目标在我们这个州比在美国其他任何州都要得到更加充分的实现。我们仅仅开始走上征途，前程还很遥远。"

在就职演说的最后部分，罗斯福隐晦地道出了因参选纽约州州长与史密斯之间产生裂隙的原因。他说："在过去的6年期间，本州人民已经对一些人表示了不耐烦情绪。这些人企图把这些目标当作政治皮球来踢，或者设法使用盲目的、不明智的手段，加以阻挠，企图堵塞进步的道路。"

正是由于一部分人有意分裂罗斯福与史密斯之间的关系，才使得史密斯产生了一些不快。本来，他们是紧密的伙伴关系。如果比罗斯福大8岁的史密斯在1928年的竞选中入主白宫，罗斯福则会成为他的副手，并很有可能在1936年成为民主党总统候选人。路易斯·豪也预料，罗斯福很有可能在这一年入主白宫。

遗憾的是，史密斯在大选中败给了胡佛，而罗斯福则以微弱优势登上了纽约州州长的宝座。如此一来，两人之间的关系就出现了微妙的变化。因为有一部分人在竞选州长时投了罗斯福的票，但在竞选总统之时却没有投史密斯的票。这让史密斯感到十分不快！

不久，两人之间的矛盾就更加明显了。因为罗斯福成了纽约州政界的中心人物，而史密斯则成了民主党全国委员会的挂名首脑。但是和所有被击败的总统候选人一样，这个挂名首脑是没有任何权力的虚职。史密斯暗示罗斯福，他想在州政府事务方面继续发挥作用，而且认为罗斯福需要他的帮助。史密斯并不认为健康状况不佳的罗斯福有能力独自接管纽约州。

另外，史密斯还希望罗斯福能让他的州政府各个部门的负责人留任，尤其是核心部门的负责人。罗斯福接纳了这个建议，留任了很多人。但自己身边的工作人员，则全部换上了新人。这些人都源自他的竞选班子。弗林出任州政府秘书，法利接管了州的党务工作，罗森曼为州长秘书，路易斯·豪则负责经管罗斯福在纽约市的利益。这是一个对罗斯福忠诚负责而又精明强干的核心小组。

史密斯与罗斯福之间的矛盾越来越大，但并没有公开撕破脸皮。不过，这位正直的前任州长很快发现，罗斯福确实有能力独自接管整个纽约，根本不需要自己的帮助。史密斯留下了一个工作效率很高的行政体制。但罗斯福并不想坐享其成，他还要给它注入新的活力，使其成为一个旨在推动进一步改革并具有明确目标的专家型政府。罗斯福知人善任，很快就完成了自己的目标，组建了一个十分高效的政府。这个政府里的很多人在他后来竞选连任州长、入主白宫、推行新政时都发挥了极其重要的作用。

罗斯福上任后就尝试着以超党派的行动准则和将重大争端性议题直接诉诸于人民的努力。因为他不想陷入党派之争，更加不想将那些肮脏的"私人政治"思想带进自己的政府。他在"行政预算案"修正问题上同议会中占多数的共和党人展开了首轮交锋，最后靠诉诸纽约最高法院上诉法庭而取得了胜利。在围绕圣劳伦斯河动力开发和经营方式问题上，双方经过了旷日持久的争吵后陷入僵局，罗斯福便扬言马上就此问题向全州人民发表广播讲话，从而迫使共和党对手基本接受了自己的提案。在农业政策、劳工立法、公用事业、监狱体系的改组、自然资源保护等方面，罗斯福都提出了自己的议案。

经过一段时间与那些固执的保守派和故意从中作梗的州议员的斗争，罗斯福发现，对付他们最有效的方式就是通过无线电广播同全州人民进行一系列不拘形式的谈话。当时，民主党为了宣传自己，已经向全州所有电台都购买了每月一个小时的广播时间。罗斯福便利用这个宝贵的时间对着麦克风发表了许多直率而亲切的谈话。这种谈话方式是其后来入主白宫进行的"炉边谈话"的预演和前奏。这种卓有成效的方法使得保守派和那些别有用心之人很快败下阵来。他们要么乖乖地举手通过罗斯福提出的法案，要么就会被全州民众指责为别有用心的政客！

因为涉及面太广，罗斯福推行的改革，在执行中打了一些折扣，并没有他预想中那么理想。但他那坦诚、直率而新颖的姿态打动了广大民众的心，提高了自己的声望。或者说，他是切实地以一个政治家而非政客的身份，在为广大民众谋取利益，哪怕这种利益是极其微不足道的，他也会使尽全力。

1929年底，在他的建议下，民主党组织出资在奥尔巴尼设立了一个新闻处，向北部地区和共和党控制的农村报纸无偿提供带有民主党倾向的材料以及州长工作要览。第二年，他绕过亲史密斯的州委员会，亲自来到了纽约州北部地区的基层组织，加强民主党在当地的影响力。至于坐在车上到各地去巡视则更是家常便饭了。这位轮椅州长受到了全州民众的爱戴，他的声誉也在全国越来越好了。

　　罗斯福并没有因为州长的工作而过多地改变自己的生活方式。他似乎天生就是一个当政治家的材料，在紧张的工作之余，生活依然过得有声有色。冬季，他在奥尔巴尼住三四个月；春末夏初，他会到佐治亚温泉疗养；夏天，他就回到奥尔巴尼处理政务，周末则到海德公园去放松放松，或者到州内外旅行；深秋季节，他又会到佐治亚温泉去疗养几个星期，然后到海德公园过圣诞节，最后又回到奥尔巴尼。可以说，在担任州长期间，罗斯福的生活是多姿多彩的！

　　除此之外，他的家庭生活也是十分和谐的。他的4个儿子和他们的朋友经常会趁着周末或假期从学校来到那幢古老的州长官邸，或海德公园的寓所，陪父母一段时间。每当这个时候，家中就会充满年轻的欢笑，罗斯福也会被他们感染，似乎自己也年轻了许多岁！他的长女安娜已经结婚，并给他生了个可爱的外孙。看着美国最年轻的一代居民，罗斯福充满了对生命的敬畏，同时也觉得自己有为他们创造一个良好社会环境的历史使命！

　　埃莉诺成了罗斯福最得力的助手之一。她积极地从事民主党党务和教育工作，经常邀请一些朋友到家里来吃饭。甚至连他的母亲萨拉也被拉进了政治活动的圈子。她招待罗斯福的政治伙伴们，提醒他不要忘记老朋友的结婚纪念日和生日。

　　时间很快来到了1930年，罗斯福第一任州长任期已经满了。纽约州再次迎来了州长选举。在这一次选举中，蜚声全国的轮椅州长毫无悬念地击败了对手，再次当选为纽约州州长。

· 第四章 ·

登上总统的宝座

一

在大萧条中脱颖而出

在罗斯福再次当选为纽约州长的第二天,法利和路易斯·豪就公开宣布:罗斯福将参与竞选下一任总统。法利在庆祝选举胜利的声明中说:"我实在想不出罗斯福先生有什么办法能让自己不成为民主党下一届的总统候选人!即使没有人来促成这件事,这也会成为一种必然!"

路易斯·豪和法利把他们的言行向罗斯福述说之时,罗斯福微笑着说:"不管你们说什么,我都同意!"

路易斯·豪和罗斯福原本都认为胡佛总统会取得连任。于是,他们将竞选总统的目标放在了1936年。但事态的发展有些出乎他们的意料。美国的经济形势几乎在一夜之间陷入了混乱之中,共和党人陷入了自己为自己设置的圈套之中。

在第三十任总统柯立芝的任期内,美国的经济快速发展,但这种繁荣是一种虚假的繁荣,是以大幅增加投入而取得的。柯立芝奉行自由主义经济政策。他曾说美国是一个搞实业的国家,所以需要一个为实业界服务的政府。他的名言是:"建一座工厂就是盖一座圣殿,在工厂干活就是在那里做礼拜。"

柯立芝的继任者胡佛深信柯立芝任期内的这种繁荣会继续下去,所以在竞选总统时就以"更大的繁荣"为承诺,并最终击败了史密斯,入主白宫。他在演讲中说:"我将继续推行过去8年来的各种政策!我相信,在上帝的帮助下,我们很快就能够目睹贫困被放逐于这个国家之外的那一天。"他甚至非常形象地向美国民众承诺,他会让"每家锅里都有一只鸡,车库里有两辆车"!

实际上,在胡佛就任总统的前两年,美国的经济形势在表面上看起来确实是一片大好！在他上任的前半年，股市大涨，证券经纪人纷纷增加其银行借贷，美国民众也似乎确实能够无限制地吸收各种股票证券。工厂就业率、建筑合同数、银行贷款额、货车载运量等几乎一切企业指数都在持续高涨之中，商业及其准则主宰了一切！所有的人都沉浸在这种巨大的繁荣之中。当时的一本畅销书甚至如是说："如果耶稣在世，他也会到广告公司当会计。"

但这种虚假的繁荣并没有持续多久。1929年10月24日，纽约股市迎来了一个"黑色星期四"。在经历了几次小小的预震后，几十种股票的价格开始一路狂跌，绝望的人们疯狂地抛售，当天就有1289万股易手。

纽约股市的这次狂跌成了美国经济全面崩溃的一个转折点。在随后的几天里，人们开始疯狂地抛售手中的股票，仅仅10月29日一天，交易量就达1641万股，创下了历史最高纪录。紧随纽约股市，其他交易所也出现了大规模的价格波动现象。美国民众陷入了极大的恐慌之中！胡佛承诺的"更大的繁荣"在一夜之间变成了大衰退！

在此后3年多的时间里，金融业、商业、工业的指数依次成比例地剧烈下降，作为20年代经济繁荣支柱的钢铁、汽车、建筑等行业的衰退情况更是惊人，许多知名企业甚至在一夜之间就宣告破产了！这次经济大衰退就是1929年至1933年发生在资本主义世界的著名的经济大萧条。

这次经济危机是资本主义社会的本质与自由主义的经济政策导致的。而柯立芝与胡佛推行的自由主义经济政策则导致资本的这种本质在短时间内发挥到了极致。于是，在整个社会分配中，转化为资本的利润远远超过了工人的薪资部分。由于消费支出跟不上国民生产总值的大幅度增长，结果就出现了生产过剩，而消费不足的矛盾。再加上，日益扩张的工业行业内部的比例严重失调，整个美国国民经济体系在短短的几年之内便崩溃了。农民的总收入下降了57%，对外贸易总额下降了70%，失业人数最多时高达1500万人。

面对美国历史上最严重的一次经济危机，美国民众陷入了广泛而深刻的消沉、不满、失望、怀疑和愤怒之中。于是，广大民众便将这种不满情绪发泄到了胡佛政府身上，希望推动改革，改变现状。在这种情况下，站在共和党对立面的民主党自然成了民众的"救命稻草"！1930年，联邦众议院改选的结果明显体现了民众在政治上的这种诉求。民主党以压倒性的胜利击败了共和党，取得了多数议席。

罗斯福及其智囊团都敏锐地认识到，他施展抱负的最佳时机已经到了。胡佛在1932年的大选中失利的可能性极大。因此，法利和路易斯·豪都决定将参选总统的时间往前提一提，不必等到1936年了。

胡佛及其内阁成员对突如其来的经济危机持乐观态度，认为这不过是市场正常的波动，不久就会过去的。他们经常发表乐观而自信的演说，来安抚民众。但罗斯福很快就发现，事实并不像胡佛所说的那样。《商业中心新闻报》的编辑威廉·艾伦·怀特也在给罗斯福的信中说："这些日子对你们民主党人来说，是一个千载难逢的大好时机，但是不必太谨小慎微了！假若这条老帆船能在新的一年中恢复平稳的话，不论那是由于纯熟的驾驶技术，还是由于风平浪静，人们都会忘记它曾经面临倾覆的危险。但我担心的是：如果这条船不能很快恢复平稳，船员们就会从水手舱里跑出来，把后甲板上那群官员统统丢入大海，不管他们是民主党人，还是共和党人，都会被统统抛入大海。"

综合各种信息，罗斯福认为："局势严重，需要我们冷静而认真地对待这种局势，要像研究致命细菌的学者那样，首先弄清它们的性质、因果关系，最后找出战胜它们和防止它们所带来的灾难性后果的办法。"

1930年3月，罗斯福成立了一个经济救济事业委员会。委员会由一位银行家领导，酝酿关于稳定失业情况的长期性建议。稍晚一些时候，他又采取了一系列措施，及时地减轻人民的疾苦以及扩大公共事业，例如由州政府拨款，进行大规模的植树造林活动，给民众创造就业机会。

1931年8月，他又敦促州议会批准成立一个临时紧急救济局，拨款2000万美元，使大批陷入绝境的纽约人度过了寒冷的冬天。这个救济局由年轻的社会工作者亨利·霍普金斯领导。霍普金斯的工作效率之高，让罗斯福都不得不佩服。纽约州大约有100多万人的生活靠救济局照顾。当时，纽约州约有10％以上的家庭平均每月可以得到23美元救济款。这些钱可以使失业工人及其家人免于饥饿。

尽管这看起来不算什么，但跟其他州的措施相比已经算得上是非常激进的了。那些与罗斯福担任同等职务的州长们，一筹莫展、固步自封，几乎无一例外地在大萧条中落在了纽约州的后面。很多州的穷人平均每户每月只能从慈善机构领到几美元，根本不够购买食物的。相比之下，纽约州的穷人在全国穷人中算是富户了。罗斯福由此成为了美国各州州长成功应对大萧条的典范。

共和党政府在总的方面却依然遵循一种放任自由的思想，不肯对大萧条采取任何积极的措施。大量穷人的生活越来越艰难了。领救济食品的队伍越排越长，从一个街区伸展到另一个街区，施粥棚分发着稀粥和淡咖啡。简陋的棚屋、废弃的汽车和包装箱构成的贫民窟迅速出现在城市的垃圾堆和土屋附近。为了表示对现任总统的不满，人们讽刺地将这些贫民窟称之为"胡佛村"。

胡佛终于采取行动了。他组织了私人救济活动，命令联邦各部门节省开支，要求商人维持现有的工资水平，创办了"重建基金信贷公司"，将资金贷给银行和其他机构，勉强支持联邦政府拨给各州的救济援助款项。但他所做的一切努力似乎都无济于事。因为大萧条依然在迅速蔓延。尽管胡佛在后期勉强推行的政府干预政策与罗斯福采取的政策有类似之处，但他在民众中的形象已经定格。他的支持率很快降到了历史最低点！

耐人寻味的是，曾经被提名为民主党总统候选人的史密斯、考克斯、戴维斯等重要民主党人在此时也都无所作为，渐趋保守。正是在这种背景之下，罗斯福的名字频繁地出现在了全国主要报刊的主要版面上。民众在心理上已经开始向罗斯福倾斜了，也就是说，只要他被提名为民主党总统候选人，就一定会旗开得胜。

二

当选民主党总统候选人

尽管形势的发展对罗斯福竞选下一任总统很有利,但他并没有像年轻时代那样冲动,高调地去宣传自己。自从患上了小儿麻痹症之后,罗斯福就变得越来越深沉,越来越老练了。他知道忍耐与等待是一个政治家必须具备的美德。一开始,罗斯福就故意压低竞选总统的调门,以免过早地暴露自己的实力和有利地位而成为对手们攻击的靶子。

尽管罗斯福自己不表态,但他的支持者们却已经迫不及待地行动了起来。路易斯·豪跟法利一起开始在幕后策划,并组织了一大批罗斯福的崇拜者,成立了"罗斯福之友"俱乐部,要求罗斯福出来竞选总统。这一运动不光在纽约州开展得轰轰烈烈,其他很多地方也出现了类似的运动。"罗斯福之友"俱乐部很快从纽约发展到了美国其他州,达到50多个了。

罗斯福在背后静静地看着事情的发展,而且不发表任何看法。1931年夏秋季节,法利精心策划了一次横穿全国的旅行,考察罗斯福获得总统候选人提名的可能性有多大。法利考察归来后,信心满满地告诉罗斯福,条件已经完全具备了。

于是,罗斯福也开始从后台转向了前台,他频繁地招待从全国各地来访的知名政治家,不失时机地向全国宣传他对大萧条的看法,并提出了自己的施政纲领。在一次演讲中,他提到:"国家是什么?国家就是一个有组织的人类社会的合法代表!它是人类为了互相保护和过上幸福生活而创建的。政府不是国家的主人,而是人民的工具。国家对公民的责任就是仆人对主人应负的责任。"

在演讲的最后,罗斯福不失时机地将自己的施政纲领与当前的大萧条结合在了一起,他说:"国家的责任之一,就是关怀那些陷入逆境以致不靠别人帮助连起码的生存资料也无法获得的公民。"

在大萧条的背景下,罗斯福的这种施政纲领无疑是鼓舞人心的。一时间,罗斯福声名鹊起,成了美国第三十二任总统的热门人选。但由于支持者的成分过于复杂和分散,也对罗斯福的竞选造成了一定的不利影响。因为复杂的成分和过于分散的力量无法形成统一的凝聚力。

1932年1月23日,罗斯福正式宣布自己将竞争民主党总统的候选人。紧随其后,又有几名强有力的竞争者宣布加入了这一角逐,其中便有业已与罗斯福分道扬镳的"快乐勇士"史密斯。这些对手们为了打击罗斯福,不惜大打口水仗。

罗斯福的老对手、报业大王威廉·伦道夫·赫斯特利用手中掌握的媒体,反复论证大萧条是由于第一次世界大战期间向美国借债的协约国没有履行偿还债务的义务所致,而罗斯福作为一名曾经力主让美国加入国际联盟的人显然不适合做总统候选人。

赫斯特一下击中了罗斯福的软肋,但罗斯福又不能不作出回应。否则的话,大好局势很可能会被这横生的枝节给搅乱了!1932年1月底,罗斯福试图委托中间人在暗中说服赫斯特,让其停止对自己的攻击。没有想到,赫斯特非但不理会中间人的劝说,还把罗斯福试图做的幕后交易公之于众了。他说:"假如罗斯福先生愿意声明他不是国际主义者,他应当把这一点公开告诉大家,而不是对我个人讲!如果他担心这对选举不利,当然也就没有勇气公开说出自己的意见,可同时又想私下做好人——对谁都是好人,更确切地说是对一些人是好人,而对另一些人是犹大(《圣经》里出卖耶稣的叛徒)的话!那么,他既得不到公众的信任,也得不到个人的信任。"

非洲旅行中的罗斯福

此言一出，舆论一片哗然。罗斯福感到情况不妙，应该尽快消除这一事件对自己的不利影响。路易斯·豪也认为这是一次致命的打击，必须尽快对公众有所交待。

2月2日，罗斯福在纽约向"保护农业社"发表了回应赫斯特的演说。在这次演说中，罗斯福全面地回顾了国际联盟的发展演变史，并一针见血地指出，当时的国联已不是威尔逊总统在一战结束后所设想的国联了。国联已经不是维护国际和平的国际组织了，早已演变成了一个讨论欧洲各国政治困难的会议场所。所以，美国不应该再参与其中了。在演讲中，罗斯福还有效地转移了矛盾。他说欧洲各国肆意扩充军费开支从而无法偿还美国债务的事实应予重视。

罗斯福的这次演讲是一次向赫斯特的妥协。他知道，在美国政治舞台上，不学会妥协，永远无法立稳脚跟。正是由于这次妥协，赫斯特在民主党举行的全国代表大会上才没有阻止加利福尼亚和德克萨斯两个州的代表团倒向罗斯福。不过，由于背弃了自己早期的国际主义，许多威尔逊主义者纷纷起来攻击罗斯福。

有趣的是罗斯福在总统竞选的后期又背弃了自己在这篇演讲中提出的一些论点。这就使得罗斯福看上去似乎根本没有坚定的施政纲领，更没有自己坚定的意见。另一位报界"无冕之王"、自由主义者沃尔特·李普曼就此展开了对他的新一轮攻击。李普曼在《纽约先驱论坛报》上发表了很多文章，指责罗斯福是属于那种"只要不是迫不得已就不明确说出自己观点的战后新一代政治家"。他说："他是一位非常容易冲动的政治家，既没有牢牢掌握国家事务的能力，也没有坚定的信念。他既不是人民的代言人，也不是富人的敌人。他只是一个尽管不具备条件却很想当总统的愉快的人。"

这位倾向于支持"快乐勇士"史密斯的著名评论家击中了罗斯福的痛处。另外一些自由派人士也对他发起了猛攻！《新共和》周刊声称罗斯福"绝非有高超见解和过人毅力"；《民族》周刊则进一步断言："值此关键时刻让罗斯福这种软弱无力、随时准备妥协的人继胡佛之后当总统，后果势必十分严重。"

李普曼的批评算是中肯的。不过，绕过一些敏感问题，或者避免就这些问题发表立场坚定、旗帜鲜明的演说，实际上是政客们在寻求更广泛支持时惯用的手法。前面说过，罗斯福支持者中的成分十分复杂，既有富翁，也有城市贫民；既有大学教授，也有普通农民；既有激进的改革派，也有保守的守旧派。他们代表着不同背景、来自不同方面的支持力量。为此，一位耿直的哈佛大学校友写信气愤地质问他："你难道希望为自己博得一个'四怕候选人'吗？"

四怕候选人是指胆小怕事、怕表态、怕自己不虔诚、惟独不怕陈词滥调。罗斯福的得力助手罗森曼敏锐地感觉到，在目前遭到左右夹攻的不利局面下，正式地拿出一个深思熟虑的全国性政纲已刻不容缓。

在罗森曼的建议下，罗斯福组织了历史上著名的"五人智囊团"5位来自不同专业领域的专家经过一个月的讨论，终于在4月初制定了一系列的方案，其代表作便是一个厚积薄发的政纲。

1932年4月7日，罗斯福通过广播向全国发表了10分钟的演说。他在演说中形象地用拿破仑滑铁卢惨败的教训来号召美国人，要抓住事情的主要矛盾，团结一致，像度过战时的难关一样度过这次经济危机。他将社会底层人士说成是"被遗忘的人"！但正是这些被遗忘地人肩负着重建美国经济的重任。罗斯福的演说引起了无数美国民众的共鸣。他所创造的"被遗忘的人"一词也因其逼真地刻画了大萧条中人民的境遇而被收入美国政治辞典。

在民主党全国代表大会召开前夕，罗斯福充分地施展了自己日益纯熟的演说技巧。他乘坐汽车在乡

1930年纽约州州长富兰克林·罗斯福与阿尔·史密斯于纽约州奥尔巴尼公开照

间驰骋,向农民们展示自己身上所具备的以农村为背景的美国绅士精神,争取农民们的好感;他把增加工人补助、减少劳工限制、扩大失业救济等内容充实到施政纲领中,以赢得城市选民的好感……

1932年6月27日,民主党全国代表大会在芝加哥体育场开幕。在此之前,共和党已经在这里召开了全国代表大会,确定了胡佛连任的提名。路易斯·豪在芝加哥国会饭店第1502号套间为罗斯福争取选票。他精心挑选了《幸福的日子又来到》作为罗斯福的大会竞选主题歌。

投票的结局让人大跌眼镜。罗斯福的得票数虽然以绝对优势领先,但距离规定的超过三分之二票数还差100多票。他获得了666票,第二名史密斯仅有201票,而要超过三分之二票数必须要得到至少770票。

最后还是罗斯福的得力助手法利出面斡旋,跟得票数排名第三位的加纳达成了妥协:如果他放弃竞选并支持罗斯福,就让他当副总统。加纳知道自己无望当选总统,顶多只是一个陪衬而已,便答应了法利。如此一来,原先支持加纳的德克萨斯州代表便倒向了罗斯福一边。控制着加利福尼亚选票的麦卡杜见状,也将自己手中控制的44张选票投给了老朋友罗斯福。结果,罗斯福终于在第四轮投票中获得了945票,当选为民主党总统候选人。

三

当选第三十二任总统

得知击败了史密斯等对手，取得民主党总统候选人提名之后，罗斯福决定打破由来已久的美国政治惯例，到全国代表大会现场去发表接受提名的演说。1932年7月2日凌晨7点，他在埃莉诺、两个儿子以及罗森曼等助手的陪同下从奥尔巴尼乘坐一架三引擎飞机飞往芝加哥。罗斯福此举有着非常明确的目的，他要通过这次旅行告诉美国民众，他的精力非常充沛，完全可以胜任竞选及当上总统之后的种种事务。

由于飞机在中途遇到了风暴，他们被迫两次着陆并给飞机加油。他们也因此迟到了好几个小时。当时，代表们已经十分疲惫了。民主党的领袖们也都已经发表了演说，似乎再也没有什么可说的了。为了让代表们安静地留在座位上等待罗斯福，大会只好求助于乐队指挥和歌手们，让他们演奏一些动听的歌曲。

几个小时之后，罗斯福终于抵达了大会现场。他在儿子的陪同下，吃力地走向演讲台，向民主党代表，同时也向全国大约1000万守在收音机旁的听众开始了自己的演讲。一开始，他就开宗明义地说："按照惯例，候选人要在几个星期内假装不知道发生了什么事情，直至许多星期后正式通知他时为止。我通过打破这种荒谬的成规，来告诉大家，我已经着手进行我面临的任务。我希望这件事情

罗斯福夫人埃莉诺·罗斯福

可以成为一个象征。从现在起，请把打破愚蠢的常规作为我们党的任务。"

罗斯福的这篇演讲显得冗长而且杂乱无章，因为他为了抚慰路易斯·豪的情绪，采用了他起草的讲稿的开头部分，而其他部分则是由罗森曼起草的。罗斯福的演讲基本上是围绕着如何让美国从大萧条之中走出来而展开的。

在演说的最后，罗斯福满腔激情地说："人类从每一次危机、每一次劫难、每一次灾祸中获得新生时，他们的知识都会变得更加广泛，道德变得更加高尚，目标变得更加纯洁。而今天是一个思想瘓散、道德堕落的时代，一个自私自利的时代。我们不要只是责备政府，也要责备我们自己！近年来，在政府的政治哲学中被遗忘的男人和女人们，期待着我们更加合理地分配国家财富。在乡村和城市，我们的千百万同胞都从心底希望他们往昔的生活方式和思想准则不要从此一去不复返，他们的这一希望不会，也不应该落空。我向你们保证，我誓为美国人民实行新政。让我们在此聚会的人都成为未来那种富有成效和勇气的新秩序的倡导者。这不仅是一次政治竞选活动，也是一次战斗的号召。请大家帮助我，不仅是为了赢得选票，而且要帮助我在这次把美国交还给人民的远征中获胜。"

罗斯福在这次演说中首次提到了"新政"这个词。但其学理性概念以及明晰细致的蓝图并未形成，只是具备了一个大体的轮廓和意向性的原则目标。不过，他知道，陷入无助之中的美国人期待改变，哪怕那仅仅只是一种试验。罗斯福正是抓住了这一点，用颇具诱惑力的"新政"一词作为了自己跟共和党人胡佛竞争的主题词。实际上，罗斯福打破传统，破天荒地跑到芝加哥的民主党全国代表大会现场去发表演说的另外一个用意就是要告诉民众，他是一个勇于改革的政治家！

7月3日，著名漫画家罗林·柯尔比在报纸上发表了一幅漫画：一个疲惫不堪的农民倚锄仰望天空掠过的一架飞机。机翼"新政"的字样十分醒目。那农民的表情虽然迷惘，但同时也透露出了些许希望。

从此之后，"新政"一词就作为罗斯福施政纲领的鲜明标志不胫而走。新政到底是什么样子的？甚至连罗斯福本人也不大清楚。不过，罗斯福麾下的那帮专家、教授已经在为拟定"新政"政纲开始查找资料了。他们参考了上千种书籍，借鉴了以往的政治经验，尤其是西奥多·罗斯福和威尔逊等人执政时期的经验。也就是说，罗斯福之所以能在日后实施"罗斯福新政"，带领美国人走出大萧条，并不是历史的偶然，它跟美国的政治经济发展趋势有着密切的关系。当然，这其中也有罗斯福个人成长经历、家庭环境及个人禀赋的影响。

罗斯福的竞选总部设在纽约市麦迪逊大道331号一所不太引人注目的办公楼里。竞选总部有600多名工作人员。按照惯例，罗斯福任命法利担任民主党全国委员会主席。法利和莫利在工作上作了严格分工：法利负责在全国拉选票，他精通战略，熟悉细节，树立了现代总统竞选的模式；莫利负责率领"智囊团"为罗斯福起草演说稿和备忘录。

罗斯福乘坐着一列由6节车厢组成的竞选专列从奥尔巴尼驶出，在众多随从和家人的陪同下，横穿北美大陆，抵达西海岸的旧金山，然后调头到洛杉矶、西雅图、亚利桑那、新墨西哥、科罗拉多、内布拉斯加、衣阿华、伊利诺斯、底特律。然后他又去了南部诸州，还有一次到了属于共和党势力范围的新英格兰。他总共发表了16次重要的长篇演说和67次短篇演说。

由于当时"新政"的概念还十分模糊，罗斯福的演讲往往都是泛泛而谈，显得有些空泛。当时的著名记者埃尔默·戴维斯写道："我确信罗斯福是反对禁酒的，至于别的问题呢？对他的空泛议论，你连一个题目也无法加以非议，你几乎没有争论的余地。然而，这些说法如果有什么实质意义的话，那也只有富兰克林·罗斯福本人和他的上帝才知道。"

罗斯福发现攻击胡佛的政策要比讲清自己的"新政"纲领更加容易。于是，在接下来的演说中，他开始攻击胡佛，将其描述成了一个面对大萧条，依然坐在白宫里的行动迟钝、无动于衷、凡事不问的总统。胡佛一般不公开发表演说，演说之时也会小心翼翼地避开"萧条"、"危机"之类的字眼。但对罗斯福的指责，他则发动了强有力的反击。

在论战中，罗斯福经常改变自己的观点，来迎合选民，有时候甚至会把两种截然不同的观点糅合在一次演讲之中。罗斯福的目的非常明显，他要在这次选举中获胜，而不是要在选举中来展示自己的政治哲学。实际上，罗斯福根本就没有什么连贯的政治哲学。他知道，使用什么办法才能赢得选票，使用什么办法才能让彼此间对立的团体同时支持自己。这就需要不停地调整自己的步调和政策。

有一次，雷蒙德·莫利向罗斯福提供了两份关于关税政策的演讲稿，内容截然不同。罗斯福看了看，对他说说："把这两份材料编成一份吧！"

莫利大吃一惊，他从来不知道在一篇演讲稿里可以表达两种截然不同，甚至相反的观点。

还有一次，罗斯福就自己在托皮卡发表的农业讲话给一位朋友写信说："我想你会同意这篇讲话是够左倾的，这就可以防止再有人说我是右倾的了。"

胡佛咆哮如雷地斥责罗斯福说："真是一条变色龙，反复无常。"为了挽回败势，胡佛甚至请出了前任总统柯立芝发表演说，给自己壮声势。但这一切努力均已经无法挽回日益加剧的颓势了。7月底，他粗暴地镇压了索取退役金的失业退伍军人。这种失当的举措遭到广泛的声讨，他不顾人民死活且冷酷无情的形象在人民的心中进一步形成了。在举国饥饿的阴晦日子里，新闻记者却拍到了他在白宫草坪上喂狗的照片。由此，人们对这位总统失去了信心。他所到之处，人们报之以嘘声、怪叫、愠怒、木然的沉默、臭鸡蛋和西红柿，人们甚至公然贴出了"绞死胡佛"、"打倒凶手"的口号和标语。

身心俱疲的胡佛一下子苍老了许多，他面色灰白，皱纹深陷，眼圈发黑，紧握讲稿的双手不时地颤抖。雕塑家格曾·博格勒姆曾说："如果你放一朵玫瑰花在胡佛手里，它也会马上枯萎。"

与此相反的是，罗斯福于大选前夜信心满满地在家乡发表了最后一次演讲。在演讲的最后，他感慨万千地说："一个人经过多年的社会生活，才能变得明智起来。他明了当人们的称赞降临到他头上，这不一定是因为他本人多么重要，而是在这一瞬间，人类在漫长的变迁与进步过程中的某种共同意志在他身上令人满意地体现出来了。"

罗斯福无疑就是一个这样的人，在大萧条之中，他体现了美国人的共同意志。大选当天夜晚，罗斯福在纽约市的竞选总部里高兴地跟朋友们天南海北地谈论着。各州的选举结果陆续统计出来了。正如先前预料的那样，罗斯福击败了胡佛，成为了美国第三十二任总统。耐人寻味的是，除去南部和新英格兰地区以外，罗斯福在占联邦五分之四的州里所获票数的百分比都超过了民主党各众议院候选人所获票数的百分比。也就是说，罗斯福这次获胜并不仅仅是民主党对共和党的胜利，更是他个人的胜利！有不少支持共和党议员的人同时也支持了他这个民主党总统！

大选的当夜，胡佛就给罗斯福发来了贺电。第二天凌晨，罗斯福坐在床上用胡佛来电的背面潦草地写了下列回电："我感谢你的慷慨贺电。我想向你保证，在我履行州长必要的行政职责的同时，我已作好准备，和你携手合作，为了我们……"

写到这里，罗斯福停了下来，想了想，然后勾掉了最后两句话，把它改成了："作好准备，以各种方式来挽救我们的国家这一共同目标。"

四

在惨淡之中宣誓就职

1932年的冬天对美国人来说显得异常寒冷和漫长。持续的大萧条让无数美国人陷入了饥寒交迫之中。《幸福》杂志估计,除了农村1100万人外,城市中也至少有3400万人没有任何收入。他们完全依靠微不足道的社会救济和可怜的储蓄度日。无数的人因为交不起房租而被房东赶出了门外,组成了一支浩浩荡荡的流浪大军。那些有房子的人也有相当一部分因为交不起煤气费、水电费而被迫加入了流浪大军之中。

据估计,当时至少有几百万人露宿在丛林、公园、街头、车站。美国著名的作家托马斯·沃尔夫描述了他亲眼所见的景象:"他们就像破烂的木船一样,随处飘流,举目四顾,前途渺然。正派诚实的中年人贫穷劳累,满脸皱纹;青年男子满头长发,从不梳洗。他们穿城过镇,或是搭乘铁路上的货车,或是搭乘私人的顺风车。这些无家可归、走投无路的美国公民,走遍了整个美国。直到冬天来了,他们才在各大城市集中起来。忍饥受冻,四处碰壁,肚子空空的人们心烦意乱,辗转奔波。"

实际上,托马斯描述中的人们尚属于幸运者,他们至少保全了性命。当时有相当一部分人因为饥寒交迫而倒在了路边、街头,再也没有站起来。

中产阶级情况也好不到哪里去。不少人因破产、失业等原因加入了赤贫的行列。他们失去了原先那种光鲜又有尊严的生活,不得不在朋友和熟人面前遮遮掩掩地过着窘迫的日子。实际上,朋友或熟人的日子也不比他好过!从前的体面、优雅、财富、尊严,连同道德羞耻感一起都被大萧条的飓风刮得荡然无存了!

城市贫民忍饥挨饿的同时,农民生产出来的农产品却卖不出去。因为农产品的价格极低，连最基本的生产成本都赚不回来。奶农将挤出来的牛奶倾倒在了河里，因为将它们运到城里去的运输成本远远超过它们本身的价值；牧场主用枪把大部分牛羊都射杀了，然后扔进山沟，因为饲料价格太贵，而将牛肉、羊肉运到市场的运费甚至比这些肉还要贵；农民将玉米棒子当成柴火烧掉了，因为这比把它们卖掉买煤要划算得多！

大萧条给美国带来了严重的危害，而且这种危害并不是短时期的，而是长期的。当时，美国的结婚率和人口出生率都大幅度降低，虽然离婚率并没有明显变化，但实际上名存实亡的家庭比比皆是，因为人们已经懒得去办离婚证了。侥幸出生的孩子都带有一个明显的特征，那就是身材瘦小，面黄肌瘦。大萧条给美国人的肉体和心灵上都留下了难以抚平的创伤！

罗斯福当选美国第三十二任总统之后，还要等4个月才能就职。胡佛总统在这段严酷的政权过渡期中，在对待大萧条的立场和举措方面没有任何实质性的改观，反而手忙脚乱地想挽回自己的政治声誉。举国上下在无助的愤怒和茫然中期待着新总统的出场。

在这段时间内，罗斯福看上去显得十分悠闲。他先去奥尔巴尼处理州长任职的收尾工作，然后又到温泉小憩，乘游艇在南部海域泛游，巡视田纳西河流域。他无论走到哪里，都面带微笑，显得轻松愉快，镇静自若。胡佛曾邀请他就欧洲债务、对外贸易和国家预算等问题进行磋商，但都被他拒绝了。罗斯福无意登上胡佛政府这条"快要没顶的破船"，他小心翼翼地极力躲闪，以免受到"乱摊子"的牵连。

实际上，罗斯福在漫长的4个月里并不轻松，他密切地关注着大萧条的发展，并积极地为寻找出路而做着准备工作。他精心组织了一个高效而负责的内阁。低关税鼓吹者科德尔·赫尔被任命为国务卿，共和党人威廉·哈德曼·伍丁被任命为财政部长（他不久之后因健康问题辞职，由罗斯福的多年老友和邻居、原副部长小亨利·摩根索接任），民主党中间派代表霍默·卡明斯被任命为司法部长、丹尼尔·罗珀被任命为商业部长……

在"智囊团"成员中，除了罗森曼因要出任纽约州最高法官而不能追随罗斯福到华盛顿之外，其他大部分人都在新总统身边担任了新职务。莫利被任命为国务卿特别助理、路易斯·豪则任总统秘书。罗斯福精心挑选的内阁成员跟他的"智囊团"一起成为了他日后推行"罗斯福新政"的得力干将。

组织好了内阁之后，罗斯福马上带领他们努力拟定各种立法计划。这些计划包括联邦政府的救济、对商业的津贴、各种经济复苏计划、新贸易条例、公共工程事业、货币管理等方面。罗斯福经常就这些计划跟政界的知名人士交换意见，还广泛听取各方的意见，对计划进行修订。他似乎试图"酝酿出一种可行的纲领，使工业区和农业地带，华尔街和小城镇都接受。这种纲领要得到有产者的支持，也要给无产者以希望"。

但处于大萧条之中的失业者已经对政治失去了信心，他们无论对胡佛政府，还是未来的罗斯福政府都不关心，他们更关心自己的肚子，更关心下一顿饭怎么解决。1933年2月15日，罗斯福正在迈阿密宣讲自己的政治理念。在新总统的周围聚拢了一大帮人。

有一个名叫朱金涅·赞加拉的失业者，突然拔出手枪，对着罗斯福连续发射了几发子弹。现场顿时陷入了一片混乱之中。由于一名勇敢的妇女及时干扰了刺客，使得子弹并没击中罗斯福。紧挨着罗斯福的芝加哥市市长成了这场血案的倒霉蛋，他身中数枪，刚被送到医院就气绝身亡了。

原来，赞加拉自从失业之后便没有过一天温饱的日子，他对政府和富人们充满了仇恨。本来他是想到华盛顿去刺杀胡佛的，但由于害怕北方寒冷的天气和胃溃疡发作，这一计划没能实施。凑巧，罗斯福在这个时候到了迈阿密，便险些成了胡佛的牺牲品。

大萧条继续蔓延，到3月1日已经有17个州的银行歇业，只有纽约和芝加哥两大金融堡垒还在摇摇晃晃地支撑着门面。仅仅3天之后，连纽约和芝加哥两大金融堡垒也宣告停业，整个美国的金融活动骤然中止。胡佛惊呼道："我们再也没有办法了。"

也就是在这一天，罗斯福入主白宫。外界对这位新总统发表了不同的意见。有人认为，他比民主党的哈定高明不了多少。自由主义专栏作家海伍德·布龙甚至鄙夷地称他为"错综复杂的全国大会选出的一名畸形的候选人"。连前总统威尔逊都认为罗斯福关于美国民主政治的见解略显浅薄空洞。不过，更多的人则对这位新总统抱着十分大的希望。

那一天，天气并不好，天空中阴沉沉的，跟死气沉沉的街道相得益彰。罗斯福首先去了教堂，格罗顿公学的老校长皮博迪博士为其主持了礼拜仪式。然后，他便跟胡佛一起驱车前往国会。罗斯福似乎很想跟胡佛交谈几句，但胡佛只顾对欢呼的人群呆板地答礼。

1933年富兰克林·罗斯福当选美国总统就职大典

1933年的罗斯福总统和其夫人，摄于就职日

在国会里，罗斯福静静地等候着就职仪式开始。他显得有些不耐烦，随手在就职演说稿上草草地加了一句开场白："这是一个献身的日子。"

在国会的圆形大厅前，有许多人跟罗斯福一样在静静地等候着。终于，就职仪式开始了。罗斯福撑着拐杖，十分缓慢地走到高高的白色主席台上。他撅着下巴，神情严肃，用洪亮的声音跟着大法官休斯念就职誓词。

念完誓词之后，他转身面向民众，冷风吹动了他就职演说的讲稿。他用手压住了讲稿，用轻松自信的声调说道："这是一个献身的日子。我确信，我的同胞们期待着我在就任总统时，能以当前形势所迫切需要的坦率和决心对他们讲话。现在是应当讲真话的时候，应当坦率地、大胆地讲出全部事实。我们不必畏缩不前，不敢正视现在最糟糕的情况。这个伟大的国家将会像它曾经忍受苦难那样忍受下去，它将得到复兴，它将得到繁荣。"

现场和守在收音机旁的听众静静地听着罗斯福的演讲。他们显得有些木然，因为他们不知道罗斯福的这番话到底会给他们的生活带来什么样的改变，更不知道这番话能否填饱他们的肚皮！

罗斯福继续说道："首先让我表示我的坚定信念。我们唯一必须畏惧的就是畏惧本身！无可名状、毫无道理，决不应有的恐惧将瓦解人们变退却为前进所需要的努力。在我们民族生活中的每一个黯淡的时刻，坦率和有力的领导都得到了人民真诚的谅解和支持，而这正是胜利的根本。我深信在这关键的时候，你们会再次给领袖以这样的支持。"

接下来，罗斯福声讨了胡佛政府的无能和银行的不负责任，并号召人们马上行动起来，拯救国家于危难之中。他说："我们的头等重要任务就是安排人们进行工作。这部分地可以由政府直接招雇，像战时紧急状态那样。"

在对外关系方面，他要求全国奉行"睦邻政策，做一个坚决尊重自己的好邻居，因为只有尊重自己，才会尊重别人。""但从时间和必要性来看，它和建立一个健全的民族经济相比，却属于次要。"

讲到这些实质性的问题，民众有些蠢蠢欲动了。他们似乎看到了希望，似乎抓住了一根救命稻草。

讲到这里，罗斯福放低了声调，语气也更严厉了。他说，根据宪法，领导可以产生，纪律也可以维持。他希望正常的行政和立法分权制衡体制足以应付当前的状况，但也可能需要使国家暂时背离正常的程序和轨道。罗斯福承诺，他将"提出一些措施，这些措施对于一个遭到经济打击的一个受害国家来说，可能是需要的。"

罗斯福要设法使他的措施得以迅速推行，或由国会提出类似的其他措施。他又说："但是万一国会不能在这两者之间选择其一，万一国家危机仍然紧急，我也不会回避届时摆在我面前的、我所应走的正确道路。我将要求国会赋予我为应付危机所剩下的唯一工具——赋予我广泛的行政权力，以便为克服紧急状况而战，这种权力应当像我们真正遭到外敌入侵时所赋予我的权力那样大……对此，我将不负众望！"

演说结束了，罗斯福向人群挥手致意，突然笑起来了。他的微笑感染了现场的人，给了美国民众莫大的鼓舞！罗斯福跟胡佛握手告别之后，便单独乘车驰过稠密的人群，到白宫去参加一系列的会议去了。

罗斯福的就职仪式十分简单，但他的就职演说取得了巨大的成功！因为人们早就希望能有一个强有力的领袖，带领人们果断地行动起来了！演讲结束的第二天，白宫就收到了近 50 万封祝贺信。

·第五章·

推行罗斯福新政

一
入主白宫，力挽狂澜

入主白宫之后，罗斯福煞有介事地记起了日记。他似乎想把自己在白宫的点点滴滴都用文字记录下来。实际上，他只记了两天便停了下来。在第一天的日记中，他写道："下午两点半，在椭圆形办公室召开了内阁全体会议，副总统兼参议院议长雷尼报告了银行界的形势。经过讨论，大家一致同意于3月9日（星期四）召开国会特别会议。此项通知已经拟好了，并已发出。接着与参议员格拉斯、海勒姆·约翰逊、乔·鲁宾逊和众议员斯特盖尔、贝尔纳斯以及少数党领袖斯内尔协商，都取得了一致意见。伍丁部长汇报说银行界的代表们对采取什么对策，感到茫然。结论是处理银行形势的48种办法都行不通。司法部长卡明斯在汇报中主张根据《1917年法》行使权力。这项立法批准总统有权对黄金或货币作出特许，进行管制及输出贮藏或指定用途。根据这个意见和应急的需要，决定发表声明宣布银行休假。"

罗斯福的这段日记大致说明了他上任后颁布的第一项政策，即宣布银行休假的过程。全国银行休假是胡佛迟迟不愿也不敢采取的行动。这是在当前情况下迫不得已采取的防御性措施。不过，罗斯福此举却向美国民众发出了一个信号：总统已经在采取措施，迈开了重整财政结构的第一步。

1933年3月9日，国会特别会议如期召开了。会议上，气愤十分沉闷，仿佛是在应对一场世界大战一样。会上通过了刚刚赶拟出来的《紧急银行法》。晚上8点多，罗斯福在法案上签了字。为了恢复民众对银行的信任，该法案规定由财政部对全国银行采取逐个审查并颁布许可证的制度，审查合格者方给予重新开业的执照。另外，这个法案还赋予了总统全面管理银行和全国金融的行政权力。

为了让民众支持自己上任后颁布的第一项法案，罗斯福在国会特别会议召开的前一天举行了第一次记者招待会。在此之前，历届总统从来没有在白宫举行过记者招待会。罗斯福此举让整个记者招待会显得十分轻松、融洽。罗斯福通过媒体加强了与民众的沟通，引导了舆论的走向，同时也取得了媒体从业者极大的尊重！此后，白宫记者招待会成为了一个惯例，每周两次，每次记者约120人。在罗斯福主政白宫的12年中，共举行了998次记者招待会。

财政部根据《紧急银行法》的规定，随即展开了对全国银行的检查和整顿工作。这项工作是非常迅速的，因为那些经审核并鉴定为健全的银行将在3月13日重新开业。对那些不合格的银行，罗斯福下令，依据《紧急银行法》予以清理、整顿、扶持、关闭或淘汰。与此同时，国家印钞局昼夜加班加点地印制新钞票，尔后由飞机分运至各州银行。

在银行即将重新开业的前夜，罗斯福坐在白宫一楼外宾接待室的壁炉前，向全国各地守在收音机旁的6000万人发表了讲话。他以自己独特而富有魅力的声调，向大家解释了政府为挽救银行所采取的紧急步骤，并号召民众把积蓄送回重新开业的银行。在谈话的最后部分，他热切而坚定地说："归根结底，在我们调整金融体制时，有一个因素要比货币更为重要，比黄金更为宝贵，这就是人民的信心。执行我们的计划，其成功的要素就是要有信心和勇气。你们大家一定要有信心，一定不要听信谣言和妄加猜测而惊慌失措，我们要团结起来战胜恐惧。"

3月13日，经审查合格的银行重新开业了。美国民众在彷徨失措之时选择了相信罗斯福。他们像不久前排着队到银行去提现一样，又排着队把现金和黄金存进了银行。几天之内，各州的联邦储备银行便回笼了价值约3亿美元的黄金和黄金兑换券。以此为储备，联邦储备银行又印制发行了约7.5亿美元的新钞票。

美国的金融市场逐渐好转起来，重新开业的银行越来越多。财政部长伍丁批准部分银行可以根据自身的情况，允许确需现款的储户每户提取10美元的现钞，商业市场也由此逐步活跃起来。

一周之后，美国已经有14771家银行重新开业了。这个数据约占大萧条之前全国银行总数的四分之三。随着银行界逐步走上正轨，交易所也重新开业了。纽约股票价格在交易所重新开业的当天就上扬了15%，道·琼斯股票行情分析所也对经济走势作出了乐观的预测。

不久之后，银行存款额就超过了提取额。罗斯福上任后颁布的第一项法案起到了起死回生的作用——金融恐慌过去了。

在整顿金融市场的同时，罗斯福还于3月10日就实行政府节约向国会提交了一份经济咨文。罗斯福在这份咨文中说："联邦政府正在走向破产的道路上。如不立即采取行动，下一财政年度的赤字将超过10亿美元。在近代史上，花钱无度的政府由于触到了松弛的财经政策这块礁石而翻船的例子实在太多了。"

罗斯福因此要求国会授予他更广泛的行政权力，以便使政府实行节约。他同时保证自己会"以公正无私的精神"来使用这个权力。

3月13日，罗斯福又向国会提交了一份议案，要求修改1919年的禁酒法以使轻度啤酒合法化。十几年来，美国各级政府组织围绕着私酒的制造与买卖，在许多领域勾心斗角，一时乌烟瘴气。美国民众也对全面禁酒感到十分不满。

结果，罗斯福的这两项法案全部获得了通过。不久，啤酒自1919年以后第一次公开出现在了美国的大小商店里。美国人不再对未来充满恐惧了！金融恐慌已经过去了，总统又出台了一个接一个对人民有利的法案，大家还有什么好担心的呢！

于是乎，美国街头自大萧条以来第一次出现了载歌载舞的场景。青年们喝着啤酒，跳着舞，畅想着未来。

在罗斯福就任总统后的两周，整个国家就变了样，大萧条造成的冷漠与死寂不见了，取而代之的是自信与生机。著名经济评论家艾格尼丝·迈耶说："人民相信这个政府，恰如他们过去不相信那一个（指胡佛政府）一样！这就是整个形势的奥妙之处。"

曾经坚决反对罗斯福当总统的沃尔特·李普曼也称赞罗斯福仅用了两周时间就使民气重振，简直可以与第一次世界大战中著名的转折点——马恩河战役相提并论。

有个金融家甚至跪在教堂里请求上帝的宽恕，因为他在总统大选之时将票投给了胡佛，而没有投给罗斯福。《纽约时报》宣称："从来没有哪一个总统能在如此短的时间里叫人这样满怀希望。"纽约市小学生中的一次民意测验也表明，罗斯福总统最受欢迎，其次才是得票远远低于他的上帝。

按照美国的传统，埃莉诺带领全家跟罗斯福一起住进了白宫。第一夫人埃莉诺让人把肃穆庄严的白宫装饰一新，总算使它多了一些生机。此时，这个美国第一家庭已经增添了几个新成员。罗斯福的女儿安娜与丈夫分居了，带着两个孩子搬进白宫和父母一起住。4个儿子也会在节假日里领着妻子儿女或女朋友，甚至同学到白宫住上几日。好客的罗斯福夫妇几乎对来访的人从不拒绝。白宫二楼的住宅区一下子就变得热闹起来了。

罗斯福智囊团的关键人物，如路易斯·豪等人都有自己的起居室，管家、仆人、厨师、保镖、接线员、守门人等后勤人员也住在白宫。罗斯福夫妇随和、亲切，对这些人不摆架子，大家和睦相处，其乐融融。在进入白宫的第一天，罗斯福就召见了守门人帕特里克·麦克纳，并亲切地称呼他的教名"帕克"。麦克纳十分激动，因为他在白宫当了30余年的守门人，这是总统第一次这样称呼他。

罗斯福还经常与身边的工作人员开开玩笑，以调节紧张的气氛。有一次，他听说自己的贴身男仆黑人欧文·麦克达菲的妻子相信人死后会再生，感到十分好奇，就跟她聊了聊。当时，这位黑人妇女的体重已经达到了120千克。面对着一位重量级的黑人妇女，罗斯福静静地听完了她的述说。她说，她希望自己能作为一个歌手再返回人间。罗斯福幽默地说："好极了，好极了！我希望你能进入天堂！"

正是由于这种优雅和幽默，使得罗斯福在紧张的工作之中依然能够保持镇静与轻松的心情。美国著名的作家厄内斯特·海明威盛赞罗斯福的这一做派为"最高形式的勇气"。在白宫度过了最紧张的第一个星期之后，罗斯福接受了一次体格检查，检查结果表明心脏和血压都正常。这说明，罗斯福的这种"最高形式的勇气"并不是故意做出来给民众看的，而是渗透在其灵魂之中的一种禀赋！

二

大力推行"第一次新政"

尽管第一批的 3 项法案取得了一定的成就，但罗斯福并没有因此而洋洋得意。因为他知道，这些努力就当前的形势而言，不过是防御性的，根本无法扭转不断恶化的局势。他曾就第一批的 3 项法案对记者发表评论说："除非你认为啤酒法还具有一些建设性意义，否则的话，我们根本就没有做出什么建设性的事情。"

罗斯福还有许多计划正在悄悄地酝酿。他本来打算让国会暂时休会，等自己跟智囊团成员一起把所有的法案拟定之后再复会。不过，他这一计划并没有得到实施。因为在他颁布了第一批 3 项法案之后，无论是国会，还是美国民众都在迫不及待地等待着他接下来要颁布的法案。于是乎，国会继续在开会，而罗斯福和他的智囊团成员则没日没夜地赶制新政法案。一项法案拟定出来后就马上送到国会审议。

到 6 月 16 日国会休会为止，罗斯福发表了 10 次重要演说，制定了新的外交政策，建立了每周举行两次内阁会议的惯例，向国会提交了 15 篇咨文，引导并敦促议员们通过了 15 项重要的法案。历史上把罗斯福上任百天内实施的这一系列强有力的改革措施称之为"百日新政"。

由于罗斯福在百日新政期间制定的 15 项法案并没有一整套理论作指南，更没有先例可以借鉴，其整体上显得有些杂乱无章，甚至有些措施是相互矛盾的。不过，当时的形势乱如一团麻，再加上美国的经济已经跌入了谷底，除了往上攀登，别无去处。因此，美国民众对新政都寄以厚望，甚至一向互相敌视的民主党与共和党在此时也放下了政治成见，都盼望着罗斯福推行的新政能给国家带来希望。在随后的一年多里，罗斯福的主要政治活动都是围绕着初期制定的 15 项法案来进行的。历史上将这一时期连同"百日新政"一起称之为罗斯福"第一次新政"。

罗斯福推行的"第一次新政"主要有三个目标，即救济、复兴和改革。不过，由于当时最紧迫的任务是拯救饥饿的美国民众，罗斯福政府的政策自然是侧重于救济和复兴两个方面的。罗斯福主要通过这么几项措施来实施复兴计划的。

第一，在全国的金融系统实施一系列的改革，打击银行和证券市场的营私舞弊与投机行为。其中，众议院小银行集团委员会的领袖亨利·斯特高尔提出的《格拉斯—斯特高尔银行法》是罗斯福新政期间具有建设性的措施之一。

此外，罗斯福还在探索一条不全靠增加政府债务但又能以有限的通货膨胀来刺激经济复兴的途径。他通过废止金本位制度，促使美元贬值，从而抬高了物价，刺激了出口。1934年1月31日，罗斯福将金价确定为每盎斯35美元，再次实施修改过的金本位制。不过，美元此时的实际价值已贬值为1933年以前的59.06%了。这就实际上增强了美国商品在国际市场上的竞争能力。

第二，鉴于农产品价格低下和农民购买力减弱构成了大萧条的原因之一，罗斯福授意农业部长华莱士和助理部长特格韦尔拟定了《农业救济与通货膨胀法令》。该法案于3月22日通过国会的审议，并于5月12日签署生效。

这项法案旨在恢复农业购买力、减少农产品过剩、恢复农民的经济地位。为了达成这一目的，该法案授权农业部设立了新的部门，即农业调整署。农业调整署负责农业生产的调整和农产品的加工销售。就当时来说，农业调整署的主要策略有：对志愿减少耕地的农民给予津贴；对与政府合作的农民给予商品贷款，而将其耕种面积减少30%的棉花种植者可用其收成作担保，并有权储存棉花以待高价而沽等。

在全国大闹饥荒之时减少土地的耕种面积，尤其是减少棉粮生产的思路让很多人感到十分震惊！实际上，全国闹饥荒的很大一部分原因就在于农业生产过剩，致使农产品供大于求，价格降低，从而促使农民大量毁掉农副产品。这一法案实施的结果是，农民的经济状况得到了明显的改善，农产品价格提高的速度也要比非农产品为快。国家用补贴、重税等重要经济杠杆来直接调控农业生产和提高农民购买力,这在美国历史上是史无前例的事件。

在工业复兴方面,罗斯福协同他的智囊团成员制定了《全国工业复兴法案》,并于1933年6月20日成立了国家复兴局。为了防止恶性竞争与工人运动继续发展,国家复兴局实施了一场暂定为6个月的"蓝鹰"运动,即禁止企业雇用童工,产业工人每周工时为35小时,脑力劳动者为40小时,产业工人最低工资每小时为40美分。"蓝鹰"运动解决了大约200万工人的失业问题,从而有效地遏制了工人斗争的发展,并促进了商业领域有序竞争的发展。

非常遗憾的是,这项被罗斯福称之为"美国国会所颁布的最重要、影响最深远的立法"的《全国工业复兴法案》于1935年5月被最高法院裁决为违宪法案。

在救济方面,罗斯福大胆地推行了多种方式的联邦救济工作。由于各州和地方政府以及私人慈善团体的财源在大萧条之中几乎都已耗尽,救济贫困人群的任务就落在了联邦政府的肩上。1933年3月中旬,罗斯福向国会提交了一份咨文,提出了三种救济方式:一是由联邦政府招收和雇用工人;二是拨款给各州以供开展救济计划;三是实行一个大规模的公共工程建设方案。国会采纳了罗斯福提出的救济方式。

在所有救济工作的具体措施上,罗斯福最引以为豪的是民间资源保护队。1933年3月21日,罗斯福向国会提交了成立民间资源保护队的提案。10天之后,该项提案获得了通过。民间资源保护队的主要工作是植树造林和修建防护提。这项工作是极其富有创造性的,保护队的工作不但提高了自然资源的利用率,还解决了一部分青年人的工作,更让无数的家庭得到了一份收入。资源保护队的青年男子一般在17至25岁之间,除食宿外,联邦政府每月还付给他们每人30美元的工资,其中25美元寄给他们的家庭。

在美国卷入世界大战之前,共有将近300万青年参加了民间资源保护队。在此期间,青年们为全国增加了约700万公顷的林地,防止并扑灭了多场森林火灾,进行了卓有成效的消灭动植物病害的斗争,开挖了许多引水渠和运河,修建了600万座预防土壤侵蚀的堤堰,放养了大约10亿尾鱼苗。

这些工作对美国来说，意义非常深远。正如罗斯福所说的那样，"永远无法用美元和美分来估计它对人类本身以及对全国的职业训练、卫生保健等方面所具有的价值。"

1933年的冬季，失业问题变得特别严重。罗斯福的智囊团认为，只有庞大的工程计划才能有效地解决这个问题。这个冬季，罗斯福成立了民政工程管理局，发起了巨大的以工代赈紧急救援计划。整个冬天，美国各地都在进行修整公路、沟渠、园林、运动场、停车场以及改建、安装煤气和自来水设施的民政工程。由于这些工程不需要什么技术，因此惠及的人特别多，整个冬季有400多万工人通过以工代赈的紧急救援计划让自己的家庭安然度过了那个寒冷的冬季。由于民政工程开支很大，摊子铺得也很大，所以很难长期维持。不过，在3个半月的时间里，它依然取得了辉煌的成就，兴建了大量的学校、机场和道路等。

《麻梭浅滩与田纳西河流域发展法令》也是罗斯福任职期间最有深远意义和最为著名的法案之一。它对农业、工业和公用事业都产生了深远的影响。田纳西河流域面积广阔，自然资源丰富，但当时得到有效利用的并不多。

依据该法案，田纳西河流域管理局在10年内就达到了地区性综合治理和全面发展规划的目的。他们先后建造了大约25座水坝，用以防洪，制造硝酸盐和发电。联邦政府架设了约8000多公里的传输线，帮助水电站向附近的社区廉价出售剩余电力。在1932年，田纳西河流域的居民仅有2%的家庭用电。到1937年，这一比例上升为14%，到1960年已经全部实现了电气化。

此外，罗斯福推行的"第一次新政"还在军事、社会保障、铁路运输等方面都取得了不错的成就。这些成就对引领美国民众走出大萧条对美国日后的发展都起到了积极的作用。

三

第二次新政及其成效

正所谓"病来如山倒，病去如抽丝"！美国这座大厦几乎是在一夜之间轰然倒塌的，但是要想在短时间内把这座大厦重新建造起来则是不可能的。尽管罗斯福推行的第一次新政取得了一定的效果，但并没能完全打败大萧条。在1933年秋季，农产品的价格和工业产品的生产再次出现了回落。这种迹近于衰退的势头直到1934年春季才得到遏制，但经济发展停滞不前的状况直到1935年才出现转机。

在第一次新政中受惠的人群随着生活情况的好转，对生活质量提出了更高的要求。而那些第一次新政没有受惠的佃农、老年人、雇工、大学生、农业季节工人等更是急切地盼望罗斯福能够像救世主一样来拯救他们。这种状况就导致了美国民众对成效有限的新政心生不满，希望罗斯福能够推行更大规模的新政。

垄断资本家们情况好转之后，也立即将矛头指向了罗斯福，指责政府对经济的管制和干预。他们开始疯狂地向罗斯福政府发起了攻击。

几乎与此同时，民主党和共和党中的保守派也再次活跃起来，对罗斯福在大萧条中的表现冷眼旁观，甚至是幸灾乐祸。罗斯福采取的超党派的姿态更是引起了民主党内部一些人的不满。

民主党全国委员会前任主席约翰·拉斯科布、纽约州前州长史密斯等人甚至组织了"美国自由联盟"来反对政府所作的社会实验。他们不怀好意地宣称，罗斯福总统对复兴经济的下一步行动至今尚无一个明确的计划，这是政府陷入困境并不攻自破的明证。

非常不幸的是，美国在这期间又遭到了自然灾害无情的袭击。20世纪30年代中期，北美各大盆地的河流泛滥成灾，不计其数的街道和良田被冲毁；由于滥砍滥伐，植被遭到了严重的破坏，土壤荒漠化严重，美国中西部各州也在此时遭到了沙尘暴的袭击；再加上中西部地区持续旱灾，部分地区的良田甚至沦为了流动沙漠。被荒漠化夺去土地的农民沦为了流民。一些社会工作者甚至断言，这些走投无路的破产者和铤而走险的穷光蛋极有可能在某个杰出人物领导下，闹一场天翻地覆的社会革命。

实际上，美国各地的工人罢工，甚至恶性事件当时确实达到了空前的高潮。1934年，美国发生罢工1856次，参加的工人约有150万。1935年，罢工浪潮仍在继续，共发生罢工2014次。社会党、共产党等左翼党派组织为争取组建产业工会进行了积极的努力，并对罢工运动起到了推波助澜的作用。历史学家断言，如果当时罗斯福推行的新政没有在日后取得显著的成效，美国联邦政府很可能会遭遇到像中美洲国家政权一样的命运，被暴动的人民推翻，重新组建政府。

在这种情况下，民主党和共和党中许多进步派和激进的自由主义分子也开始怀疑罗斯福的新政了。他们提出了比罗斯福新政更激进的施政纲领，希望在下一届总统选举中将罗斯福赶下台。明尼苏达州州长弗洛伊德·奥尔森甚至公开宣称自己是一个激进派，愿意同自由主义者一道为他们的政纲而奋斗。他高呼道：“如果资本主义不能防止萧条卷土重来，我就希望现行体制干脆见鬼去。我们追求的最终目的就是合作共和国。”

曾于1928年至1932年担任路易斯安那州州长的休伊·皮尔斯·朗瞧不起罗斯福和那些受过良好教育的新政派人士，也不喜欢"百日新政"期间的那些政策。他预备在1936年入主白宫，最迟1940年要进去。他机智幽默、聪明绝顶，擅长发表令人荡气回肠的演说。在州长任内，他采取了一系列激进的政策：打破大公司的垄断势力，取消人头税，免纳平民普通财产税，免费发教科书给学生，为成年人扫盲。在3年内，他为本州修筑了4000多公里的柏油路，近万公里的碎石路，12座桥梁等。

可以说，这位曾提出"人人是国王，但是没人戴王冠"口号的著名政客政绩卓著，深得民心，甚至与刚刚登上总统宝座之时的罗斯福不相上下。此时的朗在华盛顿任参议员，但却得到了中下层民众的支持，遥控着路易斯安那州政府和州议会的一切决定权。为了打通自己闻名全国的道路，他写了一本《我在白宫的头几天》的书，虚构了自己当总统的场景和情节。他在书中说:"作为总统,我将让罗斯福当海军部长。"

郎很快成为了罗斯福竞选下一届总统强有力的竞争者。曾有人预测,朗的选票起码会超过 600 万张。对此,罗斯福和他的阁员们大伤脑筋,显示出前所未有的慎重和警惕。他们派出联邦特工人员前往路易斯安那州,到处核查朗及其追随者可能会有的财务问题等劣迹,以便抓住把柄狠狠打击。罗斯福在白宫对紧急事态委员会的成员指出:"凡是为朗或其组织工作的人,不许任用,也不许留用!不能有半点含糊!"

1935 年 9 月 8 日,郎在路易斯安那州遇刺身亡。因此,他没有能够参与 1936 年的总统大选。但民众献给他的鲜花铺满了 12000 多平方米的地面,大约有 25 万人自发地前来参加他的葬礼。

正是在这种背景,1934 年的中期选举中,更多的激进派和自由派人士挤进了国会。罗斯福所推行的新政也在他们的压力下变得比原先要激进一些。历史上将这次更为激进的新政称之为"第二次新政"。当然,促成罗斯福推行第二次新政的原因还有很多,比如跟最高法院终身制法官的斗争、一向稳重谨慎的路易斯·豪的病逝等。

第二次新政是从 1935 年开始的,并在当年夏季就达到了一个前所未有的高潮。第二次新政的立法中有些基本上是对第一次新政的进一步强化、扩大或完善,如以工代赈;有些是当初业已初步提出但因条件限制而未立即兑现的目标,如社会保障方面的一些立法。

罗斯福推行的第二次新政跟第一次新政一样,得到了大多数人,尤其是中下层人士的支持,也取得了非常不错的成就。1936 年之后,罗斯福政府又相继推出了一些新政法案,并获得了通过,如新农业调整法、商船法、民用航空法、工资工时法,以及保护生态平衡和中小企业的法令等。不过,罗斯福推行的第二次新政至此已经出现了逐渐减弱的趋势。这是因为,此时,民主党的保守派与共和党有联合起来对付罗斯福的迹象。

罗斯福

为了争取在1936年的总统大选中取得连任，罗斯福不得不做出一些妥协的姿态来。新政在此时逐渐减弱的另外一个原因来自国外。当时，欧洲的局势十分紧张，日本也加紧了侵略中国的步伐，罗斯福不得不把主要精力放在处理国防和对外关系方面。

1936年，罗斯福要求政府各个机构的领导人员，把他们的成绩详细列表上报，以便在大选时使用。罗斯福收到的答复表明，新政在促进经济复兴、市场繁荣、银行信用坚挺、提高人民生活水平和环境保护等方面都起到了重大作用。

罗斯福自豪地向选民们宣布：几年来，他至少使600万人获得了固定职业；1936年的国民收入是1933年的1.5倍；工业产量也比1933年之前翻了一番；电力工业售出的电比任何时候都多；商业活动指数上升到1930年以来的最高值；公司利润从1933年的赤字变为盈利50亿美元。

1932年，胡佛曾断言，人们若是支持罗斯福，纽约街头将长满野草。面对这些成绩，罗斯福在回应胡佛的这句攻击时说道："顺便说一句，在谈到经济的活跃，谈到进步和更大繁荣的时候，每次回到纽约市来，我总是到处寻找，寻找据说会在我们这个城市街头长出来的野草！"

当然，在新政实施的过程中，也不可避免地出现了一些新的问题，诸如政府机构臃肿、资源浪费、效率不高等问题。罗斯福也曾公开承认："经济萧条带来了许多问题，有些是新的，有些是旧的……我们对此还没有找到最后解决办法。""我们承担的任务是前所未有的，失策和错误在所难免。这一点我们都知道。"

四

与联邦最高法院斗法

  1936 年，美国再次迎来了总统大选之年。由于休伊·皮尔斯·朗在 1935 年遇刺身亡，罗斯福根本没有遇到对手，就顺利地取得了连任。罗斯福以 2775 万票赢得了 46 个州，比共和党的艾尔弗雷德·莫斯曼·兰登多出 1107 万张选票，选举人票是 523 票对 8 票。民主党与共和党在众议院赢得席位比例是 331∶89，在参议院是 76∶16。自 1932 年大选以来，有 500 万共和党选民转而拥护了罗斯福极其领导"新政民主党"。罗斯福几乎赢得了 25 万人口以上的每一个大中城市。

  在大选之前，罗斯福就对自己能够再次当选而深信不疑。1935 年 11 月，他对他的内阁讲："明年我们要取胜并不难，但是我们要把这场竞选变成一场像十字军东征一样具有重大历史意义的运动"。

  罗斯福的这种自信并不只是嘴上说说而已，他的自信是来自灵魂深处的。1936 年 6 月 21 日，采访过欧洲主要国家首脑的著名记者安妮·奥黑尔·麦考密克夫人在《纽约时报》上撰文，就罗斯福与希特勒、墨索里尼等治国者的外貌作了比较。她写道："紧张和焦虑的是墨索里尼、希特勒、斯坦利·鲍德温（曾任英国首相），甚至走马灯似的法国政府首脑的脸上刻下了无法抹掉的皱纹。如果他们只身独处，乘他们不备时看，你会发现，他们显得疲惫、困惑，他们为掌权付出了沉重的代价。"

  与他们相比，罗斯福则显得气定神闲。麦考密克夫人写道："总统职务在他身上留下的痕迹之少令人惊异，他那愉快而自信的神情背后保持着一份超然的宁静和安祥。他体重略增，华发少许；几乎就同就职那天一样硬朗健康。他脸色晒得黝黑，眼睛碧蓝明亮；自上次竞选以来度过了极其折磨人的 4 年时光后，这双眼睛反而比过去更加敏锐、好奇、友好而深不可测了。"

罗斯福的这种自信与淡定除了一部分来源于他的天性之外，新政所取得成绩也是他自信的资本。他推行的新政几乎让每一个美国人都得到了益处。罗斯福本人就像是一颗强有力的磁石，而亿万美国民众则如铁屑一样，被他牢牢地吸引住了。

1937年富兰克林·罗斯福连任就职宣誓

罗斯福虽然出身显贵，但却成功地向千百万普通老百姓表示了他的关切。他的双腿标志着他不畏挫折的勇敢精神。罗斯福知人善任，不拘小节，网罗了一大批人才为其效力。霍普金斯的脖子"瘦棱棱的像穷人的脖子一样，行动也是光明磊落的"；身材颀长的华莱士严易近人，经常歪打着他的领带；约翰逊口无遮拦，干起事来风风火火，敢做敢当；专家顾问们满怀理想和道义，精明强干，才华横溢。

除此之外，第一夫人埃莉诺的积极活动也为提高罗斯福的声誉起到了极其重要的作用。她在村庄的泥泞田野中跋涉，与农民亲切地交谈，她打着毛线衣劝说国会清除哥伦比亚特区污秽的弄堂住宅，她为改革派和"有色人种协会"获得在白宫发表意见的机会，她参观黑人学校和郊游活动……

这位被誉为"政府良心的见证"的第一夫人为罗斯福打开了一扇窗，让他得以较全面地关注到社会底层人们的生活境况和政治要求。同时，这扇窗也向美国民众传递了这样一个信息——这届政府是富有"民主同情心"的政府。

人们通过罗斯福身边的这些人加深了对罗斯福的印象，认为罗斯福组织的政府是美国历史上最民主的政府之一。因此，人们愿意把自己手中那宝贵的一票投给他。

1937年1月20日，罗斯福再次在国会宣誓就职。在就职演说上，罗斯福的表现比4年前更加激进了。他说："我知道，全国三分之一的人居住简陋，衣衫褴褛，营养不良。我对大家描绘这个情景并不是由于灰心丧气，而是因为全国都看到了并且认识到这是非正义的。我们要把这种状况从根本上消灭掉。"

再次当选美国总统之后，罗斯福为什么会变得这么激进呢？按照美国的惯例，罗斯福第二届总统期满之后，将不能再担任总统了。为了让自己所推行的政策能够在自己指定的总统候选人支持下继续推行，他要在第二届任期内把所有的障碍都清除掉。长期以来，让罗斯福最不能释怀的便是最高法院对新政的阻挠。

历史上，被联邦最高法院裁决为无效法案或违法的法案总共不过60多起。但在罗斯福第一届任期内，他签署的法案中竟然有十几项被最高法院裁决为无效或违法法案。这在一定程度上影响了新政的实施效果。现在，他挟空前的竞选优势及支持背景，对最高法院实施反击，以拒绝司法部门的摆布和羁绊。

因此，他在针对政府权力与宪法的本质关系上作了适可而止的提示：美国的基本民主体制和人民的安全保障不是靠取消政府的权力，而是依靠把这种权力委托给人民可以通过诚实而自由的选举制度定期决定其去留的人。"人民将会坚决要求民选政府的每一个机构运用有效的手段来实现他们的意愿。"

1937年2月5日，罗斯福向国会提交了自己酝酿已久的司法改革法案。在这项改革法案中，罗斯福指出：由于最高法院的大法官们年事已高，致使联邦法院备审案件积压成堆，审判工作拖拉，譬如最高法院在一年之内就使87%的呈送案件束之高阁。

为减轻大法官们的工作负担，并为法院增添新鲜的活力，罗斯福提议取消大法官终身制，采用大法官年满70岁自动退休制。他还补充说，当一位服务了10年以上的联邦法官在年满70岁6个月后尚未辞职或退休时，总统可以给法院增加一名新法官；但进入最高法院的不能超过6名，进入下属各联邦法院的不能超过44名。

这项法案在表面上并没有触动美国三权分立与制衡原则。不过，罗斯福显然是想通过这个方法来安插改革派势力，甚至是自己的心腹到最高法院，进而创造一个听话的司法机构。罗斯福此举引起了不少美国民众的反感。因为美国民众历来视最高法院为民主政体的"安全阀"。如果这一法案得以通过，谁也不敢保证美国不会像日本、意大利和德国一样，走向法西斯独裁。

于是，大量的美国民众开始给国会写信，督促国会不要通过该法案。有不少甚至在信中公开指责这项法案根本就是一种狡诈的欺骗手法。自当选总统以来，罗斯福的主张从来没有像这次一样遭到如此广泛而激烈的反对。

国会围绕着该不该通过这项法案展开了辩论。这场辩论从春天一直持续到夏季，但依然没有结果。罗斯福起初还保持着必胜的信心。但不久之后，他便发现美国民众显然是误解了自己的动机。他的公众支持率正在与日俱减。

掌控着最高法院的大法官休斯要比罗斯福谨慎得多，也老谋深算得多！他的政治领导才能并不比罗斯福差多少，再加上他经常摆出一幅宽厚仁慈的面孔，人们并没有对他表示多少反感！更重要的是，面对着罗斯福咄咄逼人的架势，他主动作出了妥协。最高法院在几个月前曾否决纽约州的最低工资法，但此时却支持了华盛顿州的最低工资法。除此之外，最高法院还认可了农地抵押借款法和一项新的《铁路劳工法》。

大法官休斯的战略性妥协可谓一箭双雕。尽管在这一时期罗斯福提出的关于司法改革的法案遭到了部分民众的质疑，但仅仅只是质疑而已！在大选之中，休斯亲眼目睹了美国民众对罗斯福和其新政的认可。如果闹到最后，吃亏的不一定是罗斯福，反而很有可能是最高法院。最高法院作出妥协之后，一来，大大地削弱了罗斯福该项法案实施的必要性；二来，通过此举来向美国民众暗示，政府机构的三套马车正在耕一块极难耕作的土地，而其中骑马总是往另外一个方向用劲。这一匹马就是罗斯福领导的行政机构！民众一旦对罗斯福产生怀疑，最高法院就有机会把罗斯福政府出台的一系列新法案全部否决掉！

显然，罗斯福并不是那么容易对付的。6月2日，业已78岁的保守派大法官威利斯·范·德万特宣布退休。如此一来，罗斯福便可以顺理成章地任命一位改革派大法官了。那么，司法改革法案似乎就没有必要了，因为以后的改革法案已不再担心受到否决。最终，参议院司法委员会以10票对8票否决了该项议案。

德万特退休2个月之后，罗斯福任命了改革派法官雨果·布莱克为新的大法官。不久，最高法院又有3名法官相继宣布退休，罗斯福又任命了支持新政的3位法官到最高法院任职。实际上，最高法院的反对派们都没有熬过罗斯福，他们或退休，或亡故，都在罗斯福去世之前离开了最高法院。到1943年之时，最高法院的9名法官全部是由罗斯福任命的。人们称新法院为"罗斯福法院"。

表面上看，有关最高法院的斗争虎头蛇尾地结束了。但在实际上，罗斯福囊括最高法院的计划完全实现了。不过，针对这一法案的长期争论，也导致了民主党内部的分裂。这对罗斯福继续推行新政产生了一些负面影响。从这一点来看，罗斯福在与联邦最高法院的斗法中是一个失败者！

· 第六章 ·

孤立主义的阻挠

一
美国的孤立主义传统

由于在与联邦最高法院之间的斗法中失利，罗斯福感到十分不痛快。他在表面上极力装出一副若无其事的样子，但在背地里却十分痛苦。他在给一名联邦参议员写信时说："司法改革的必将到来，正如上帝造人之确定无疑！跟我一道干下去吧！"

罗斯福的得力助手法利在表面上像罗斯福一样，尽力做出一副若无其事的样子来，但他的内心里却极度不安，因为民主党内部的分裂，导致罗斯福在推行新政方面遇到了前所未有的麻烦。1937年的美国几乎没有一个城市或州没有发生工潮事件的。对生活质量要求日高的工人们在左翼党派的领导下跟垄断资本家展开了激烈的斗争。工潮事件就像是传染病一样，从一个城市蔓延到另外一个城市。

到了8月份，股市再次出现了抛售浪潮，就如1929年大萧条的前夜一样。股市受到了很大的冲击，农产品价格再次下跌，失业人数急剧增加。美国的经济再次出现了衰退！面对这种情况，罗斯福突然感到自己肩上的担子重了很多。

在他看来，接下来与联邦最高法院的斗争已经不仅仅是行政权与司法权的争夺，更加演变成了改革派与保守派的决斗。如果此时不站出来，拿出一点拼命三郎的劲头，新政所取得成就很可能会付之东流。

9月下旬，为了争取民众的支持，或者说为了再次体会一下群众的热情，罗斯福决定去西北部作一次旅行。他坐在总统专车上，离开了华盛顿，经中西部的玉米地带，穿过怀俄明、爱达荷、蒙大拿、俄勒冈和华盛顿等州漫长的峡谷。罗斯福似乎又回到了竞选总统之时的那种状态，他在车后的平台上侃侃而谈，同地方政要们握手，与州长们和参议员们促膝谈心。

罗斯福还不失时机地整顿党内的反叛分子。在内布拉斯加州,他故意不邀请曾反对他改组法院法案的参议员爱德华·伯克参加他的宴会。在怀俄明州,他没有邀请保守派的奥马奥尼。不过,当这位参议员作为欢迎委员登上总统的专车时,罗斯福倒是愉快地同他打招呼,并没有阴沉着脸。罗斯福不喜欢保守派民主党的那种空谈目标而不采取行动的作风。

旅途中,罗斯福的幽默与平易近人再次让美国民众为之疯狂。民众们的热烈支持也让罗斯福精神为之一振,再次信心满怀起来。返回华盛顿以后,他立即发表了演讲,要求扩大农业计划,实现工资工时立法。

但就在罗斯福号召美国民众团结起来,共同对付经济衰退的同时,国际局势也变得更加复杂起来。在欧洲,法西斯德国和意大利公开支持西班牙右翼势力,打击人民阵线和共和政府;在亚洲,日本军国主义发起了全面侵华战争;在美洲,拉丁美洲国家的共和政权在经济危机中纷纷被推翻,逐步走上了独裁或准独裁统治的道路。罗斯福面临的局势更加复杂了,他不但要对付国内的经济衰退,还要想办法应付可能来自外部的威胁。

罗斯福的教养、政治理念、从政经验和禀性都决定了他对国际事务的基本态度。此外,他还具有这样一种情结,即长期萦怀于心而又挥之不去的威尔逊式的国际主义。1932年,为了取得总统大选的胜利,他曾经故意模糊了自己对国际关系的看法。选举胜利之后,他立即抛弃了那种为了迎合选民而作出的承诺。罗斯福是一个地地道道的民族主义者和国际主义者。他无论做什么事情都把美国利益放在首位,但他同时也相信,美国的幸福有赖于其他各国的政治稳定与经济保障。

因此,在总统任期内,罗斯福为促进国际和睦而作出了许多努力。为了改变美国长期以来在拉美国家中丑陋的帝国主义形象,他主张推行"集体责任制",不主张美国独断专行。他放弃了那种以武装干涉为中心的政策。1933年11月17日,他还与世界上第一个社会主义国家苏联签署协议,与其正式建交,从而结束了自十月革命以来美国拒不承认苏联长达16年之久的不正常历史。从这一点也能看出,罗斯福并不是一个固守意识形态阵地的保守主义者,而是一位灵活务实的现实主义者。

但许多美国人却不这样看，他们认为美国的事情只需要美国人自己的努力就够了，至于其他国家发生的事情也让他们自己去解决好了。这就是在美国长期盛行的孤立主义。当时，在欧洲局势紧张的情况之下，绝大多数美国人对战争的危险、对如何阻止和打击德、意、日法西斯势力等这类问题漠不关心。他们倾向于全身心地对付大萧条引起的无穷无尽的个人危难，厌倦和反感那些把他们的注意力引向国外的劝告。他们反对把美国卷入欧洲那似乎是永无尽头的恩怨和纠纷之中。

20世纪20年代，美国的一些历史学家重新对第一次世界大战的史料进行了挖掘与研究。他们认为第一次世界大战完全是帝国主义列强之间的卑鄙争夺，并与军火商的卑劣行径息息相关。舆论界的领袖也宣称，他们在1917年将美国带入了一场毫无价值的战争。为此，他们公开为自己当年的行动而感到内疚，并决心永远不再滥用美国人民对他们的信任。

在这种思潮的影响下，美国人民普遍地对第一次世界大战深感失望。整个30年代，美国民众都在积极推进和平主义运动。历史教科书也极力贬低尚武的英雄人物，军事史几乎被取消了。人们甚至告诫男孩子们，不要去玩打仗的游戏。当时的美国民众大多极其天真地认为，美国在第一次世界大战时期被怂恿卷入战争，为的只是让"死亡商人"发财，美国再干预任何可能发生的欧洲战争都等于犯罪。因此，在第一届总统任期内，罗斯福为了稳固自己的地位，并全力解决国内的经济大衰退，他对孤立主义者采取了妥协的政策。

在这种背景下，美国国会在1935年通过了一项中立法案。法案规定，对一切交战国实施武器、弹药和军需品的强制性禁运，但同时也授权总统，由他确定哪些属于军需品和什么时候实施禁运；禁止美国船只向交战国运送军火；授权总统不保护乘坐交战国轮船旅行的美国人；规定建立一个军火管理委员会来监督从美国运出的武器。这项法案的有效期原本只有半年，但在1936年2月，国会将其延长了一年。

根据这项中立法案，罗斯福政府对该年发生的西班牙内战发表了中立声明。罗斯福这时的表现一度比某些鼓吹中立法的人更带有孤立主义色彩。他接受了英、法的观点，即只有严格的不干涉，才有希望使西班牙战争局部化，从而避免一场可怕的世界大战。他甚至主动向国会提议修改中立法，把武器禁运扩大到适用于发生内战的国家。国会遂于1937年1月正式通过了补充中立法，对西班牙内战双方实行武器禁运。实际上，罗斯福在此时选择这样做，不是没有原因的。当时正值1936年总统大选的紧要关头，罗斯福更加急于赢得和平主义者、孤立主义者、天主教徒的支持。

可以说，1937年1月通过的中立法案对西班牙内战中的反政府势力是有帮助的。根据这项法案，支持右翼势力的法西斯德国和意大利仍可以从美国购买军火，进而转运到西班牙。但西班牙政府却没有办法从美国购买武器。是故，罗斯福自己也承认："佛朗哥（西班牙右翼势力领袖）的飞机在巴塞罗那平民的头上投下了美国制造的炸弹。这些炸弹是由美国厂商卖给德国政府或德国公民而运往德国，然后又转运去西班牙给佛朗哥的。"

罗斯福政府的政策在客观上起到了绥靖主义的效果，它有利于佛朗哥势力的壮大，也有利于德、意法西斯实施其战争意图。

英国首相张伯伦在1937年3月给美国财政部长小亨利·摩根索的信中说："英王陛下政府……完全相信，美国在当前能对维护世界和平作出的最大贡献，就是修订现行的中立法……目前这个中立法对侵略者包含着间接的和潜在的鼓励。因此，人们殷切希望能想办法授予总统足够的处置权，以便总统对每件事酌情处理。"

但此时的罗斯福对此根本无能为力，他正竭尽全力进行着改组最高法院的工作。庞杂的反对派称他为破坏宪法和法院的"冷酷独裁者"，处于不利地位的罗斯福难以开口要求给予政府更多的外交控制权。

二

孤立主义与绥靖政策

德国走上法西斯独裁的道路主要是由于世界性的经济危机引起的。当时，美国一些著名的政治家和观察家已经意识到了这一点，并多次向罗斯福指出其中的玄机。罗斯福显然从中受到了很大启发。1937年2月16日，国务院拟定了一份说明欧洲问题实质的备忘录，企图找到一个妥协方案来解决德国的经济危机，从而避免战争。这份备忘录旨在通过满足或部分满足德国的要求，从而达到安抚德国法西斯的目的。

为了实现这一计划，罗斯福先后委派了约瑟夫·戴维斯和诺曼·戴维斯前往欧洲去探询此举的可行性以及英国的态度。英国首相张伯伦在一定程度上与罗斯福在这项计划上达成了一致，并促使内阁会议通过了一项赞成考虑德国获取殖民地要求的决定。

1937年5月1日，正值德、意法西斯直接派地面部队干预西班牙内战之时，美国国会为替代已期满的1936年中立法，又正式通过了《永久中立法》。该法将禁运军火的对象扩大到任何发生内战的国家。出于某种无奈，罗斯福签署了它，并且认为，"现购自运"原则对拥有海军优势的英国有利。实际上，英国首相张伯伦对美国国会通过的这项《永久中立法》是持怀疑态度的，甚至是极度不满。如此一来，就相当于继续对德、意法西斯实施绥靖政策，任其为所欲为。

这项法案在美国国内也遭到了进步力量广泛而强烈的抗议。美国的不少工人和青年学生都倾向于支持和同情西班牙共和政府。他们除了募款和筹备援助的物资外，还在1937年春组织了一支医疗队伍和3000多名美国志愿军前往西班牙，支持政府军作战。在这场争取民主的战争中，林肯纵队和华盛顿纵队的1800名美国青年献出了他们年轻的生命。许多国会议员、个人和机关团体也在此时强烈要求美国对德国和意大利等支持佛朗哥的外国后台实施武器禁运。

此时，甚至连一些原本相当顽固的孤立主义者也认识到，希特勒和墨索里尼把西班牙内战当成了他们准备发动世界大战的试验场。他们虽然没有明确要求国会对德国和意大利实施武器禁运，但却要求取消对西班牙政府军的武器禁运。

但罗斯福在此时却再一次违背了自己心里的真实意愿，采取了对这些要求置之不理的态度。因为，他一向对国内的舆论比较敏感，他清醒地看到，国内主张中立或对欧洲事态漠不关心的人数占了三分之二以上，而主张取消中立法的人或支持他们的人还不足三分之一。而且，美国国内支持佛朗哥的人数也远比支持西班牙政府的人数多得多！解除对西班牙政府的禁运或设法取消中立法，都会导致民主党在1938年的中期选举中失去大量选票。

在1937年的夏季，罗斯福不但没有在反对孤立主义方面取得任何进展，甚至自己也站到了孤立主义者的行列之中。直到10月5日，他才在孤立主义的大本营芝加哥发表了一次试探性的演说。

当时，公共工程署主持修建的大桥马上就要落成了。罗斯福是来给这座大桥举行落成典礼的。许多新政的支持者守候在罗斯福即将通过的道路两旁，安静地看着罗斯福的汽车从面前经过。

在演说中，罗斯福告诉群众，他故意选择芝加哥来谈一个"肯定是关系到全国的"问题。他很快他就谈到世界局势，而这种局势自从第一次世界大战结束之后是从来没有出现过的。他说："世界的政治形势近来发展得越来越恶劣了。这种恶劣的状况已经引起了希望同其他国家和民族和平相处的一切民族和国家的关切和焦虑……"

在这篇演讲中，罗斯福实际上是在警示美国民众，文明的基础受到了猖獗一时的恐怖主义和不法暴行的威胁。如果情况恶化，美国不能指望侥幸躲过此劫，西半球亦难免遭到侵犯。他强调："要使那样的时代不致来临，为了获得一个可以自由呼吸、友好相处、无所畏惧的世界，爱好和平的国家必须作出一致的努力，去维护法律和原则。只有如此，和平才能得到保证。爱好和平的国家必需共同努力，反对那种撕毁条约和惨无人道的行为，这种情况今天已造成一种国际无政府状态和混乱不宁，仅仅依靠置身事外或保持中立是不能免遭其害的。"

接下来，罗斯福的这次演讲达到了高潮。他慷慨激昂地说："当某种传染性疾病开始蔓延的时候，为了保护居民的健康，防止病疫流行，社会允许并且齐心协力对患者实行隔离。"

在最后，罗斯福以一种十分含糊的措词结束了这次著名的演讲。他说："我们正采取措施以尽可能减少卷入战争的危险。但是置身在一个信任和安全已荡然无存的乱世，我们绝不会得到安宁。"

民众对着罗斯福高呼，表示拥护他的演讲。罗斯福没有想到在这么短的时间内，美国民众固守孤立主义的传统竟然发生了动摇。回到火车上时，他问身边的一位工作人员："你说怎么样？"

这位工作人员目睹了演讲现场的热烈场面，激动地对罗斯福点了点头。罗斯福总算松了一口气，他微笑着说："是呀，总算是做了。这件事非讲不可。"

不过，罗斯福这次态度强硬的演讲到底还是引起了国会中和平主义者和孤立主义者的反感。和平主义者指责罗斯福，说他此举是把人民推向战争的道路。而孤立主义的国会议员甚至扬言要弹劾他。

罗斯福感慨万千地对罗森曼说："这种情况十分可怕：你想领个头，但回头一看，身后却一个人也没有。"

民主党的领袖们和罗斯福身边的一些重要人物在此时选择了可怕的沉默。罗斯福对此感到十分不满，他们本来应该站出来为自己辩解的。但罗斯福也由此意识到了，要美国人抛开孤立主义情绪并不是一件容易的事情。

第二天，记者要求他解释在芝加哥发表的那篇演说时，罗斯福变得谨小慎微起来。他说："我的演说不是否定中立，甚至可以说是中立法的扩大。"

著名记者欧内斯特·林德利说："你说你所概述的情况同中立法毫无抵触，但我却觉得两者是根本对立的，你的解释并没有使我明白。"

罗斯福内心很无奈，但依然强作笑脸说："细细想想吧，欧内斯特。"

林德利追问道："对这个问题，我想了多年了。两者看来是根本对立的。如果你要同一个国家集团结盟，又怎么能保守中立呢？"

罗斯福巧妙地反问道："你说什么？结盟？你是说签订条约吗？"

林德利意识到自己提的问题被总统抓住了尾巴，只好解释说："那倒不一定。我是指要与爱好和平的国家一道行动。"

罗斯福含糊其辞地回答说："世界上还有许多没有试过的办法。"

林德利仍然固执已见，紧紧相逼道："但是，无论如何，这总不能称作是一种中立的态度吧！想想看，把侵略者同世界上的其他国家隔离开，无论如何也不能称作是一种中立态度吧！"

罗斯福微笑着说："我可不能给你提供任何线索。还是你自己去创造吧。"

这件事情之后，罗斯福对国际关系的处理更加小心翼翼了。这一方面是为了争取国内孤立主义者的支持，另一方面是为了集中全力对付日益恶化的国内经济情况。

三

应对"罗斯福萧条"

1937年10月,股票交易所再次出现了抛售热潮。委托抛售的函电从全国各地雪片般飞来,一天之内成交额就达到700万股,连交易所自动收报机都应接不暇。起初,罗斯福和他的智囊团都认为这是市场的正常波动,顶多也不过是大财团的暗中操作所致。10月8日,罗斯福对内阁说:"我到各地去了一趟,知道情况是好的。""只要我们耐心等待,不动声色,情况自会好转。"

不过,罗斯福从来不在公开场合表示这种乐观。他担心,这场风波最后会演变成30年代初期那种大萧条。当时,胡佛曾日复一日地公开发表乐观的声明,结果成了无情的讽刺。罗斯福的一个得力助手曾以乐观的言论试图安抚人们的情绪。罗斯福十分不悦地对他说:"我希望你不要再发表那些胡佛式的声明!"

等待并不能解决任何问题。股票继续下跌,整个经济环境在此时也出现了明显的下行趋势。财政部长摩根索报告说,金融界极为不安。他甚至对罗斯福说:"我们正直接走向另一次萧条。问题是,总统先生,我们该怎么办?"

尽管罗斯福在此时依然保持着他一贯的自信,但经济情况已经不容乐观了。失业人数持续上升,各地对当前经济情况表示不满的信件也纷纷飞到白宫。如何应对这突如其来的情况呢?罗斯福的智囊团和政府产生了两种截然不同的意见。一部分人要求罗斯福出面,来安抚情绪不安的民众;另一部分人则主张扩大新政措施。

罗斯福有些坐不住了,他以往的那种淡定自若不见了。在实施第一次和第二次新政期间,罗斯福总是气定神闲,给人一种他天生的总统的印象。在主持他的应急机构的领导人会议时,他是个精明的行政长官,有条不紊地指挥着蔓生的官僚机构,耐心地教育他的僚属要对行政管理的现实政治有清醒的认识;在帆船上接待客人的时候,他看上去亲切近人;在民主党的会议上致词时,他又是个富有战斗精神的领袖,果断、有魄力、自负,口气是武断的;在海德公园的森林中驱车遨游时,他又是个乡绅,轻松随便而又质朴……

但此时的罗斯福似乎失去了往日的魅力,他如坠云雾之中,有些不知所措了。他告诉记者说,他收到了两位著名经济学家的来信:"一个说,整个问题是个资金周转的速度问题,所以用不着注意购买力的问题。另一个却说,不要理会那个资金周转的代数公式;整个问题是所有美国人的购买力问题。"

罗斯福感慨地说:"这种研究简直是妙不可言啊!"

直到11月中旬,经济恶化已经到了十分严重的地步,国会才举行特别会议。但是罗斯福并没有向国会提交应付危机的新计划。对经济恢复产生影响的两个项目,即全国农业法和工资与工时法都是以前没有被通过的。除此之外,另外两项建议,即行政改组和地区规划也是以前没有获得通过的议案。可见,罗斯福在此时也和所有的美国人一样,对错综复杂的经济形势表示困惑,根本不知道该如何制定一项基本的经济纲领。结果,在国会休会之时,这4项法案依然没有获得通过。

12月,罗斯福本来打算到墨西哥湾去钓鱼的,但他下颚却在此时因感

南美探险中的罗斯福

染而发炎了。罗斯福不得不放弃了这个旅行计划。罗斯福有些垂头丧气了，面对错综复杂的经济情况和国内反对派们的刁难，他叹着气说："国会爱怎么干，就怎么干吧！"

偏偏在这个时候，更加棘手的事情发生了。12月12日，日本轰炸机炸沉了停靠在中国长江上的美国炮艇"帕奈号"，炸死了3名美国人。孤立主义者们由此更加害怕美国会卷入这场可怕的战争。罗斯福出于无奈，不得不在圣诞节祝词里宣扬《圣经》里"爱你们的敌人"的观念。与此同时，他已经感到，美国早晚会被卷入这场战争之中，唯有早早做好准备。于是，他在1937年最后几天里，极力宣讲扩充美国海军的计划。罗斯福在这段时间的表现，完全可以用一句话来概括。这句话就是："爱你们的敌人吧！别忘了手里要拿着大棒。"

1938年来临了，美国似乎陷入了"罗斯福萧条"之中，经济形势继续恶化。当时，失业人数已经上升至800万~1100万之间。这是让罗斯福不得不正视的情况。罗斯福不厌其烦地劝导美国人团结起来，就像1933年时团结起来一样，共同对抗经济衰退。实际上，罗斯福是在不失时机地向人们重申自己的新政，并唤起人们对新政所取得的成就的回忆。

罗斯福邀请了很多工商金融界的人士，同他们商量对策。有一位纽约银行家曾经警告他不要去向那些不切实际的危险的理论家请教。罗斯福的回信再一次发挥了他的幽默与刻薄。他在信中说："我所会见的实业界人士比任何其他方面的人士都多。假如你能够来到我的办公室，在我旁边坐上一个星期，那对你将大有好处，正像我每天大受教益一样，你也会在各方面大受其惠。"

1938年3月，股市从下跌变成了暴跌，失业人数更是急剧攀升。3月下旬，罗斯福离开了华盛顿，去了佐治亚温泉。反对派们开始大肆攻击罗斯福的无能，甚至将一切能够跟他沾上边的事情都扯到了他的身上。报界大肆宣扬罗斯福的家庭私事，说他的子女生活不检点。实际上，罗斯福的子女在生活方面也确实让人不省心。他的4个儿子和一个女儿共结了18次婚，平均每人结过3.6次婚。

面对各界的指责，罗斯福显得有些焦虑。霍普金斯带着新政派经济学家的备忘录在温泉同罗斯福会面了，要求他批准一项大规模的支出计划。

罗斯福知道他必须有所行动了。他知道，为了那些热爱他，曾经支持他的人民，他必需采取行动。在从佐治亚州返回华盛顿的火车上，罗斯福从窗户里看见那些普普通通的百姓，他们像多年前一样，站在铁路的两边，等待着自己的列车经过，向他招手微笑。罗斯福激动地回过头，对一位助手说："他们了解我们所要做的。"

一回到华盛顿，罗斯福就对摩根索说，他已经决定放弃平衡预算，重新扩大开支。财政部长摩根索一听，便嚷着要辞职。罗斯福坚毅地瞪了他一眼，回答说："你就是不能辞职！"

摩根索留了下来，并开始协助罗斯福扩大开支的计划。4月中旬，罗斯福向国会提出了一个有关30亿美元支出的计划，并在一次很长的"炉边谈话"中把这个新计划交付人民审议。两星期以后，他要求国会彻底调查美国工业界经济实力集中的情况以及这种集中对竞争的衰落所起的影响。

国会对罗斯福再次行动起来表示了极大的欢迎。几个星期之后，他提出的扩大开支法案就以绝对多数票通过了。这项法案规定，在下个财政年度中拨出了30亿美元的开支和贷款，并成立一个由参议员约瑟夫·奥马奥尼担任主席的"全国经济临时委员会"。短短几个月内，商业指数开始上升，经济情况也逐步好转了，只是失业状况依然十分严重。

四

发起清洗保守派的运动

1938年4月下旬,威斯康星州州长菲利普·拉福莱特在威斯康星大学的牲畜馆举行了一次让罗斯福心惊肉跳的活动。这位身材颀长、头发灰白、面孔略显得稚嫩的人向几千名全神贯注的听众发表演说,成立了一个新的政党——美国进步党。

此时正是各界人士纷纷对罗斯福表示不满的时候。拉福莱特选择在这个时候成立美国进步党,显然是在向罗斯福挑战。拉福莱特讲完话时,头发蓬乱衣衫不整。这时记者们确信,新的历史已经开始了——其意义也许同84年前共和党在威斯康星州的里彭宣告成立时一样。一时间,舆论纷然。人们纷纷说,这个年轻的进步党人戳到了罗斯福的痛处。他正好打在新政经济纲领和新政政治纲领最薄弱的要点上。

拉福莱特拉拢民心的方法很简单,他宣称,不管是民主党,还是共和党,他们在近10年的时间里表现不力。即使是罗斯福本人,也有太多地方让人感到不满了。人们不想依赖政府的长期救济而生活下去,人们需要的是职业和对未来的保障。这显然是对罗斯福及其新政发起的诘难。

罗斯福显得有些忧虑,他甚至不知道该如何应对这种新局面的出现。美国民众显然被拉福莱特吸引了,众多原本支持罗斯福新政的人开始卷入到了这场热潮之中。罗斯福以其特有的幽默,写信给驻罗马大使威廉·菲利普斯说:"现在这个大党所要做的只是采用一种新式敬礼法。我已建议他们要将双手高举过头弯腰鞠躬。这至少有利于保持良好的身段!"

罗斯福觉得进步党并没有太多值得称道的地方。但他同时也明白,拉福莱特此举是经过认真策划的,又得到了大量工人和农民的支持。对这场运动自然不能等闲视之。

罗斯福希望这件事可以成为对民主党保守派的有效警告，说明他们的党有失去自由派支持的危险。因此，罗斯福决定采取向来福莱特和他当参议员的哥哥鲍勃妥协，以防止他们走得太远。罗斯福邀请鲍勃到波托马克河上作一次巡航。在巡航过程中，罗斯福向这位参议员允诺，他将在1940年以后获得国务卿的职位，拉福莱特则可以接替他在参议院里的位置。罗斯福的这种妥协的姿态并没有取得鲍勃的支持。

美国的政治和经济局势在此时都陷入了极大的困境之中。罗斯福不仅要面对来自外部侵略的可能性，还要摆平国内的反对派和经济大衰退。但罗斯福政府在这段时间内根本就没有取得什么进展。除了开支法案以外，国会的主要成就是对农民恢复了农业计划，对工人则是一个软弱无力的工资工时法案。除此之外，还通过了一项新的住房计划，但这个计划根本就无法吸引那些无家可归者。新政在此时面临着破产的危险。

终于，罗斯福下定了决心，要跟党内的保守派摊牌，采取更为激进的政策了。实际上，对党内的保守派议员进行清洗，并不是什么新的打算。罗斯福已经暗暗计划了好长一段时间了，只是一直没有动手罢了。罗斯福竟然拿起最后一件武器，这一事实本身就反映了他在1938年春的实际心情。

按照美国的政治传统，总统是不应该干预地方选举的。罗斯福如果要对党内的反对派实施清洗运动，无疑会破坏这一传统。更让他处于不利地位的是，一旦清洗运动开始，他肯定会同党内的一些人，甚至自己的朋友陷入公开对立的境地。这对他日后的执政是相当不利的。

不过，面对当前的情况，除了这一选择之外，罗斯福已经无路可走了。当时，有一大帮别有用心者表面上同意罗斯福新政，但在新政具体实施的过程中却从来不做一点支持；百万富翁们想尽各种办法来对抗新政的措施，甚至暗中支持国会中反对罗斯福的人，出台一些对自己有利的政策，以方便自己偷税漏税；一些专栏作家和评论家也串通出版商，蛊惑民众；还有一些人依靠罗斯福的提携爬上了高位之后马上就开始破坏新政。

对此，罗斯福早就忍无可忍了。他曾多次向自己的家人和朋友怒斥这些混蛋。但在一个自由社会中，罗斯福无权干涉那些口是心非者和蛊惑民众者，只能对那些依靠自己提携才爬上高位的人下手。

1938年6月,拉福莱特公开发出要破坏"伟大联盟"的威胁。罗斯福终于在清洗运动中迈出了第一步。6月下旬一个闷热的夜晚,在一次"炉边谈话"中,罗斯福吹响了战斗的号角。在列举了新政取得大量成就,怒斥了美国国会和社会上那些大量的"蛇蝎之徒"后,罗斯福将演说转入了正题:"作为美国总统,我并不要求我国选民在11月的中期选举中投民主党人的票而不投共和党人或任何其他党的票。作为总统,我并不参加民主党预选。然而,作为民主党领袖,我对民主党1936年纲领中所提出的明确的自由主义的原则宣言承担了责任,我认为在下述情况下,我有充分的发言权,那就是在提名的几位民主党候选人之间,明显存在着有关这些原则的问题,或者是涉及到明显地滥用我本人的名义。请不要误会。如果一位候选人虽然也持自由主义观点,但在某个问题上曾经同我有分歧,我决不会因此而在州的预选中表示我的倾向性。我更关心的是,候选人对当前问题的基本态度和他是否有实事求是地对待实际需要的真诚愿望。"

第二天,美国各大报纸纷纷在头版头条报道:"罗斯福向党内反叛分子宣战"。这一消息一出,政界顿时乱成了一团麻。由于罗斯福的这次演讲极其含混不清,并没有就保守派与改革派作出明确的界定。

此后,罗斯福便乘坐专列离开了华盛顿,沿一条曲折的路线到各州旅行去了。罗斯福此行的目的非常明确,他对党内的反对派实施大清洗了。罗斯福对每个州的策略似乎都不一样,他时而对自己的忠诚支持者表示赞赏,时而对那些保守派大加斥责,时而两者并用。他登上"休斯敦号",穿越巴拿马运河,抵达彭萨科拉,然后动身返回了华盛顿。中期选举的部分初选结果已经揭晓了。凡是他大加赞扬的人都在选举中获得了胜利。对此,罗斯福感到很满意。

这次横贯全国的旅程还给罗斯福带来了莫大的荣誉。在俄亥俄州的马里塔,他刚刚从人群前走过,就有一位矮小的老妇人跪下来,虔诚地用手轻拍他在尘土中留下的脚印。罗斯福感动极了。可以说,当时像那名矮小的老妇人一样尊崇罗斯福的普通美国人大有人在。共和党众议员布鲁斯·巴顿不得不承认,美国民众对罗斯福的感情是其控制政治形势的有力武器。罗斯福之所以能在两次大选中以绝对优势获胜,纯属他个人的胜利。

政界和舆论界对罗斯福清洗反对派,干涉地方选举的做法表示了不满。一个漫画家还画了一幅绝妙的讽刺画。在这幅漫画上，罗斯福骑着一头象征民主党的驴子，手挥大棒，脚踢别人的屁股，追逐着猎物。

不过，这并没有让罗斯福产生任何顾虑，反而更加壮大了他的胆子。在向北行进的时候，罗斯福把他的注意力转向他的头号目标——佐治亚州参议员沃尔特·乔治。在小镇巴尼斯维尔，罗斯福同乔治等人坐在主席台上，台下是当地居民的代表们。台上的每一个人似乎都各怀心事，但罗斯福的目的性特别强，他并没有注意到这些，而是自顾自地开始了演说。

他以深沉而慎重的语调，谈到了他曾在温泉住过多年，谈到了南部所面临的问题以及按照自由派方针来进行政治领导的必要性。突然，罗斯福将目光转向了乔治，对大家说："我要说清楚，乔治现在是我个人的朋友，我希望他将来永远是我个人的朋友。毫无疑问，他是一位绅士，一位学者……"

说到这里，罗斯福突然将话锋一转，强调乔治跟他在政治上没有共同语言。罗斯福说："这里有两个问题可以判定一个人是否在政治上与总统保持一致。第一，候选人的历史是否表明，他一直以积极的、战斗性的态度来支持党和政府所提出的广泛目标，尽管在细节上也许有不同意见；第二，在候选人的内心深处是否真正信仰这些目标？非常遗憾的是，就我的朋友、参议员乔治而言，他恐怕无法对这两个问题作出肯定的回答。"

台下的听众听到这里出现了一些骚动，乔治则面红耳赤，如坐针毡。接下来，罗斯福又批评了另外一个保守派人士，并高度赞扬了一位热烈支持新政的律师。这名律师便是在中期选举中与乔治竞争之人。

在这次演讲快要的结束的时候，罗斯福转向乔治，同他握了握手。乔治极度不安而又故作镇静地说："总统先生，我要告诉你，我接受你的挑战。"

罗斯福并没有从正面回答乔治，而是微笑着说："让我们永远做朋友吧！"

接下来，罗斯福又陆续在几个州发挥了自己在表演上的天赋。但是让他意想不到是，清洗初期出现的良好局势没有继续下去。他支持的人在选举中全部意外地落选了。

看着罗斯福清洗民主党内的保守派，共和党人乐坏了。他们知道，自己最艰难的时刻已经过去了。他们对罗斯福的大清洗运动保持着一种幸灾乐祸的旁观态度。威斯康星州共和党候选人的支持者甚至给罗斯福拍了一封电报,请他到威斯康星州来同他们支持的人对阵。他们在电报中说:"总统的反对将是候选人当选的保证。"

五

罗斯福新政挽救了美国

作为民主党的领袖，罗斯福本来是可以左右竞选运动方向的，但结果却让人大跌眼镜。选举结果对民主党的打击比罗斯福预料的更加沉重。共和党在众议院的力量几乎增长了一倍，由88席增加到170席，在参议院增加了8席。众院里的自由派减少了一半。共和党赢得了十几个州长的职位，并在竞选的过程中向全国展示了自己的新生力量，其中在纽约州表现突出的托马斯·杜威还成为了共和党在1940年大选中最合适的总统候选人。

罗斯福有些恼火，似乎根本不是他在左右竞选，而是竞选左右着他了。为什么会出现这种局面呢？在中期选举的前夕，罗斯福想把纷纭交错的头绪集中到一个焦点上，即继续实施新政。他之所以发起清党运动，就是为了保证新政能够继续下去。

有一次，罗斯福向人们谈起了自己正在海德公园建设的"梦想之庐"。这是罗斯福发表演说的一种独特的方式，他总是能用一些琐碎而又贴近生活的事例先跟听众拉近关系，而后便从这些事例上自然而然地转入正题。

这次演说也是一样的，他说社会利益同房屋不一样，它不一定是一成不变的。他警告说，西奥多·罗斯福和威尔逊时代带来的巨大利益在随后几届政府时期已经所剩无几了。显然，罗斯福在这里依然是暗指保守派对改革的破坏。结合当时的国际局势，罗斯福警告人们说："今天，法西斯主义和共产主义，还有老式保守的共和主义都没有对我们这种形式的政府的继续存在形成威胁。然而我可以大胆地说，如果美国的民主制度不作为一种具有生命力的事物继续向前发展的话，法西斯主义和共产主义，也许就会在老式的共和主义不自觉的支持下在发展起来。"

非常遗憾的是，普通人并没有罗斯福这么长远的目光。正如他自己曾经说过的一样，他努力地带领大家往前走，但回头一看，却没有一个人跟着他。当然，造成这种局面的原因有很多，但很大的一条是他自己走得太远了，超前太多了。普通人根本跟不上他的步伐。在1938年选举中，人们似乎并不关心改革、法西斯主义等这些看起来虚无缥缈的东西，反倒对一些更加实在的东西更加感兴趣，例如州的权利、总统权力、清党运动等问题。在一些地方政府的选举中，人们关注的问题更是五花八门，在宾夕法尼亚州，主要争端不是新政，而是贪污；在密执安州，问题是静坐罢工；在加利福尼亚州，问题是州的养老金方案。

清党运动的失败在另外一个原因是，罗斯福打破了美国的政治传统，企图干预地方选举。这些举动让人想起了他不久之前向法院安插亲信，甚至联想到了法西斯的集中营、强迫劳动和行刑队等不祥的幽灵。也就是说，罗斯福的这些举动让美国民众感到担心，担心罗斯福会把美国带上独裁政府的道路。

清党运动的失败在一定程度上影响了新政的实施。历史学家沃尔特·米利斯在1938年底写道，新政"已经降低为这样一个运动，它没有纲领、没有有效的政治组织、没有广大群众性政党的力量支持、没有候选人。"

然而，要说1938年的中期选举是全面否定罗斯福和他推行的新政也是不正确的。尽管罗斯福的声望在此时降到了历史最低点，但在1938年夏季的一次全国性调查中，被征询者中仍有超过一半的人表示愿意继续支持罗斯福。

所不同的是，罗斯福在第一届任期内经常给人甚得民心的印象，但在1938年已不复存在了。这种舆论和民心"使罗斯福进退维谷。他的巨大力量寓于他个人的政治魅力之中，在于他还能对选民产生魔术般的吸引力。他的弱点在于许多人对他表面上强大的政治权力感到担心。"

罗斯福在此时陷入了极大的困境之中。作为主持全国大局的首脑，他不仅要承受来自国内的压力，还要考虑如何应对外部随时可能发生的各种危机，如来自德、意法西斯和日本军国主义侵略的潜在可能。

让人感到欣慰的是，罗斯福尽管身处困境，但依然保持了他特有的那种豁达与自信。这位年近花甲的轮椅总统并没有因为外界的压力而变得苍老。他的头脑仍旧保持着对忧愁和欢乐随意开合的巧妙能力。在最后几年的和平岁月里，他享受过许多欢乐日子，做了不少愉快的事情。

不过，这些与其第一届总统任期内相比，明显减少了许多。1938年的一天晚上，罗斯福在海德公园与家人团聚。正在高潮的时候，他突然晕倒了。这次晕倒的时间很短，而且他醒来之后马上就恢复了常态，因而没有引起他本人及家人的重视。这说明罗斯福在第二届总统任期的中后期已经不能像从前那样开朗了，以致影响了他的健康。

因此，身心俱疲的罗斯福在此时逐渐渴望身边能有一个安定的环境。每天早晨8点左右，他开始一天的活动：在床上吃早餐，让他的医生、海军医官罗斯·麦金太尔匆匆地给他进行健康检查，然后浏览一下《纽约时报》、《先驱论坛报》、《巴尔的摩太阳报》、《芝加哥论坛报》、《华盛顿邮报》、《华盛顿时代先驱报》等六七份报纸，还会特别关注关于白宫的报道和社论。有时，他还未起床或正在穿衣的时候，他的秘书或一位阁员、国会议员之类的人就进来，就当天要办的事与总统说上几句不得要领的话，轻松地开几句玩笑。

10点30分，罗斯福会准时坐上轮椅，让工作人员把自己推到办公室。他通常要在办公室里呆上一整天。在此期间，他会跟重要的人士就国内和国际的局势，或者新政实施的进程和效果等展开一些短暂的谈话。

随后的时间，他会一边做自己喜欢做的事情，一边听秘书读来自各界的信件，一边口授回信。如果来信太多，这项工作会进行到很晚！罗斯福的原则是对每一封来信都要回复，但要尽可能地简短。有一次，他对儿子詹姆斯说："任何一封来信，一般只要简要答复两句即可。"

不过，罗斯福也有打破"两句即可"的惯例之时。1938年9月，英国、法国、纳粹德国、意大利四

已知的罗斯福坐轮椅的少量照片之一

国首脑在德国慕尼黑召开了一次会议，强迫捷克斯洛伐克将苏台德区割让给纳粹德国。此举是英、法两国为避免战争而对德国采取的妥协政策。但并没能让德国停下扩军备战的既定法西斯路线。一些西方历史学家将这一事件称之为"慕尼黑危机"。

在慕尼黑危机发生后不久，罗斯福的医生麦金太尔因肺部损伤去北卡罗来纳州养病去了。在此期间，他曾给罗斯福的秘书莱汉德小姐写了一封短笺。当时，正是各方因为经济衰退而对总统大加责难之时，但麦金太尔的信却没有这样做。罗斯福听完莱汉德读完这封信，立即欣然提笔：

我亲爱的麦金太尔先生：

　　我时常被一些事情所感动，但很少有像你给莱汉德小姐的信使我读后那么感动的。这是她偶尔给我阅读的少数信件之一。我们两人都感动得落泪了。

　　你在北卡罗来纳州深山中给我们以全力支持，对我来说，其意义胜过赢得佛蒙特州。令人高兴的是你和你贤惠的妻子都是笃信上帝的人，这就使你们两位不会纵酒，也不致走上邪恶的道路。

　　但愿你和你全家没有因为共和党造成的大萧条而受到严重的损失，还能够为孩子们添置一些鞋袜。你真是一个好公民，一旦我们要和希特勒打起仗来，我相信你一定会第一个报名参战。

你的朋友富兰克林·罗斯福

除了工作之外，罗斯福在其他方面似乎也都保持着以往的风格。他的工作室多年来都保持着旧貌，只不过书桌上的小摆设，如小人像、打火机、旗帜等越来越多了。他位于白宫二楼的书房更能反映他的个性。窗上挂着深绿色窗帘，墙壁雪白，屋内摆满了印花布覆罩的家具，家庭纪念品，成堆的书籍、集邮册，以及柯里尔和伊弗斯的版画。除此之外，房间最多的便是军舰模型了。这些模型，有的放在架子上，有的放在瓶子里，或架在一些空隙处。整个房间充满了浓厚的海军情调。

在工作之余，罗斯福还经常忙里偷闲，到朋友家去聚聚会、聊聊天，或者玩玩赌注不大的扑克。不过，更多的时候，他更加喜欢跟自己养的那只苏格兰犬"法拉"在一起玩。法拉总是能给他带来平静，因为宠物没有党派，但却绝对忠心、顺从。

尽管罗斯福在1938年采取了按兵不动的策略，但新政及新政所取得成就并没有因此而停顿下来。因为，新政采取的措施在此时已经大体上成型了，其中很多方面还成为了美国社会政治、经济生活等领域的基本特征。

实际上，正是因为罗斯福新政的实施，才保住了美国三权分立的政治传统，而没有像德国和意大利一样倒向法西斯主义。罗斯福新政并不是一次社会革命，而是一次较为激进的社会改革。改革的目的是让美国社会免遭来自内部的损耗和毒害，适应飞速变化着的时代条件并使其长久地良性运行下去。所以，可以毫不夸张地说，是罗斯福新政挽救了美国的政治传统，挽救了美国！

·第七章·

大战之前的风云

一

向孤立主义发起挑战

1938年之后，罗斯福无法再全神贯注地处理国内事务了。因为战争风云正从大西洋和太平洋彼岸席卷而来，他越来越关心外来的危险和美国的防务了。外交官茶余饭后的闲谈札记，快速外交邮袋传递的冗长信件，外国领导人的官方声明，由轧轧作响的电讯仪器收录后经过翻译、油印、打上"机密"字样的紧急电报，不断地被送到罗斯福的办公桌上。所有这些都带来了国外事态瞬息万变的消息。

在一次谈话之中，罗斯福明确表示，他要从"新政博士"这一角色转为"打胜仗博士"的角色了。在1939年之前，德国法西斯占领了奥地利和捷克斯洛伐克的苏台德区。1939年初，正当罗斯福千方百计地对付一个难以驾驭的国会时，希特勒又一口气吞并了整个捷克斯洛伐克，进而将下一个目标锁定了在波兰身上。日本侵华战争正加紧进行着，装备落后的中国军队凭借着血肉之躯跟日本侵略者对抗着。3月末，佛朗哥粉碎了共和政府的抵抗，攻占了马德里。墨索里尼也在这一时期占领了阿尔巴尼亚。

罗斯福面对的局势越来越复杂了。一方面是国际局势急速发展，另一方面是国内政治与经济情况不断变化。在这样的处境面前，如何建立一个切实可行的对外政策，而同时又让"新政"立于不败之地就成了罗斯福在第二届任期后两年内的中心任务。

罗斯福忧心忡忡地阅读着美国驻各国大使和各国领导人寄来的邮件。有一次，罗斯福在给一位朋友的信中写道："我一生从未见过世界上出现的这种矛盾交错、瞬息万变的局面。"

对德、意法西斯和日本军国主义的暴行，罗斯福除了发表抗议声明之外，几乎无能无力。因为中立法案的存在，使得他无权对任何一个国家采取任何行动。世界局势的发展变化已经说明，绥靖政策彻头彻尾地失败了。有鉴于此，英国首相张伯伦对待德国法西斯的立场也变得比以前强硬了。如此一来，欧洲再次爆发大战的可能性也就增大了。而一旦英、法两国战败的话，希特勒很可能施展军事与经济威慑双管齐下的战略，进而攻占拉丁美洲国家。如此一来，美国无疑会被卷入战争，甚至遭到侵略。

在所有的不愉快事件中，佛朗哥在西班牙的得势无疑对罗斯福震动最大。因为，这正是因为他当年主导制定的禁运法案导致的结果。为了防止类似的事件再次发生，罗斯福指示他的得力助手皮特曼加紧活动，设法修改中立法案或予以废除。当然，修改或废除中立法案并不容易。一向奉行孤立主义的美国国会并不会轻易让罗斯福的这一愿望得以实现的。因此，修改中立法案的议案被提交到国会之后，迟迟没有消息。

罗斯福有些坐不住了。1939年4月中旬，一个星期五的晚上，他突然行动起来，向希特勒和墨索里尼发出完全相同的呼吁书。他要求他们把问题拿到会议桌上来，实际上，也就是要他们把"枪炮置于会场外面"。呼吁书的结尾把决定人类命运的责任寄托在大国首脑的身上。

第二天，闻讯赶来的记者把罗斯福团团围住，就这项呼吁书频频向他提问。为了安抚国会那些奉行孤立主义的议员，让他们不要借机大做文章，罗斯福对记者一再强调说："呼吁书决没有背离不卷入纠葛、不承担义务的政策。我答应扮演的角色不是调停人，而是中间人，其作用正如邮政局、电报局一样。"

罗斯福的这份呼吁书就像是一道灿烂的阳光一样温暖了整个世界。民主家的政府和人民感到欢欣鼓舞，苏联领导人斯大林更是在讲话中大加赞扬。但轴心国的领袖们却嗤之以鼻。法西斯德国的第二号人物戈林当时在罗马跟墨索里尼会晤，他们对罗斯福大加嘲弄。戈林说，呼吁书的作者患有初期脑癫狂症；墨索里尼则认为更可能是蔓延性的麻痹症。

希特勒更是对对罗斯福的呼吁书逐句地加以批驳，并巧妙地运用了美国孤立主义分子的各种论调。

希特勒还极尽渲染蛊惑之能事，把德国说成是一个受害者，而在罗斯福领导下的美国则是一个仗势欺人的国家。他叫嚷着说:"罗斯福先生!我完全理解,你仗着你们国家幅员辽阔,财力雄厚,自认为你对全世界的历史承担责任……而我,亲爱的先生,却置身于一个比你的国家要小得多、也逊色得多的地方。"

狡猾的希特勒并没有就其未来侵略动向这个中心问题而做出任何解释,反倒是逐条批驳了罗斯福的论点,而且对美国在国际问题上无所作为的窘态的批驳又颇中要害,因此大受德国舆论的支持。在这场口头交战中,希特勒占了上风了。于是乎,美国国内的孤立主义分子大为得意,直斥罗斯福的呼吁书为"自讨没趣"!罗斯福此时就像一个吃了黄连的哑巴一样,有苦难言。

更让罗斯福担忧的是,修改中立法案的议案在参议院受到了挫折。这也就是说,美国民众在承担着巨大的战争和政治风险。一旦战争爆发的话,无论是侵略者还是被侵略者,美国都将对其实施武器禁运。如此一来,美国势必在政治上遭受巨大的压力,而且还要承担潜在的军事风险。

在参议院内既然受到了挫折,罗斯福只好转向了众议院。他私下对众院领袖们说,取消禁运也许可以阻止欧洲爆发战争;而一旦爆发战争的话,取消禁运也会使轴心国取胜的可能性减小。但罗斯福这些苦口婆心的劝说根本毫无用处。孤立主义的势力实在太强大了。他们操纵众议院,通过了一个新的提案,但保留了禁运条款的实质内容。

对此,罗斯福感到十分震惊。在欧洲战云密布之时,他把参议院的领袖们召集到白宫来磋商大事。罗斯福回顾了自己长期为争取和平而进行的斗争,并在最后的总结中说:"我已放了我的最后一枪了。但我认为我的弹带上应该还有一发子弹。"

罗斯福一再向参议员们强调,战争发生的可能性极大,美国必须趁早投入物质力量,否则后果将无法挽回。国务卿赫尔的发言比罗斯福更加悲观,他认为战争是一触即发的事情,美国必须马上行动起来。

参议员们只穿衬衫,手里拿着饮料,舒舒服服地围坐在总统的书房里,似乎根本没有把总统的话放在心上。老牌孤立主义者博拉提出了与罗斯福截然相反的观点。他说:"今年决不会爆发任何战争,所有这些歇斯底里都是制造出来的，人为的。"

赫尔对这个狡猾的老参议员说："我希望这位参议员先生能到我的办公室来读一下电报！"

博拉粗鲁地打断了赫尔的话，对他说："我在欧洲有情报来源，我认为它们比国务院的消息更可靠。"

罗斯福看上去很平静，一言不发地坐在沙发上等着加纳统计票数。加纳逐个询问是否有足够的票数，从而将废除禁运的提案提交参院会议讨论。情况依然不容乐观，加纳转向罗斯福，无奈地说："船长，我们只好面对现实了。你没有足够的票数！事情也只有这样了。"

驾驶美国这艘大船的船长并不是那么好当的。罗斯福极尽全力想把美国驶入一处安全的港湾，但孤立主义者们面对着风暴却不自知，极力阻止他这样做。百般无奈的罗斯福只好做出一副彬彬有礼的样子，送走了参议院的领袖们。

此后的一段时间内，罗斯福一直处于逆境，国会一面阻挠他在海外的努力，另一面限制他在国内的新政措施。罗斯福似乎在一夜之间变得苍老了，他肩上的责任实在太重了，他不得不对整个国家的前途负责。

1939年6月，英王偕王后前来访问美国。这是整个上半年唯一让罗斯福感到振奋的插曲。罗斯福对英王的这次来访非常重视。他亲自安排了接待的有关事宜，并全程陪同了这对富有教养的夫妇在美国的一切活动。年轻的英王对罗斯福非常信赖，曾有一次，两人促膝谈心竟然忘了时间，一直聊到凌晨。

罗斯福特意将告别仪式安排在了海德公园车站。当火车开动时，欢送的人群不约而同地高唱起《往日的时光》这首古老的苏格兰民歌。总统对着离去的车厢高呼："祝你们一路平安！万事如意！"

英王夫妇的来访对整个美国来说都是一次令人感到愉快的事情。非常遗憾的是，这短暂的愉快，不过是一个剑拔弩张、战云密布的世界里的欢乐插曲罢了。

二

欧洲再次燃起了战火

第一次世界大战之后，德国被迫割让大片土地，其中但泽被划归波兰，辟为自由市，通往波罗的海的"波兰走廊"将原本连成一片的德国领土分成了两块，位于"走廊"之东的东普鲁士成了远离德国本土的"孤岛"。德国人一直对失去但泽和"走廊"地区耿耿于怀。希特勒上台后便发誓要报这一箭之仇，他以极快的速度重整军备，在短短的几年间就把德国从《凡尔赛条约》的受辱者变成欧洲最大的军事强国。

吞并奥地利和捷克斯洛伐克之后，希特勒企图用恫吓和军事两种手段，迫使波兰同意但泽自由市合并，并允许德国在"波兰走廊"建造一条治外法权的公路来连接东普鲁士和德国本土。波兰政府拒绝希特勒的所有要求，并于1939年3月30日得到英、法的承诺，保卫波兰的国家主权。实际上，英、法两国并没有对波兰领土完整作出任何实质性的承诺。

希特勒和他的亲信据此认为英、法不会为波兰向德国开战，便决定对德国采取军事行动。1939年4月28日，德国发表声明，终止了《波德互不侵犯条约》。随后，希特勒便下令德军总参谋制定了一项"闪击波兰"的作战计划。

5月，法国与波兰签定了一个协议，法国承诺会在德国侵入后15日内加入战争，援助波兰。8月25日，英国也与波兰签定了成为军事盟友的条约。但实际上，英、法两国对法西斯德国依然抱有一丝幻想，不愿意相信德国会发动对波兰的战争。

但实际上，为了保证顺利进攻波兰，并英、法介入之后能够全力稳住西线，德国已经在8月23日与苏联在莫斯科秘密地签定了《苏德互不侵犯条约》。这个条约实际上是苏、德两个军事强国瓜分波兰的协议。

苏联为什么会支持德国入侵波兰呢？原来，第一次世界大战后期，以列宁为首的布尔什维克党领导国内人民推翻了沙俄政府和后来的资产阶级临时政府，建立了世界上第一个社会主义国家。社会主义革命在俄国取得胜利引起了西方国家的恐慌，因此一向视共产主义如洪水猛兽的西方国家对世界上第一个社会主义国家采取了敌视的态度。刚刚成立不久的波兰便与苏俄爆发了一场战争。

当时，由于苏俄的根基未稳，要努力消灭国内的反对势力，无法进行对外战争。列宁政府便在1921年3月18日，与波兰在拉脱维亚签定了《里加条约》，结束两国之间的战争。但这个条约的领土和解对苏俄不利，西乌克兰和西白俄罗斯被迫割让给了波兰。因此，苏联政府一直在找机会报这一箭之仇！

于是乎，当德国密谋与苏联共同瓜分波兰之时，两个军事强国便一拍即合，签署了《苏德互不侵犯条约》。在附属条约里，德国允诺苏联收复《里加条约》签订以前的苏波边境线——寇松线以东的波兰所占的西乌克兰与西白俄罗斯以及波罗的海国家。

华盛顿的夏季异常闷热，当罗斯福得知纳粹与苏联签订了这项秘密条约之后，立即意识到，德国马上就会发动对波兰的军事行动了。尽管有中立法的限制，但罗斯福还是尽自己手中的权限，用外交手段向希特勒发出了呼吁。

他告诉希特勒：波兰已经接受了他进行调停的请求，"全世界都在祈求德国也会接受这个请求。"这是一个近乎绝望的呼吁。甚至连罗斯福自己都知道，这个呼吁根本无法改变什么。但是他却不能不抱着试试看的态度，强迫自己将其发了出去。因为除此之外，他什么也做不了。

正如罗斯福所料的那样，希特勒并没有对罗斯福的呼吁在外交上予以回应，而是在7天后以"闪击波兰"的军事行动向全世界作了回应。1939年9月1日凌晨，德国军队大举越过德波边境，分北、西、南三路，向波兰首都华沙进逼。这是人类历史上第一次大规模的机械化大进军。德军轰炸机群呼啸着向波兰境内飞去，目标是波兰的部队、军火库、机场、铁路、公路和桥梁。德军趁势以装甲部队和摩托化部队为前导，以每天50~60公里的速度向前突进。

几乎就在德军大举进攻波兰的同时,罗斯福就得到了消息。华盛顿时间凌晨2点50分,罗斯福正在睡梦之中,突然被床头的电话铃声吵醒了。罗斯福抓过电话,嘟嘟囔囔地问了一声:"谁呀?"

电话那头传来一个中年男子的声音,说:"总统先生,我是比尔·布利特。"

比尔·布利特是美国驻巴黎大使,罗斯福对他非常信任。听到比尔的声音,罗斯福愉快地说:"噢,比尔。"

但比尔的话马上就让罗斯福高兴不起来了。比尔说:"我刚接到托尼·比德尔从华沙打来的电话,总统先生。德军的几个师已经深入波兰领土,战斗非常激烈。托尼说已得到消息,说华沙上空已出现了敌机。接着他的电话被掐断了。"

罗斯福既为驻华沙大使托尼·比德尔的安危感到担忧,也为美国的前途感到忧心。他不无伤感地对比尔说:"噢,比尔,事情终于发生了。愿上帝保佑我们所有人。"

两人又就德军突然进攻波兰事件聊了几句,比尔·布利特便把电话挂了。但罗斯福并没有继续休息,他把这个消息通过电话通知了国务卿赫尔和其他人。过了一会,赫尔等人便驱车穿过黑暗和空荡的街道,纷纷驶向他们的办公室。

他们通过电台收听了希特勒对德国国会发表的讲话。在讲话中,希特勒宣布已经开始对波兰的进攻,并说"要以炸弹回敬炸弹"。

官员们十分愤慨,纷纷表示再也不能让德国法西斯为所欲为了。但他们一时半会又找不到什么好办法。反倒是罗斯福沉得住气,他把德军进攻波兰的消息发出去之后,又上床睡了起来。早晨6点30分,比尔·布利特打来的电话再次把罗斯福从睡梦中唤醒过来。他在电话中向罗斯福汇报说,他已经同法国总理达拉第谈过话,后者表示法国将派兵支援波兰。

罗斯福放下电话,又睡了几分钟。但此起彼伏的电话铃声已经让他无法安然入睡了。仅仅几分钟之后,驻伦敦大使肯尼迪从伦敦打来电话,向他报告说,英国即将参战。

罗斯福此时已睡意全无,他起身坐了起来,静静地思考着什么。这种突如其来的状况似乎一下子把罗斯福带回到了20余年前的那场世界大战。

因此，罗斯福并没有手忙脚乱，而是从容地应对着一切，就仿佛是把多年前放下的工作重新拾起来一样。

罗斯福命令副国务卿萨姆纳·维尔斯、海军部长查尔斯·爱迪生和陆军部长哈里·伍德尼，让所有的潜艇和水面进攻军舰进入横跨主要海上通道的阵地，并宣布白宫进入紧急状态，陆军和海军情报官必须在每天下午2点45分向他汇报最新情况。

像往常一样，早上9点整，仆人把罗斯福的早餐送到了他的卧室。跟在仆人身后的有国务卿赫尔、总统军事助理沃森、顾问霍普金斯和麦金太尔。此时，国务院派往欧洲各国的大使发回的电报已经成堆，而且还在源源不断地送来。

驻德国大使休·威尔逊向罗斯福递交了辞呈。罗斯福什么话也没有说，便接受了。欧洲方面传来的消息让所有在场的人都深感不安。德军在进攻的途中甚至没有遇到有力的阻击，波兰军队对德军这种大规模的机械化进军似乎毫无防御之力！

罗斯福与赫尔等人商量了之后，于当天向英国、法国、意大利、德国和波兰分别发出了紧急照会。照会说："对平民的残忍空袭，极大地震动了人类的良心！为此，我紧急呼吁：凡是有可能参与敌对行动的各国政府公开表明他们的决心，在任何情况下决不让自己的武装部队空袭和平居民。我请求立即作出答复！"

罗斯福知道，单凭这一纸照会想改变什么是不现实的。战争依然遵循着自己的规律向前发展，规模不断扩大，死伤人数也不断攀升！人类的良心再次受到了考验！德军闪击波兰，标志着第二次世界大战欧洲战事正式拉开了帷幕！

三

修改中立法案的斗争

1939年9月3日,英国首相张伯伦向法西斯德国发出最后通牒,要求德军立即从波兰撤军。当天上午,一群纳粹头目正聚集在柏林总理府的前厅里。突然,一名翻译官从人群挤过去,径直走进希特勒的书房,口译了最后通牒的内容。当翻译完毕,希特勒沉默无言,呆坐了好一会,然后,冲着一直强调英国不会参与这场战争的德国外长里宾特洛甫恶声质问道:"现在你有什么话说?"

里宾特洛甫默默无言地站在希特勒的对面,显得十分窘迫。德国空军总司令戈林在在外面前厅里作了回答:"如果我们打输了这一仗,那么求上帝保佑我们吧。"

就在这一天,英国和法国同时对德国宣战。但实际上,英、法两国根本没有采取军事行动,他们违背了自己许下的"如果德意志帝国胆敢入侵波兰,英、法联军将直捣鲁尔谷地"的诺言,屯集的重兵全都躲在钢筋水泥的工事后面,眼睁睁地看着波兰独自抵抗着法西斯德国的侵略。英、法两国不过在外交上对德国加以谴责罢了,直到1940年5月10日,德意志帝国才和英法爆发正式冲突。

从1939年9月1日到1940年5月10日,这段奇特的历史时期在德国被称之为"静坐战",而其他国家则称之为"假战"。英、法两国的"假战"助长了法西斯德国的侵略野心,同时也让自己在后来付出了沉重的代价。

9月3日晚上,罗斯福用广播向美国民众发表了欧战后的第一次"炉边谈话"。尽管罗斯福知道美国很难不被卷入这场罪恶的战争,但为了安抚民众,并争取孤立主义者的支持,他不得不在表明自己观点的同时,小心翼翼地表示，他将尽力使美国不介入这场战争。

他一开始就声明，直到9月1日的清晨，他还一直幻想奇迹出现，可以阻止战争爆发和制止法西斯德国对波兰的侵略。但这不过是一种幻想而已。接下来，他发表了二战期间最为动人的演说之一。

> 我希望美国不会介入这场战争。我认为，它也不会介入。我向你们保证，并再次保证，你们的政府将为实现这个目的做出一切努力。只要我有权力防止，和平就不会在美国覆灭。
>
> 但是，你们也必须在一开始就掌握现代国家之间外交关系中存在的一个简单而不可更改的事实。只要世界上任何一个地方的和平遭到了破坏，全世界所有国家的和平都会处于危险之中。
>
> 对当前的这场战争，你我都可以耸耸肩，轻松地说：发生冲突的地方离我们美国大陆，离我们整个美洲，这块地处西半球的大陆有几千英里之遥，对我们美洲国家没有严重影响，美国所能做的就是不予过问，而是去干我们自己的事情。
>
> 尽管我们热切地希望置身于纷争之外，但与此同时，我们不得不认识到，空中传来的每一句话，在海上航行的每一艘船只，正在发生的每次战斗，都会影响到美国的未来！
>
> 我要指出的是，最近这些年来的不幸事件都是毫无疑问地基于武力和武力威胁而发生的。在这场大战爆发伊始，我就已经清楚地看到，美国的力量应该始终运用在为人类争取和平，一个尽可能消除国家之间继续使用武力的最后和平。总有一天，虽然可能是遥远的一天，我们可能要为受到创伤的人们提供更大的帮助。
>
> 我们的国家可以保持中立国地位，但我不能要求每个美国人在思想上也保持中立。即便一个中立者也有权认清事实，甚至对一个中立者，我们也不能要求他昧着良心。我不止一次，而是多次地说过，我经历过战争，我痛恨战争。这话我还要再次说下去。
>
> ……

在此以后的几天，德军以古德里安强大的装甲集团为先锋，继续快速向波兰腹地推进。波兰军队根本无力抵抗强大的德军。一周之后，波兰在事实上已经处于亡国状态了。由于英法两国的纵容，希特勒更加嚣张了，派出大量的潜艇出没于世界的各个航道，企图掌控制海权。

罗斯福在此时不得不加紧修改或废除中立法案的进程。在德国向波兰大举进攻之前，罗斯福曾经考虑，如果德国一旦挑起战争，他便下令海关税务人员以维护和平为由，扣留德国船只。但司法部长阻止了罗斯福，并告诫他说，如此行动势必会被德国认为是战争行动，从而造成对美国不利的局面。罗斯福接纳来了司法部长的建议，但依然授意海关税务人员以种种借口迫使停泊在纽约港的德国巨轮"布莱梅号"延期起航。

1939年8月28日深夜，"布莱梅号"上的德国船员正在生火发动锅炉，准备返回德国。几乎就在德军向波兰大举进攻的同时，美国海岸警卫队在有关方面的授意下，登上了"布莱梅号"，要求延缓返航，理由是美国政府怀疑他们做非法生意。

海岸警卫队的人故意慢腾腾地检查着，拖延时间。等到很久之后，才将其释放。此时，一艘英国巡洋舰早在港外等着它了。"布莱梅号"的船员收起舷梯，升起纳粹德国国旗，船上的乐队奏起了德国国歌《德意志高于一切》。他们似乎意识到，英国巡洋舰押送"布莱梅号"的目的就是想在其经过英国水域时，将其扣留，充当战利品。巡洋舰上的英国海军满心以为"布莱梅号"已经是他们的囊中之物了。但让他们没有想到的是，"布莱梅号"的航速可以达到33节，远远比英国巡洋舰的速度要快，不久便摆脱了英国海军的押送。由于英国海军部命令不得将"布莱梅号"击沉，英国海军只好眼睁睁地看着它消失在自己的视线之外。

"布莱梅号"尽管逃走了，但一路险象环生，直到当年12月13日才返回到德国的布莱梅港。尽管"布莱梅号"最终还是返回了德国，但它所经历的曲折也多少让罗斯福感到了些许满意。

按照中立法的规定，一旦几个国家互相宣战，美国总统就要对交战双方发出公告，对其实施禁运。在英法两国同时向德国宣战之后，罗斯福又故意推迟了发表公告的时间，以便利英、法两国利用有限的时间差多购买一些军火。

罗斯福知道，这些事情尽管让人有一种报复的快感，但终究对大局没有多少影响。最重要的事情依然是废除禁运条款本身。罗斯福把这项工作定为了他接下来的首要任务。

此时，国际舆论对罗斯福的这项工作是极其有帮助的。英、法两国，甚至其他民主国家的一些和平人士开始用措词文雅但流露出痛苦心情的文字给罗斯福发来了呼吁书，请求美国为波兰和英、法等民主国家提供物资援助。否则的话，这场反对法西斯的战争很难取胜。

抓住这一有利时机，罗斯福马上召开了一次特别国会，要求废除中立法中的禁运条款，为英、法和波兰提供物资援助。他谴责美国在1935年制定的中立法案是背离美国传统的，是对世界和平不负责任的。他说："我很遗憾，国会竟然通过了那个法案；而我居然签署了那个法案，这使我同样感到遗憾。"

鉴于国内孤立主义的势力异常强大，罗斯福的采取行动的时候非常谨慎。他强调，希望美国可以通过不卷入纷争的手段来实现和平，并没有将其支持民主国家反抗侵略者的真实目的暴露出来。

罗斯福在争取议员支持的时候也非常小心。他授意内阁成员和一些国际主义者在私下里向议员们拉票，还答应白银大亨们提高国内市场的白银价格，拉拢了在国会中极富影响力的皮特曼（皮特曼是在白银大亨的支持下当选国会议员的）。另外，他还要求各州州长对这次修改中立法案的行动予以支持。他还有效地利用了民间支持修改中立法案的组织，由他们去引导舆论，从而营造一种对自己有利的氛围。

罗斯福本人在整个活动过程中并没有公开露面，他一直在白宫里暗中操纵一切，并静静地等候消息。为了圆满完成这项计划，罗斯福几乎中止了一切活动。当时，加拿大总督特威兹穆尔勋爵打算对美国进行一次访问。罗斯福给他写了一封信，希望他能推迟出访美国的计划，等到中立法案斗争结束之后再来。他在信中说："我简直是在鸡蛋上走路！……眼前我是什么不说，什么不看，什么也不听。"

孤立主义者们自然不会轻易让罗斯福的愿望达成。他们再次叫嚣，不要理睬"欧洲那些好战分子"，不要卷入推行强权政治者的狡猾把戏。支持罗斯福的国会议员们有效地抓住了孤立主义者们发言的漏洞，强调废除中立法的立足点正是为了不让美国陷入战争。这场异常激烈的辩论不但在国会中进行着，也在美国民间进行着。民间的辩论又在很大的程度上影响了议员们的投票结果。

在这项运动的开始阶段，北达科他州的一名国会议员写信给罗斯福时说："你可以充分相信我会投票支持撤销禁运条款。"

但十几天之后，这位议员却给白宫捎来一张口气哀伤的条子。他在条子上说："我并未改变初衷，无奈来自家乡的请愿书、信件、决议以及电报给我的压力太大，因此我也许要投票保留禁运了。当一名众议员，已不再具有我初来时那样巨大的吸引力了。"

在罗斯福跟国内的孤立主义者们进行斗争的时候，德军和苏联红军也在东西两个方向上快速向波兰的腹地推进。9月18日，德苏两国军队在布列斯特—力托夫斯克会师。9月25日，德军开始向华沙外围的要塞、据点及重要补给中心进行炮击。随后，德第八集团军开始向华沙发起攻击。仅仅3天之后，华沙守军司令便向德第八集团军司令布拉斯科维兹上将正式签署了投降书。至10月2日，波兰进行抵抗的最后一个城市格丁尼亚也停止了抵抗。至此，波兰全境都沦陷了，但波兰政府并没有向法西斯正式投降。

罗斯福与孤立主义者的斗争也进行得十分艰难。直到10月底，在双方作了某种妥协之后，参议员才以63对30票通过了取消禁运一案。几天后，这项在很多地方措词含糊的新法案在众议院也获得了通过。罗斯福修改中立法案的斗争虽然没有取得预期效果，但毕竟获得了成功，这对加速第二次世界大战的结束是大有裨益的。根据修改后的中立法，盟国需要什么物品，就可以在美国购买什么物品，比如火炮、飞机和坦克，只要盟国支付现金，并用自己的船只将补给品运走就行。

四

大力支持研究原子弹

1939年10月，罗斯福还做了一件比修改中立法更加重要的事情。这就是大力支持研究原子弹。1939年初，德国化学家哈恩和物理化学家斯特拉斯曼发表了铀原子核裂变现象的论文。几个星期内，许多国家的科学家验证了这一发现，并进一步提出有可能创造这种裂变反应自持进行的条件，从而开辟了利用这一新能源为人类创造财富的广阔前景。

但是，同历史上许多科学技术新发现一样，核能的开发也被首先用于军事目的，即制造威力巨大的原子弹。从1939年春天开始，由于法西斯德国扩大侵略战争，欧洲许多国家开展科研工作日益困难。同年9月初，丹麦物理学家玻尔和他的合作者惠勒从理论上阐述了核裂变反应过程，并指出能引起这一反应的最好元素是同位素铀-235。

正当这一有指导意义的研究成果发表时，英、法两国向德国宣战了。希特勒对这一新型的大规模杀伤性武器十分感兴趣，立即组织人力、物力投入了研究，并一度处于世界领先水平。由于希特勒对犹太人实施恐怖的灭绝政策，并一再扩大侵略战争的规模，致使一大批科学家迁居美国。匈牙利物理学家齐拉德·莱奥、犹太人阿尔伯特·爱因斯坦等人都在20世纪30年代来到美国定居。

齐拉德·莱奥首先考虑到，一旦法西斯德国掌握原子弹技术，其后果可能会极其严重。于是，他便联合另几位从欧洲移居美国的科学家积极奔走，呼吁美国介入这项研究之中。1939年8月，在大家的一致推举之下，著名科学家阿尔伯特·爱因斯坦给罗斯福写了一封信。

爱因斯坦在这封长信上用深入浅出的方法向罗斯福解释了制造原子弹

的必要性。他在信上说：核裂变能产生极大的能量，如果应用核研究的最新成果，摧毁力极大的新型炸弹就有可能制造出来。最近，德国人连续召开了原子科学家会议，研究制造"铀设备"的问题，而且还从它的占领国捷克斯洛伐克弄到大批的铀矿石。种种迹象表明，德国已经开始着手研究原子弹了。数百万像野兽一样凶残的德军如果再配合在当时还绝无仅有的核武器，欧洲的战局将不堪设想。因此，建议罗斯福总统批准着手研制原子弹……

信写好后，爱因斯坦找到了罗斯福总统的好朋友、经济学家亚历山大·萨克斯，请他向总统面呈此信，并进行游说。当时，罗斯福正在为修改中立法和应付欧洲战局而焦头烂额，根本没有时间接见萨克斯。一直等了两个月，萨克斯才有机会进入白宫，向罗斯福面呈了爱因斯坦的这封长信，并读了科学家们关于核裂变发现的备忘录。

可是，罗斯福总统却听不懂那艰深生涩的科学论述，冷淡地对说得口干舌燥的萨克斯说："这些都很有趣，不过政府若在现阶段干预此事，看来还为时过早。"

萨克斯像遭到当头一棒，脸色顿时变得惨白。罗斯福送客时，觉得自己对好朋友的态度生硬了些，就邀请萨克斯第二天共进早餐。萨克斯的脸色才由阴转晴。

第二天早上7点，两位好朋友在餐桌上坐定，萨克斯刚想开口，罗斯福却把刀叉塞到他的手里说："老朋友，您又有什么绝妙的想法了？你究竟需要多少时间才能把话说完？"

萨克斯微笑地说："我不想在沉默的情况下和您共进早餐，那未免太单调了吧？"

罗斯福也笑了："那么，今天不许再谈爱因斯坦的信，一句也不许谈，明白吗？"

"明白，我的总统先生。"萨克斯用刀叉在桌面上"笃笃笃"地轻敲了几下，"我只想讲一点历史，有趣历史，关于法国皇帝拿破仑的一件趣事。"

"拿破仑？"罗斯福来了兴趣，"好，您说吧。"

萨克斯说:"英、法战争时期,拿破仑在海上屡战屡败。这时,一位年轻的美国发明家富尔敦发明了轮船,他建议拿破仑把法国战舰的桅杆砍断,撤去风帆,装上蒸汽机,把木板换成钢板。可是对这项发明一窍不通的拿破仑却想:船没有帆就不能走,木板换成钢板就会沉没。于是,他把富尔敦轰了出去。历史学家们在评述这段历史时认为,如果当时拿破仑采纳了富尔敦的建议,19世纪的历史就得重写!"

罗斯福望着萨克斯深沉的目光,沉思了几分钟,然后拿出一瓶拿破仑时代的法国白兰地,斟满了酒,把酒杯递给了萨克斯说:"好吧,你胜利了!"

萨克斯又大声把爱因斯坦的长信朗读了一遍。爱因斯坦在信中所说的那句"一种威力极大的新型炸弹可能会被制造出来"引起了罗斯福的好奇心。罗斯福问道:"亚历克斯(萨克斯的昵称),那么你们追求的就是保证纳粹无力把我们炸毁?"

萨克斯回答说:"正是这样。"

罗斯福转过头对身旁的军事顾问沃森将军说:"帕,真需要采取行动。"

此后,萨克斯便同国家标准局局长莱曼·布里格斯博士之间建立了联系,铀问题咨询委员会随即成立了起来,由它的军事和科研人员去探讨这个问题。由于经费紧张,罗斯福最初只给这项研究拨了6000美元经费。但科学家们出于一种对民主和自由的热爱,对纳粹的痛恨,依然全力以赴地进行了这项研究。

1941年12月,日本袭击了珍珠港,美国正式被卷入了第二次世界大战。罗斯福突然意识到,需要加大对原子弹研究的投入了。于是乎,美国正式制定了代号为"曼哈顿"的绝密计划。罗斯福赋予这一计划以"高于一切行动的特别优先权"。"曼哈顿"计划规模大得惊人。由于当时还不知道分裂铀-235的3种方法哪种最好,只得用3种方法同时进行裂变工作。

在"曼哈顿"工程管理区内,汇集了以奥本海默为首的一大批来自世界各国的科学家。科学家人数之多简直难以想象,在某些部门,带博士头衔的人甚至比一般工作人员还要多,而且其中不乏诺贝尔奖得主。"曼哈顿"工程在顶峰时期曾经起用了53.9万人，总耗资高达25亿美元。这是之前任何一次武器实验所无法比拟的。

在参谋长联席会议主席马歇尔的支持下，美国军方同意按原铀问题咨询委员会的建议，开始建设4种分别采用不同方法的铀同位素分离工厂和其他的研制、生产基地。军队把整个计划取名为"代用材料发展实验室"，指派美国军事工程部的马歇尔上校负责全部行动。由于马歇尔上校循规蹈矩，与科学顾问们又合不来，使研究计划优先权的升级和气体分离工厂地址的选择拖延了两个月。9月，政府战时办公室和军队高层领导决定，领导修建美国国防部大楼五角大楼的格罗夫斯上校接替马歇尔上校。格罗夫斯在赴任之前，被提升为准将。

格罗夫斯在上任后不到48小时内就成功地把计划的优先权升为最高级，并选定田纳西州的橡树岭作为铀同位素分离工厂基地。因为马歇尔上校的总办公室最初将设在纽约城，他们决定把新管区的名称命名为"曼哈顿"。于是，"曼哈顿工程区"就这样诞生了。美国整个核研究计划不久后取名为"曼哈顿计划"。

在"曼哈顿工程区"工作的几十万人当中，只有12个人知道全盘的计划。其实，全体人员中很少有人知道他们是在从事制造原子弹的工作。例如，洛斯阿拉莫斯计算中心长时期内进行复杂的计算，但大部分工作人员不了解这些工作的实际意义。由于他们不知道工作目的，所以也就不可能使他们对工作发生真正的兴趣。后来，有一个年轻的工程师终于猜到了他们是在做什么样的工作。从此之后，这里的工作达到了高潮，并且有许多工作人员自愿留下来加班加点。经过全体人员的艰苦努力，原子弹的许多技术与工程问题终于得到了解决。

1945年7月15日凌晨5点30分，世界上第一颗原子弹在新墨西哥州阿拉莫戈多的一片沙漠地带试验成功。7月25日，在太平洋的比基尼环礁，原子弹试爆成功。8月6日和9日，美国分别在日本的广岛和长崎投下了原子弹。原子弹在日本本土爆炸摧毁了日本军国主义的抵抗意志，从而加速了第二世界大战结束的进程。

尽管原子弹的研究工作是由数十万人共同完成的，罗斯福对那些艰涩的理论也一窍不通，但他高瞻远瞩的决策与大力支持是研究原子弹的首要条件。希特勒就曾在第二世界大战的中后期一度放弃了这种未必能取得成功的研究。两者相比之下，不难看出罗斯福在决策上要比希特勒更胜一筹！

第七章 大战之前的风云

·第八章·

破纪录的三连任

一

及早做好两手准备

1939年底对罗斯福来说是一个尴尬的时间。一方面,他的第二届总统任期还有一年的时间就结束了;另一方面,德、意法西斯却不断地扩大侵略的规模,肆意破坏世界和平。罗斯福此时的目标非常明确,即保障国家安全,提高人民的生活水平。但这两个目标在当时看来都如同神话一般遥远。

英、法两国可能是出于对自身实力的担忧,或者压根就不想直接与德国法西斯对抗。直到波兰覆灭之后,上百万法军依然蹲在马其诺防线的工事里,没有丝毫向德军进攻的意思。这种静坐战让英、法两国人民感到十分不满,也在一定程度上助长了德军的嚣张气焰。美国想要在这种环境下求得自身安全,几乎是不可能的。更加让罗斯福感到不安的是,他努力带领美国人民向前走,却又遭遇了大多数美国人,尤其是国会中一些老议员的强烈的孤立主义情绪。

美国的经济状况已经有所改善,但也只恢复到了20世纪30年代中期那种动荡不定的水平。尚有几百万失业的人需要吃饭,需要工作。罗斯福比任何人都清楚,美国在此时面临的危险是前所未有的。整个美国就像是一艘岌岌可危的航船,在驶向幸福彼岸的过程中遇到了极其可怕的风暴,随时都有可能葬身海底。

但罗斯福这个老船长面临的压力太大了。国内的保守派和孤立主义者时时限制着他的行动。而且按照美国的政治传统,他第二届总统任期结束之后将不得再参加大选。这些都导致罗斯福在那些认为他将正常离任的议员们面前降低了感召力。民主党内的保守势力也趁机向罗斯福发起种种诘难，贬低他的声望。

罗斯福身心俱疲，已经做好了正常离任的准备。事实上，他的健康状况在此时也确实不允许他再当总统了。有时，一次流感也要让身体虚弱的他休息好几个星期才能康复。有一次，他对汽车司机工会主席丹·托宾说："我想回海德公园老家，照顾我的树木和农场。我想写历史。不成了，我真的干不了啦。"

从这段肺腑之言可以看出，罗斯福确实希望回到哈德逊河畔颐养天年。海德公园的粗石藏书馆和小山顶上的"梦想之庐"也都即将竣工。故乡的一切似乎都在召唤着他回到海德公园。

实际上，在1939年春天修改中立法案的斗争中，罗斯福所表现出来的谨慎可能就有这方面的原因。当时，一位一直支持罗斯福的朋友给他写了一封长信。那人在信中质问罗斯福："我们崇拜的偶像罗斯福，为什么不说呢？不要再旁敲侧击，应当通过广播，向人民讲几句老实话！当然，我们的第一道防线是马其诺防线。我们当然不能坐视英法两国挨打。我们当然应该准备支援他们——先以军火来支援，如果用军火来支援还不够的话，则拿出我们所有的一切来支援。"

读到这里，罗斯福似乎并没有受到多少震动。那人在信中接着说："为什么尽说废话不见行动呢？为什么要容忍那些脚踏两只船的参议员们欺骗美国公众，使他们相信美国可以逃避另一次战争呢？为什么不向美国人民说明无情的现实以免为时过晚呢？你我都彻底了解：只要德国元首和意大利领袖深信我们将要参战，那就根本不会发生战争。"

罗斯福当然是主张参战的，但国内的孤立主义者缚住了他的手脚。作为一个民主国家的政治领袖，他无法违背国会的意愿，独自作出决定。他读完这封信，对手下的人说："请转告他，我非常高兴读到他的信，而且刚好在我动身去海上巡游以前。"

当这次修改中立法案的斗争结束之后，他又嘱咐皮特曼，否认政府曾经插手他的提案。看来，罗斯福确实产生了撂担子的想法。

在另外的一些事情上，罗斯福也完全采取闪避态度。1939年1月，国会正在考虑关于改善关岛港口的建议。在一次记者招待会上，有一名记者问罗斯福:"你对拨出500万美元来加固关岛防御工程一事是赞成呢,还是反对?"

罗斯福反问道:"拨款500万美元加固关岛防御工程,有这么回事吗?"

记者讪讪道:"这是我的理解。"

罗斯福引用一个参议员的话,一语双关地回答他说:"'加深港底'。"

记者们哄然大笑,那名提问的记者也笑着说:"我想你已明白我的意思了。"

笑声过后,记者追问道:"为了不造成混乱,你能阐明一下你在关岛问题上的立场吗?"

罗斯福回答说:"我不认为存在什么混乱。"

记者穷追不舍:"你赞成了?"

罗斯福双手一摊,淡淡地说:"不,我没有。"

经过更长时间的交谈后,罗斯福才谨慎地说,他同意疏浚关岛海港的建议。在跟记者谈话的整个过程中,罗斯福始终小心翼翼,完全没有涉及到军事防御的问题。

哈里·霍普金斯在后来透露,有一次他跟罗斯福进行了一场绝密的谈话。罗斯福表示,并不完全排除自己有可能担任第三任总统。如果发生战争的话,这种可能性更让人无任何怀疑余地了。罗斯福还谈到他"个人的厌烦",他确实太累了,不想再呆在总统的位置上了。另外,他的妻子埃莉诺为了他的健康考虑,也反对他再度连任。母亲萨拉为了经营海德公园的庄园,已经花掉了太多的钱,这有可能影响他卸任后的平民生活。因此,罗斯福想回到海德公园,去过平淡的生活。根据民主党的惯例,罗斯福甚至开始考虑提名下一届总统候选人了。

但历史的发展往往是不由个人的意志而转移的。正是因为面对着错综复杂的国际和国内形势,罗斯福最终还是决定打破传统,争取三连任。罗斯福一心想把美国带到一个和平的国际环境之中。面对德、意法西斯的不断挑衅,他必须打败国内的孤立主义势力,趁着英、法两个欧洲强国还没有被德国打败的时候介入战争,否则的话,单凭美国的实力将无法对付德、意、日三国同盟。

另一方面，民主党内的裂痕和争吵、改革司法计划的负面影响都使罗斯福在国会面前自感虚弱无力，新政因而只能退居守势，力图自保既得成果。结成联盟的共和党和民主党保守派向来反对新政，而且后者极有可能会变成共和党人。一旦正常离任，这些人就将把持白宫，届时这个逆流而动的国会和政府将会销蚀新政的成果，那些立足未稳的新举措也将被毁于一旦。新政是罗斯福耗费了毕生心血并被证明是拯救了美国文明的良药。他不忍心看着自己的心血被共和党和民主党保守派糟蹋掉。

罗斯福曾经在私下里向他朋友们表露心迹，他甚至设想过这样一种图景：在他离任4年后的时候，国家已被这些人弄得面目全非，民不聊生。到那个时候，自己很可能在1944年被重新请出来担任总统，以重整河山。

与其如此，倒不如现在就动手，要么着力培养或扶植一批可能参加总统候选人提名的人，要么就打破传统，争取三连任。前一种可能性不大，因为民主党内部除了罗斯福之外，根本就没有第二个人能够号召全党，尤其在当前民主党内，自由派和保守派为控制党的领导权而激烈争夺时，培养或扶植总统候选人就更加困难了。

但要打破传统也不是一件容易的事情，因此，罗斯福在这个问题上是非常谨慎的。每逢在记者招待会上，在被提问他是否打算连任第三任时，他总是委婉地或者直截了当地请对方换个话题。与此同时，罗斯福不断地派人到西部去协调那里正激化的派系之争，让他们联合起来共同投"支持罗斯福的候选人"的票。罗斯福已经在做两手打算了，即在保证自己的实力地位的同时，也保证提名失败后的退路。

二

日益紧张的国际局势

1939年的圣诞节前夜,罗斯福在华盛顿向几千名民众发表了热情而又悲凉的演说。那一天的傍晚时分,气温已经降到让人感到寒冷的程度,但罗斯福连帽子都没有戴,站在街上公共圣诞树旁的木制讲台上,严肃地说:"当前,世界上的许多国家都处于战火和悲痛的煎熬之中,我们在仍能享受和平的一些国家中,不要将这种和平生活只归功于我们的幸运。相反,我们应该祈祷,让上帝赐给我们为他人而生活的力量,让我们的生活更接近'登山宝训'的箴言。"

人们听完罗斯福的这些话,有热情鼓掌的,有低低啜泣的,有高呼保卫和平的……面对这种情景,罗斯福的心情十分复杂。回到白宫之后,家人已经把圣诞树布置好了,树枝上缀着白色和银色的饰物。厨房里的野味架上挂着野鸡、鹌鹑、鸭子、松鸡和山鹬等。数以万计的圣诞贺片,成千

罗斯福一家

的节日贺礼送到白宫，忙得仆役和职员们喘不过气来。

罗斯福一家四代，济济一堂。白宫二楼的居住区呈现出了十分欢快的氛围。罗斯福85岁的母亲萨拉是家庭成员中年龄最大的，年龄最小的成员才刚刚出生几个月。在家人的周围，罗斯福不再是总统，而是母亲的好儿子，妻子的好丈夫，儿女们的好父亲，孙子们的好爷爷。他站在圣诞树旁，按照自己最珍视的习惯，朗读狄更斯的《圣诞颂歌》。他一边朗读，一边扮演老吝啬鬼司克鲁奇和鬼怪的样子，逗小孙子们开心。全家老少都来到他的卧室，按照西方人的习惯，把红袜子挂在壁炉上。很晚的时候，孙子们一一和罗斯福拥抱，说"晚安"之后便各自回到自己的房间里去了。罗斯福像真正的圣诞老人那样开心，把各种礼物塞进了袜子里。

第二天一大早，孩子们便一窝蜂地闯入罗斯福的卧室，争先恐后地去抢他们的袜子。此时的罗斯福和大多数的家长一样，怀里抱着最小的孙子，看着闹哄哄的孩子们，开心地笑了起来。圣诞节让罗斯福暂时忘记了忧愁，忘记了欧洲大陆上正在发生的战事。

新年过去了，罗斯福又把主要精力放在了是否竞选下一任总统的事情上。罗斯福的身边不乏了解他的人，霍普金斯便是其中之一。1940年1月，霍普金斯就得出结论说，罗斯福将决定竞选第三任总统。在此之前，罗斯福内阁中公开为总统再度连任奔走的似乎只有内政部长伊克斯，他自称曾为战争前景和1940年大选的关系问题苦苦思索过，并坚信罗斯福是唯一足以驾驭世界局势的人。

1940年1月30日，在罗斯福生日的庆祝晚上会，一位忠实支持罗斯福的工作人员念了一段念珠祈祷。这段念珠祈祷实际上也是希望罗斯福能够在当前的情况下打破传统，竞选第三任总统。这位工作人员念道：

我同你度过的时间，亲爱的船长，
对我犹如一串珍珠。
我把每个小时都看作收获，而无损失，
我就像一个忠实的姑娘一样，
每工作一个小时，就做一次祈祷，

我祈求你会认为我的工作干得不错!

哦,请告诉我,是到此为止呢?

还是到1941年再说?

我不知道投奔何方,

我再也不能忍受这种苦恼!

如果我不能知道明年是谁来领导我,

我将无法摆脱苦恼。

谁是我的领袖呢?

  对这段念珠祈祷,罗斯福没有给予任何回应。此时,扶植新政派人士成为总统候选人似乎仍然是他的首先。但找来找去,在民主党中始终找不到一个精力旺盛的白人男性符合候选人的条件。甚至连保守派的一些人也认为,"没有人上升得足够高大,可以成为替换罗斯福的人选。"

  到了1940年4月间,国际局势更加复杂了。德军大举侵犯挪威和丹麦,继而又在5月上旬征服了比利时和荷兰。经由马其诺防线终端挺进的装甲师越过阿登山脉的森林,突入法国境内。法军在德式闪电战的攻击和分割下迅速崩溃。

  由于战事对英、法两国越来越不利,英国人民对战时内阁也产生了不满。5月8日,英国首相张伯伦感到自己无法继续执政,向英王提出辞呈,并建议由丘吉尔组阁。5月10日下午6点,英王召见了丘吉尔,令其组阁。3天之后,丘吉尔首次以首相身份出席下议院会议,发表了著名的讲话:"我没有别的,只有热血、辛劳、眼泪和汗水献给大家……你们问:我们的目的是什么?我可以用一个词来答复:胜利,不惜一切代价去争取胜利,无论多么恐怖也要争取胜利,无论道路多么遥远艰难,也要争取胜利,因为没有胜利就无法生存。"

  5月15日,丘吉尔致电罗斯福,担心德国将以惊人的速度征服欧洲,而墨索里尼也将伺机劫掠。他要求罗斯福宣布美国处于"非交战"状态,即不派遣武装部队直接参战,但提供一切必要的援助。在电文的最后,丘吉尔以近乎孤傲而悲壮的语调说:"如果必要的话,英国将单独战斗下去。"

出于对国内孤立主义势力的担忧，罗斯福当然不敢按照丘吉尔的请求去做了。但他却不失时机地向国会提交了申请追加国防拨款的咨文。他说："瞬息万变而令人震惊的事态发展正迫使一切中立国家根据新的因素去研究自己的防务，我们再也不能自欺欺人地衡量自己的力量和防务了。"

在阐述了美国随时都可能遭受来自法西斯的侵略之后，他要求国会立即为了实现下述目标而拨出巨额款项：第一，要使陆军机械化和摩托化；第二，保证每年至少生产5万架飞机的能力。他在咨文的最后呼吁说："为了维护美国的自由，我们不仅应该随时准备在防务上花费千百万的钱，而且应该随时准备献出自己的生命。"

由于孤立主义者的阻挠，罗斯福要求追加国防拨款的申请并没有受到国会的足够重视。面对德军的装甲集团迅速向法国腹地推进，丘吉尔忧心如焚。5月20日，他再次给罗斯福发电，慷慨激昂地说："如果英国打败了，我将和我的政府同归于尽。"

5月21日，直抵英吉利海峡的德军切断了匆忙赶来援助比、法两国的英国派遣军的进军路线。近40万英、法联军被围逼在法国北部狭小地带，只剩下敦刻尔克这个仅有万余名居民的小港可以作为海上退路。形势万分危急，敦刻尔克港口是个极易受到轰炸机和炮火持续攻击的目标。如果40万人从这个港口撤退，在德国炮火的强烈袭击下，后果不堪设想。

英国政府和海军发动大批船员，动员人民起来营救军队。他们的计划是力争撤离3万人。对于即将发生的悲剧，人们怨声载道，争吵不休。他们猛烈抨击政府的无能和腐败，但仍然宁死不惧地投入到了撤离部队的危险中去。于是出现了驶往敦刻尔克的奇怪的"无敌舰队"。这支船队中有政府征用的船只，但更多的是自发前去接运部队的人民。他们没有登记过，也没有接到命令，但他们有比组织性更有力的东西，这就是不列颠民族征服海洋的精神。

一位亲身投入接运部队的英国人事后回忆道："在黑暗中驾驶是危险的事。阴云低垂，月昏星暗，我们没带灯，也没有标志，没有办法辨别敌友。在抵达半路的时候，我们开始和第一批返航的船队相遇。我们躲避着从船头经过的船队激起的前浪时,又落入前面半昏不明的船影里。黑暗中常有叫喊声,但不过是偶然的喇叭声而已。我们'边靠猜测边靠上帝'地航行着。"

这支杂牌船队就在这样危险的情形下,在一个星期左右的时间里,救出了33.5万人。这就是举世震惊的奇迹——敦刻尔克大撤退。敦刻尔克大撤退保存了英、法联军的有生力量,为最终取得反法西斯战争的胜利创造了条件。不过,因为英国派驻法国的远征军丢弃了所有的的重型装备,也给英国本土的地面防卫造成了一定的危机。

6月10日,墨索里尼见德军已经逼近法国首都巴黎,想趁机捞一把,也加入了战争。墨索里尼的加入让德军如虎添翼,法国被迅速击溃了。6月15日,巴黎陷落了。无计可施的法国总理雷诺随即向罗斯福求助,要求调来"遮天蔽日的大批飞机"。但罗斯福除了同情与愤怒之外,什么也做不了。

6月16日,罗斯福给法国总理雷诺的最后一封电报抵达了巴黎。但此时的雷诺已经是一筹莫展了,他不得不宣布辞职,由亲纳粹的贝当元帅出来组织新内阁。

6月22日,贝当政府于贡比涅森林在停战协定上签了字,宣布投降。就在这个地方,22年前法国人接受了德国人的投降。如今又轮到法国向德国投降了,历史发展让人多么的诧异啊!趾高气扬的希特勒出席了签字仪式。他以轻蔑的神气注视着法国于1918年为庆祝胜利而树立的纪念碑,仿佛在说:"1918年的仇已经报了。"

三

阻力重重的三连任

　　法国沦陷之后，国际舆论一片哗然。一夜之间，美国民众的情绪似乎也发生了变化，人们开始关注起距离美洲大陆几千公里之外的战事了。在纽约，大群面色严峻、肃然无语的人涌进百老汇大街中部看《纽约时报》发布的新闻简报；在波士顿、华盛顿的大街上，也都有大批的群众焦灼地簇拥在张贴新闻电讯的布告牌前。人们突然意识到，只有一个孤单的英国站在希特勒与美国之间了，如果德军继续发动闪击战，在数周内打过英吉利海峡的话，美国难以避免遭受法西斯的侵略！一时间，就连那些最顽固的孤立主义者也开始向罗斯福靠拢，主张采取积极措施了。

　　除了争取连任之外，罗斯福已经没有第二条路可走了。如何展开这史无前例的第三次连任选举呢？显然，他不能再像前两次一样，自告奋勇地站出来，向选民们拉选票。最好的方式似乎是让代表们站出来自发地要求他出场，然后选民们再在他的感召、启发或暗示下理直气壮地呼吁他不要下台。似乎只有这种让公众自己去选择的方式才能抵消、冲破那个无形的屏障——反对连任三届的政治传统。

　　就在这时，戏剧性的一幕出现了。共和党候选人温德尔·威尔基跳了出来，指明要与罗斯福展开一场轰轰烈烈的竞选运动。他意气风发地声称，要与民主党真正的对手过招，而当前民主党里除了罗斯福之外再也没有这样的人了。威尔基的公开挑战等于向人们说：让不得连任第三任的传统见鬼去吧！让我们来一次真正的较量！

　　罗斯福并没有正面回应威尔基的挑战，但等他站出来参选之时，绝大多数美国民众都没有注意到他已经违反了传统，只认为他是在接受对手的挑战。不过,并不是所有的美国人都支持罗斯福这样做。

当时,一大批奉行孤立主义的大学生和青年,组织了一场声势浩大的请愿活动。他们在白宫前面聚集,公开反对加强国防,反对支援盟国。在大多数美国人都打算为争取世界和平作出牺牲之时,竟然有一批如此短视的青年出来捣乱,罗斯福愤慨地说:"用'小东西'这样的字眼来称呼这帮青年最恰当不过了!"

但在一个民主国家里,罗斯福不得不正视这些青年人的挑战。6月初,他让妻子埃莉诺在白宫安排了一次特别晚会,亲自接待美国青年代表大会的领袖们。那一天,在白宫的东厅里,一群面无表情的青年领袖们彬彬有礼地一一与罗斯福握手。

罗斯福以最温和的态度向他们解释了激进的新政措施,解释了对西班牙内战的态度以及目前美国所处的尴尬地位。但青年们似乎对这些大局并不关心,他们关心的是国内,甚至各个州的眼前利益。一个青年质问罗斯福道:"南部各州有半数的人民没有投票权,那里的民主政治情况究竟如何?"

罗斯福实事求是地答道:"关于民主问题,我们能够怎么办呢?一两年内你也无法解决。"

中西部的一位基督教青年会领袖质问他说:"为什么要强调国防的重要性,而却不大强调社会保障呢?"

罗斯福回答道:"在我们的这种政治制度下,要同时抓两件同等重要的事情并同等予以强调,是有点困难的。可真难啊!"

一个青年甚至当场发表了长篇演说,反对罗斯福的国际政策。他说:"某种严重的事情已经发生了。总统似乎忘记了第一道防线——社会保险、教育、住房、穿衣、吃饭等问题。把几十亿美元花在枪炮和战舰上,但美国人民却一无所获。我想,这不能仅仅责怪国会,总统的领导作用去哪里了呢?我们感到非常……怎么说呢?我们感到非常厌恶,同时也感到有些愤怒,因为总统和他的阁员们没有再一次把这一斗争诉诸人民!"

罗斯福并没有因为这个年轻人的演说而生气,他平静地注视着发言者,一直等到他说完,才开口道:"年轻人,我想你说的话是真诚的。你读过卡尔·桑德伯格的《林肯传》吗?"

那个青年人不好意思地回答道:"没读过。"

罗斯福说:"我想,每个读了这本书的读者都会留下这样的印象:林肯是一个非常忧郁的人,因为他不能在同一时刻做他想做的一切。很多时候,他为了要取得一点进展,不得不实行妥协,我想你会找到这种例子,因为他只有妥协才能有所得。很不幸,像林肯这样伟大的总统也被一些人称为'政客',但他却是讲究实际的政客,因此才能给祖国做出许多贡献。他是一个忧郁的人,因为他不能一次完成全部事情。而这是谁也不能办到的。"

说到这里,罗斯福顿了顿,继续道:"也许有一朝一日,你会当上总统,会比我高明得多。不过,等到你真坐在这里的时候,你就会知道,只凭大声疾呼,永远不可能得到你想得到的东西。"

这些话道出了罗斯福作为一个民主国家总统的无奈,也道出了他所信奉的人生准则。那就是行动,唯有行动起来才能得到自己想得到的东西。

为了争取一部分支持共和党人选民的支持,罗斯福在6月底任命了两名德高望重的共和党人在政府中担任重要职位。一位是73岁的亨利·史汀生,担任国防部长。史汀生是一个富于斗争性的国际主义者,曾在塔夫脱和胡佛两位总统任内担任阁员。另外一位是被罗斯福任命为海军部长的弗兰克·诺克斯。诺克斯是芝加哥的报界大亨,曾经在西奥多·罗斯福手下当兵。

共和党人本来打算在竞选成功后对政府机构进行改革的,但没有想到罗斯福先他们一步,提前完成了。这让共和党人觉得有些措手不及。为了打击罗斯福,他们在共和党全国代表大会上对其大加攻击。他们对着罗斯福大骂道:"肮脏的政治!"

一部分共和党人甚至扬言,要把史汀生和诺克斯这两个叛徒开除出党。其实,从战争爆发时起,罗斯福就一直筹划组织一个两党内阁。这样对团结美国民众,争取两党的支持是有利的。他原来还希望曾与其竞争总统之位的兰登也加入内阁。但兰登宣传,如果罗斯福不公开宣布反对三连任,他就不会进入内阁。显然,罗斯福无法接受这一条件。

7月3日，罗斯福邀请了国务卿赫尔和他共进午餐。赫尔一心想成为民主党下一任总统候选人。罗斯福就这一事情小心翼翼地向他说明了他当候选人存在的种种弱点。在罗斯福的有力说服下，赫尔放弃了竞选民主党总统候选人的想法。其他几个有些实力，但明显不够的人也放弃了。

一向不支持打破传统，争取三连任的法利在这种情况下逐渐对罗斯福产生了不满，因为他也想竞选民主党的总统候选人。7月初的一天，他带着这种不满情绪到海德公园会见了罗斯福。他们在记者的面前谈笑风生，给人一种十分和谐的感觉。但记者一离开，气氛就迅速地冷淡下来了。罗斯福随意闲谈几句后，耸了耸肩，朝着他的藏书室和山顶休养所挥一挥手说："吉姆（法利的昵称），我不打算竞选了，我准备这样通知代表大会。"

聪明的法利知道，罗斯福是在试探自己的意见，并有引诱自己劝他争取连任的意思。法利直截了当地说："如果你说得明确些，大会就不会提你的名。"

罗斯福反问道："如果你处在我的地位，你会怎么办呢？"

法利耸耸肩，回答说："如果是我，我就会像许多年前谢尔曼将军那样，发表一个声明说：如果提了我的名，我不参加竞选，如果选举了我，我不就职。"

罗斯福语气坚决地说："吉姆，我如果在提名和竞选都获得成功的话，在目前这样的局势下，我不能拒绝宣誓就职，哪怕我知道30天后我就会死掉！"

经过这一场谈话，罗斯福和法利都知道了对方真实的想法。法利将在民主党全国代表大会上争取提名。不过，罗斯福并不担心法利会击败自己，因为他的实力与自己相比，还差得太远！不过，如果他在民主党全国代表大会上阻挠代表们提名自己，并将抛出政治传统这一张牌的话，对罗斯福来说，多少是有些不利的。

实际上，法利正打算这样做。第二天，法利就离开了华盛顿前去芝加哥，准备去参加民主党全国代表大会，并努力阻止罗斯福连任。

四

第三次获选总统候选人

1940年7月15日，民主党全国代表大会在芝加哥体育场召开了。早晨，会场中心外围的集市上已经挤满了人。小贩们大声叫卖纪念品、三角锦旗、汽水、啤酒、热狗、爆米花和罗斯福的巨幅照片。会场内部，正中的大厅里挂着罗斯福的画像，周围悬挂着鲜艳夺目的横幅旗布，显得十分热闹。

但代表们的心情却十分沮丧，他们谁也不知道接下来会发生什么事情。到底谁会当选呢？罗斯福尽管有打破传统的意思，但一直没有公开表达出来，甚至没有向自己的得力助手伊克斯面授机宜。除了罗斯福之外，其他任何人又根本无法同共和党的候选人威尔基一争高下。代表们互相探听着消息。但包括民主党的那些重量级人物在内，谁也不知道罗斯福的真实意图。芝加哥市长凯利在欢迎词中提到了罗斯福的名字，但这又能代表什么呢？不一会儿，会场迅速传播一种说法，认为只有去找霍普金斯，他准知道个中奥妙。

此刻，霍普金斯正懒散地伸着四肢，躺在一家旅馆的床上。他的头发垂到他苍白的脸颊上，他穿着衬衫和宽大的裤子，一身瘦骨更显突出。但是代表们感到意外的是，连霍普金斯都不知道罗斯福的真实想法。

罗斯福既然想取得三连任，为什么一直躲在幕后不出来呢？实际上，罗斯福早就将一切都计划好了。只是，这个计划实在有些不光彩，他不得不对伊克斯和霍普金斯等得力助手隐瞒了一切。当然，这并不妨碍对他忠心耿耿的伊克斯和霍普金斯为他争取选票。

大会就要开始了，一些忠实的支持者恳请罗斯福发出行动号令，以便让他们的行动更加富有目的性。让大家感到意外的是，罗斯福在此时仍然没有给予大家明确的指示，而是微笑着对大家说："必须要大会作出决定。我相信，上帝会安排好一名候选人。"

霍普金斯在旅馆的房间里有一个直通白宫的电话专线，就安装在浴室里。这条专线是霍普金斯向罗斯福汇报事态发展的渠道，而不是罗斯福向他发布指示的工具。

大会开始之后，作为大会主持的法利果然向罗斯福发起了诘难，阻止代表们投票给他。罗斯福有些焦急，他本来打算让全党一致支持他竞选连任的，被法利这么一搅，成功的几率就大大降低了。罗斯福打电话给法利，十分小心谨慎地暗示说："似乎没有必要举行一次投票了。"

法利气急败坏地回答说："那真是愚蠢。"

实际上，罗斯福的这句话不无道理，在过去一年悄无声息的战斗里，罗斯福已经取得了胜利，民主党里再也找不出任何其他强有力的候选人了。在这种情况下，甚至那些对罗斯福没有多少好感的民主党领袖们也愿意把这位最重要的拉票能手的名字列为候选人名单上的第一名。

不过，出于对三连任这种打破政治传统做法的担忧，代表们在讨论中十分谨慎。第二天散会后，伊克斯电告罗斯福说："大会已开得气息奄奄了，你的名誉和威望可能蒙受其害。你是否考虑亲自到芝加哥来加强领导呢？"

罗斯福并没有同意伊克斯的建议，依然在白宫静静地等候代表们自发地拥护他，提名他为总统第一候选人。

7月16日晚上，罗斯福的铁杆支持者巴克利在代表大会上发表了一篇演说，在提到罗斯福的名字之时，会上竟然传来了一阵嘘声。巴克利使劲敲着木槌，极力要让会场肃静下来。随后，巴克利宣读了罗斯福要他向大会发表的信。信上说，罗斯福决不试图影响大会代表的选举和见解。巴克利提高了嗓门，继续大声说道："今晚，在总统的特别请求和授权下，我向大会明确宣布这个简单的事实：总统从来没有，并且今天也没有要求或是希望继续担任总统，或成为总统候选人或接受党的代表大会提名竞选总统。"

罗斯福这一招以退为进的方法用得十分巧妙,会场上顿时安静了下来。巴克利抓住这一有利时机,继续说道:"他以十分恳切和真诚的心情表示:出席大会的全体代表完全有自由投票选举任何一位候选人。这就是美国总统要我转达给你们的话。"

会场上更加安静了,简直可以用鸦雀无声来形容。代表们震惊了,面面相觑,不知所措。就在这时,会场四周的扩音器里突然雷鸣般地迸发出一个声音:"我们需要罗斯福!"

有些代表举起他们的州旗,开始在通道里游行。扩音器里传出了大声呼唤,"大家需要罗斯福!"

更多的代表加入了游行行列。几百名参观者也从观众席上涌到了楼下会议厅。游行的队伍像长蛇一般向主席台前移动。人们一边移动,一边大声喊道:"我们需要罗斯福,美国需要罗斯福,全世界需要罗斯福!"

芝加哥市市长凯利是一个聪明人,他事先就已经安排了自己一名助手,让他在地下室里装上了扩音器,并带头大喊:"罗斯福!"

声势更加壮大了,游行队伍呈现一片狂热,声嘶力竭地喊着:"罗斯福!罗斯福!罗斯福!"

原本坐在座位上的代表们也被这种情形感染了,他们纷纷站起来,挥舞着手里的小旗,踢翻椅子,推开旁人,潮水般涌到通道,不断喊着:"罗斯福!罗斯福……"

会场的秩序完全失控了,直到一个小时之后,才慢慢恢复平静。毫无悬念,罗斯福的名字在次日便被列入了候选人提名名单之上。除了罗斯福之外,还有人提议将法利、加纳、泰丁斯和赫尔等人也列入候选人名单上。既然已经将罗斯福列入了榜单,这些人能不能获得提名已经无所谓了,他们不过是罗斯福的陪衬而已。会场上的气氛有些急躁,大家都迫不及待地想早点把自己手中的一票投出去。结果是一榜定案:罗斯福946票,法利72票,加纳61票,泰丁斯9票,赫尔5票。统计结果发布之后,作为大会主持的法利提议鼓掌通过罗斯福为总统候选人,响应的是一片掌声和"赞成"的欢呼声。

罗斯福在白宫始终关注着大会的进展。等他得知结果之后,微微一笑，心中就开始盘算着副总统的人选了。在这以前，他一直没有宣布，一方面他希望赫尔能够接受，另一方面他可以把副总统人选作为钓饵，悬而不决的时间越长，代表大会给他支持也就越是坚固。既然赫尔已经走向了自己的对立面，罗斯福只好另外物色人选了。当晚，他就通知霍普金斯以及民主党其他领袖，他已选定了华莱士。

华莱士是农业部长，也是一个可以信赖的自由主义者。更加难能可贵的是，他在孤立主义情绪比较强烈的那些农业州里十分有号召力。不过，华莱士也有明显的缺点，他不善言辞，而且又曾经是共和党人。这让民主党领袖们感到十分不满。不过，罗斯福坚持己见毫不让步。

在获得提名的第二天，罗斯福在早餐桌上对罗森曼说："不弄清他们提名的是谁，我就决不发表接受提名的演说。"

当时，争着当副总统的人有很多，他们大多都自信满满地以为罗斯福会支持他们的。没有想到，罗斯福居然选中了一个拙于词令的华莱士。这让大家多少有些接受不了。一时间，那些准备参加副总统角逐的人情绪变得激动起来，会场的秩序也有些难以控制了。到了这天晚上，代表们愤懑不服的情绪已升到顶点。在激烈的发言中，班克黑德赢得了提名，成为了与华莱士竞争副总统的对手。

形势对华莱士来说不容乐观，凡是支持他的发言都遭到旁听席上的嘘声和嘲笑。华莱士夫人坐在台上伤心地问第一夫人埃莉诺："他们为什么要这样反对亨利（华莱士的昵称）？"

此刻，罗斯福正坐在白宫椭圆形房间的收音机旁，一边收听代表大会上的消息，一边独自玩着纸牌，脸色十分严肃。当他听到评论员说，代表们之所以反对华莱士，完全是对总统的独断专横的一种反抗时，罗斯福把纸牌推向一边，抓起一支笔，在记事本上写了起来。

写完之后，罗斯福将其交给了罗森曼，让他尽快"润色一下文字"。罗森曼看了看罗斯福的发言稿，措词极为尖锐刻薄，罗斯福表示他无法与一个被自由主义和反动所分裂的党进行合作，他以拒绝接受提名为要挟，要求全党在华莱士与班克黑德之间作出选择。

罗森曼走出了椭圆形办公室，跟罗斯福的军事顾问沃森商议。沃森主张把发言稿撕掉,他怒气冲冲地对罗森曼说:"谁当副总统,我根本不感兴趣,全国人民也不感兴趣。对国家唯一至关重要的,是坐在房里的那个人。"

罗森曼带着改好的讲稿回到房间来时,沃森几乎要落泪了。一直反对三届连任的总统秘书莱汉德小姐则满脸笑容,她巴不得罗斯福不接受候选人提名。不过,这篇发言稿并没有派上用场。华莱士最终以微弱的优势击败了班克黑德,罗斯福终于赢得了这场斗争。

罗斯福终于松了一口气,他已显得疲劳不堪,汗水浸透的衬衫贴在身上,样子十分狼狈。他要求通知芝加哥代表大会,他即将前去致词。几分钟之后,罗斯福换了件新衬衣,头发梳得整整齐齐,神态自得地坐着轮椅被推出了卧室。在芝加哥代表大会上,罗斯福以他那洪亮有力、急徐有致的声音发表了一篇感人肺腑的演说:

> 时间已经很晚了,但我感到大家宁愿让我现在对你们讲话,而不愿等到明天……我应该承认,此时我的心情是复杂的,因为正像每个人在他的一生中迟早会碰到的那样,我发现自己正处在两种矛盾的心理之中:一方面,我个人深切希望退休,另一方面,那个默不作声的、看不见的叫作良心的东西,却又不允许我这么做。……
>
> 我曾度过许多不眠之夜,我常扪心自问:作为三军的统帅,我号召千千万万的青年去报效祖国,号召他们练好本领去报效祖国,而当全国人民同时也要求我尽个人的职责为祖国效劳的时候,我却加以拒绝,扪心自问:我有权利这样做吗?……
>
> 只有人民才能召唤他们自己的总统。如果人民向我发出了这样的召唤,我愿以最简单的话向你们表示,我将在上帝的保佑下,继续贡献出我的全部才能和全部力量为你们服务。

五

以微弱优势取得胜利

在民主党代表大会上获得成功之后,罗斯福便把主要精力转移到了与共和党候选人威尔基的竞争上。当时,竞选对双方来说都不是一件容易的事情。首先,国内的经济情况并没有明显的好转,失业人数仍然有900万左右。其次,世界大战的阴影正在笼罩着美国。与竞选总统这件事情相比,人们更加关注欧洲战场上频繁传来的惊人消息。心浮气躁、忧惧交加的人们根本无心认真倾听竞选人那精心炮制的演说,更听不出其中包含的良苦用心、逻辑力量和犀利的讥讽。

威尔基比罗斯福年轻10岁,是一个高大而不修边幅的粗犷型男子。他不会花言巧语,但却坦率坚强。罗斯福则含而不露、圆滑老到。两人之间展开了一场没有多少观众,但却至关重要的竞争。威尔基以其惊人的耐力和热忱,风尘仆仆地行驶了将近5万公里的路程,在34个州发表了500多次长短不一的演说。尽管如此,但他并没有引起人们太多的关注。

罗斯福倒是沉得住气,他依然整天呆在华盛顿,应付着风云变幻的国际事务,似乎根本没有把竞选放在心上。实际上,这正是罗斯福以退为进的一步棋。在国际形势风云变幻的年代,人们更加希望能有一个稳定的政治环境。换总统势必会在政坛上造成一定的震荡,这是美国民众不愿意看到的。罗斯福正是抓住了这一点,才没有把竞选放在心上,而是专心去处理国际事务。从这一点来说,罗斯福已经先胜一场了。

威尔基发现了这一点,便一再向罗斯福下战书,强烈要求他与自己进行较量。因为威尔基发现,一个人的表演很难激起选民的兴致。很快,威尔基就以其个人的魅力、激情和坦诚赢得了众多中产阶级的支持,一部分已经厌倦于华而不实的政治言论的人也逐渐对他产生了好感。

聪明的威尔基在旅途中发现，罗斯福推行的新政深得民心，但也发现了其中的缺陷。他抓住新政的这些缺陷，宣称自己将会接受新政的主要内政和外交政策，并且会做得更好。他的话引起了美国民众的共鸣，一些从未支持过共和党的报纸也开始拥护威尔基了，两度支持罗斯福竞选总统的《纽约时报》便在此时转向了威尔基。

罗斯福逐渐感到了压力。9月底，威尔基又把罗斯福说成是一个战争贩子。10月的一天，威尔基在巴尔的摩的一次演讲上说："根据他过去对美国人民的诺言履行的情况来看，假若你们重新选举他，你们可以发现美国在1941年4月就会被卷入战争。"

9月中旬，罗斯福提交的《选募合格兵员法》在国会上获得了通过。这在某种程度上印证了威尔基对罗斯福的攻击。而且，新兵入伍登记日定在10月16日，第一次抽签定在10月29日，离大选日恰好一周，这就使罗斯福更加难堪。有人暗示罗斯福，为慎重起见，宜将登记和抽签推迟至大选以后。但是罗斯福并没有接纳这项建议，战争的风险已经越来越大，早准备一天，美国的安全就多一些保障。罗斯福在新兵登记日向全国发表了动人的演说，并庄严地主持了第一次抽签仪式，监督人们从金鱼缸中抽出签条。

竞选的形势对罗斯福有些不利。美国民众对战争产生的恐惧心理已蔓延到整个竞选运动之中了。一些德籍或意籍美国人对罗斯福更加不满，因为他们不愿意看到美国与自己的祖籍国对抗。共和党人更是不失时机地在意籍美国人中间造势，以形成反对罗斯福的民间浪潮。9月份的民意测验还表明处于下风的威尔基，在10月份已显示出领先于罗斯福的势头了。全国大约有78%的报纸倾向于支持威尔基，仅有9%的报纸支持罗斯福。这时距大选仅有两周多的时间了。威尔基有些洋洋得意了，认为自己必胜无疑。

在这关键时刻，罗斯福终于行动了。10月23日，罗斯福在费城发表了第一次演说。罗斯福愤慨地声称："作为一个竞选老手，我喜欢正大光明地战斗，而共和党的所有数据和说法都是捏造出来的。"

此后,他又陆续发表了4场演说。前几场演说与威尔基相比并不算成功。他在波士顿的那次演说甚至说了一句日后被孤立主义者反复引用并作为笑料的话:"我以前说过这话了,但我要再三地讲,反复地讲:你们的孩子不会被派到任何外国去打仗。"

直到第四场演说,他才逐渐扳回了败局。在纽约的布鲁克林,罗斯福声色俱厉地痛斥共和党,称对手已经或者曾经与极端反动分子、共产主义、纳粹主义取得了合作与谅解,组成了一个毫无共同基础的非神圣同盟,目的是指望一夜之间实现与民主不相容的独裁。

在这里,罗斯福还巧妙地利用《纽约时报》一则剪报的失误而大做文章,为自己赢得了超过半数民众的支持。这则剪报称拥护罗斯福的尽是些年收入不到1200美元的穷光蛋。罗斯福抓住这则简报的失误,在演说快要结束的时候引用了它,效果奇佳。罗斯福借题发挥发出了反对特权阶级、争取全民平等的呼声。要知道,当时的美国一半以上的人口年收入不足1200美元。

在布鲁克林的演说结束之后,竞选专列缓缓驶向具有决定意义的最后一站——克利夫兰。罗斯福之所以选择速度很慢的火车,有三个原因:首先,他喜欢坐在行驶缓慢的火车上看沿途的风景;其次,这样也可以让沿途群众有充分的机会看到自己,从而营造舆论;最后,火车的速度越慢,霍普金斯、罗森曼、舍伍德等三人便有越多的时间为他准备演讲稿。

霍普金斯、罗森曼和舍伍德整整干了一个通宵,挖空心思地起草着这篇至关重要的演讲稿。饿了,就吃一点从餐车送过来的三明治;困了,

1941年富兰克林·罗斯福第三次连任美国总统

就躺在落满面包屑的床上小憩片刻。第二天，罗斯福也跟他们一起干了6个小时，不过他时不时地还要去做点别的工作——向沿途的群众致意！他穿上护腿，由沃森扶着，缓慢地走到后厢平台，不失时机地对沿途的人群挥挥手，说几句感谢的话。一整天，罗斯福的脸色都不太好，眼圈发黑，困倦，衰弱，但他一旦面对群众之时，马上就能恢复平时的神采。

克利夫兰的演说被认为是这次竞选中场面最火爆的一次，听众欢声雷动。曾为罗斯福草拟演说稿达17年之久的罗森曼认为，这次演说可以在罗斯福所有最好的演说中排第二位。在结尾的部分，罗斯福提到了第三任的问题，称4年后"将由另一个人来出任总统了"。这时，人群中立即爆发出"不！不！"的狂呼声。罗斯福立即把嘴巴凑近话筒，提高嗓门，继续往下讲。他担心人们的这种呼声会通过广播传出去，成为共和党攻击他的新证据。那时，共和党人或许会说，罗斯福似乎想永远当总统，根本不愿意从这个位子上退下来。

大选前夜，罗斯福像前两次竞选一样，在海德公园发表了一场不带任何党派色彩的演说。罗斯福重申了对民主程序的信念和在格罗顿求学时常念的圣公会祈祷文。

11月5日，大选开始了，共有近5000万选民参加投票。统计结果表明，罗斯福以2724万票对威尔基的2230万票获胜，选举人票则是449对82票。在第三次竞选总统这场竞争中，罗斯福赢得了除辛辛那提以外的所有40万人口以上的城市，但6个大草原州全部背弃了他。这次选举的结果也表明，这几乎是一场势均力敌的竞选，两人相差不足500万票，差距相当小。可以说，罗斯福是以微弱优势获胜的，而这微弱的优势很可能来自一大部分美国民众不愿意在动荡的年代换总统。

落选后的威尔基显得十分大度，当有人建议他出访伦敦，以便造成美国两党在援助盟国反法西斯这一问题上同心协力的印象时，他毫不犹豫地答应了。威尔基临行前来白宫见了罗斯福，两位刚刚在竞选问题上互相攻讦之人为了一个共同的目标——保障国家安全，走到了一起。

这中间还有一段有趣的插曲。当威尔基走进白宫之时，罗斯福发现自己的办公桌上空空如也，赶紧让人抱来一摞文件来。他盼咐说："随便什么都行，散开在桌上。要让威尔基来时，看见我忙得不可开交的样子。"

跟威尔基谈论了一会之后，罗斯福取出一张私人信笺，飞快地写下朗费罗的诗句，让威尔基转交给丘吉尔。朗费罗的诗句优美而富有战斗性，罗斯福的字迹也十分优美。

邦国之舟，
扬帆前进吧，
扬帆前进！
强大的联邦，
忧惧中的人类，
满怀对未来岁月的希冀，
凝神关注着你的存亡。

威尔基显然是一个十分理想的大使人选。1941年2月9日，丘吉尔在议会大厅当众展读了威尔基转交给他的信笺。英国国会的议员们听了罗斯福的信，个个热血沸腾，充满了斗志。丘吉尔更是不失时机地宣称："我想对这位伟大人物说，只要给我们武器，我们就能完成伟业！"

· 第九章 ·

统领全球战局

一
意义深远的租借法案

法国沦陷之后，希特勒便开始全力对付英国。1940年7月，希特勒下达了全面入侵英国的"海狮计划"。这项计划旨在歼灭英国的空中力量，夺取制空权，给陆军大规模登陆大不列颠扫清道路。由于英国南部天气不稳定，德国空军最终在8月13日才得以实施这一计划。面对德军的大规模空袭，英军在丘吉尔的领导之下进行了猛烈的还击。

英军的反击行动让大洋彼岸的罗斯福倍感欣慰。1940年12月17日，罗斯福在记者招待会上用一个生动的故事向记者们阐述了将美国建成民主国家兵工厂的必要性。他说："一个邻居家失火了，我不能将水管卖给他，但是我却可以先借给他用，并收取一定的租金。等扑灭大火之后，他再将这条水管还给我……美国必须成为民主国家的兵工厂。"

罗斯福此举意在绕过中立法，为世界反法西斯力量提供必要的物资援助，争取最后的胜利。如此一来，美国就可以在不卷入战争的前提之下保障自身的安全了。

为了实现这一目标，罗斯福早已经尽一切力量使盟国政府得到它们迫切需要的物资了。不过，美国民众，尤其是国会，对罗斯福的这种做法大不以为然。国会一般只同意加强美国自身的防务，而不太情愿批准对英国的援助。民意调查显示，当时仅有不到三分之一的人认为英国会获胜，因而也反对给英国提供援助。白宫的陆海军军事顾问也警告罗斯福说，美国自己的储备已处于安全点以下，此时不宜增加对英国的援助。倘若倾其所有给了终将被德国击败的英国，届时美国岂不要双手空空地面对凶恶的敌人？

罗斯福没有被这些反对意见绊住脚步，他毅然将美国军火库中几乎所有的库存，悉数运给了英国。在1941年之前，美国已经援助了50万支步枪、8万挺机枪、900门75毫米的火炮及大量的弹药。

1940年9月初，他宣布将美国在第一次世界大战时所建造的50艘驱逐舰转让给英国，以换得对英属西印度群岛中一系列海、空军基地为期99年的租借权。

第一次世界大战时期的驱逐舰在二战初期还能发挥一些作用，但到中后期基本上就成了废铁，根本没有什么作用。罗斯福此举对美国日后的发展具有深刻的影响。他用一堆废铁就换来了美国取得制海权和制空权必备的战略基地。

不过，丘吉尔在当时对罗斯福的举动仍然十分感谢。他甚至宣称，罗斯福的做法"实系断然非中立的行动"，德国政府有足够的理由对美国宣战。

罗斯福的种种做法似乎是在帮助英国，但实际上却是维护美国自身的利益。他极力想让美国在不参战的情况下打败德国，以最小的代价换取和平的国际环境。他在大选时期极力促使国会通过的选征兵役制法案也是这一目的的延伸。新兵役法规定，21～35岁的男子均在选征之列。

由于当时面对着竞选的压力，罗斯福无法将全部精力投入到对英国的援助方面，所以英国在对抗德军的过程中显然处于不利的地位。获得三连任之后，罗斯福已经有足够的精力与信心来考虑世界战局的发展了。他提出的租借法案就是直接表现。

1940年12月29日，罗斯福在关于国家安全的"炉边谈话"中，再一次向美国民众指出，如果英国倒下了，轴心国家就会控制欧、亚、非和澳洲等各大洲以及各大洋，到那时，整个美洲就会生活在可怕的纳粹枪口下。

罗斯福说："我们现在要走的每一条路都有风险。正在奋勇作战的欧洲人民并不是要求我们替他们作战，只是要求我们提供一些必要的作战物资。我们必须成为民主制度的伟大兵工厂，对我们来说，这是同战争本身一样严重的紧急状况。我们必须以同样的决心、同样的紧迫感、同样的爱国主义和牺牲精神来致力于我们的任务,就如同我们自己置身于战争中所表现的那样。"

1941年1月6日,罗斯福在致国会的咨文中谴责了美国至今仍然存在的一部分孤立主义者,并再次强调美国所能起到的最有效和及时的作用,是担当民主国家以及自己的兵工厂。几天之后,他向国会提交了由财政部起草的租借法案。

租借法案刚刚送交国会就引起了轩然大波。国会孤立派和最具实力的孤立主义组织强烈反对此法案。参议员塔夫脱抱怨说:"出借作战装备就像是出借橡皮、口香糖。你是别想收回来的。"

参议员雷诺兹坚决主张:"应当等到英国的富豪们把他们的城堡式庄园、骏马、名犬和珠宝统统都献出来以后,再来要求美国的'仅有一条吊裤带的工装裤阶级'出钱。"

孤立主义者在国会上竭尽所能,大力阻挠租借法案的通过,并对罗斯福大加侮辱。罗斯福愤怒地对记者说:"这实在是我们这一代人之中公开说出来的最混帐的话。"

随着战事的不断恶化,美国民众越来越多地站到了罗斯福的身旁,认为他所说的有道理,并且只有他才能让美国在不直接介入战争的前提下保障自身的安全。多种民意测验综合表明,全国有71%的人同意罗斯福的做法,并且有54%的人主张立即开始租借。民间的呼吁在很大程度上加速了租借法案通过的进程。另外,落选的共和党总统候选人威尔基也在国会上极力支持罗斯福,营造了对其极为有利的政治环境。

1941年3月,国会最终以多数票通过了租借法案。3月11日,罗斯福正式签署,并颁布实施。租借法案授权总统"向总统认为其防务对保卫合众国至关重要的任何国家的政府出售、转让、交换、出租、借与任何防务器材。"除此之外,该法案还规定,美国各造船厂的设备也可以供这些国家使用。租借法案通过之后,罗斯福又不失时机要求国会拨款70亿美元,作为生产与输出租借物资之用,国会很快予以通过。

租借法案在实际上使1939年的中立法中的限制性条款自动失效了。罗斯福政府终于带着美国从忸怩作态的中立向与国际合作和直接参加世界反法西斯战争迈出了决定性的一步。为了保障航线的安全，美国不可避免地扩大了巡逻区，并进而以海军护舰来对付德国军舰和潜艇组成的"狼群"。当一再发生德国潜艇击沉美国舰只的恶性事件之后，罗斯福便以三军总司令的身份发出了"遇敌即歼"的指令。实际上，此时的美国在大西洋上已经与德国处于交战状态了。

在整个第二次世界大战期间，美国共向英、苏、法、中等几十个反法西斯国家提供 500 多亿美元的物资援助。英国及英联邦国家是租借法案的最大受惠国，到 1945 年 8 月 31 日日本投降前夕为止，英联邦所得的租借援助共 300 亿美元，占美国租借支出总额的 60%，其中英国受援 270 亿美元。

1941 年 5 月 6 日，罗斯福宣布租借法案适用于中国，并对中国政府直接提供援助物资。到日本投降为止，美国共援助中国约 8.45 亿美元。

租借法案对反法西斯战争的胜利起到了积极的作用。丘吉尔曾说："法案一通过，就马上改变了整个局面。"

租借法案使盟国的各条战线保持了不致枯竭的战斗力和高昂的士气，也使得美国没有过早地卷入战争，并为其日后直接参战提供了准备时间。租借法案的另外一个重要意义是，在美国尚未直接采取武装行动的条件下，为应付紧急事态，为世界上提供了一个富于历史意义的先例。

二

发表《大西洋宪章》

从 1940 年底开始，德军在空袭不列颠的过程中，损失越来越大。英军的战斗机、高射炮等部队的英勇抗击让德军企图迫使丘吉尔政府向德国投降，或与其合作的愿望落空了。从此之后，德军空袭逐渐由白昼转为夜间，而且规模和强度也逐渐减小，500 架次以上的规模屈指可数。

疯狂的希特勒为了谋求德国人民必须追求所谓的"生存空间"，即土地和原料，早就将目标锁定在了东欧。纳粹这个万恶的种族主义企图将俄罗斯和其他斯拉夫民族的人加以杀害、驱逐出境、或奴役之，并将他们世代居住的土地抢过来给德国人居住。东欧不但土地广袤，人力、物力也十分充足。占领苏联之后，解除武装的苏联红军便能补充德国因战争而导致的劳工短缺。乌克兰这个土壤肥沃之地可以为德军提供大量的食物。更为重要的是，击败苏联之后，德军就可以将高加索地区所产的石油源源不断地运往德国，并以此来维持其战争机器的需要，对抗英国。

德国和苏联在联手侵吞波兰之前所签订的《苏德互不侵犯条约》已经使得两国展开了大量的外交关系和贸易，苏联提供石油和原料给德国，而德国则提供高科技给苏联。两个国家看上去和平相处，十分友好。实际上，由于历史及意识形态的原因，两个国家之间的敌意仍然十分明显。

在空袭英国受挫之后，希特勒亲自制定了"巴巴罗萨"作战计划，准备入侵苏联。"巴巴罗萨"的意思是"红胡子"。"红胡子"是神圣罗马帝国皇帝腓特烈一世的绰号。腓特烈一世崇尚扩张与侵略，他曾 6 次入侵意大利，并指挥十字军东侵。

入侵苏联是危险的，一些军事和外交人员屡次劝告希特勒，应该先解决英国后再开辟对苏战场较为妥当。希特勒的决策通常与德军将领的建议相反，但直到制定"巴巴罗萨"之时，他的这些决策都取得了辉煌的胜利。因此，不但被他蛊惑的人认为他是政治和军事天才，就连他本人也认为自己是千年难遇的奇才。希特勒认为，经过斯大林在20世纪30年代末期的大清洗之后，大量具有作战经验的红军指挥员含冤而死，苏联红军的战斗力已经不值一提了。德军可以像闪击波兰一样，迅速对苏展开战争，并取得胜利。狂妄地认为在1941年的冬季之前一定可以攻下苏联全境，因此不必准备过冬物资。这是后来成为德军受挫的主因之一。

从1941年3月起，为了掩盖即将开始的对苏作战，德军对英国的空袭加强了。5月10日晚，德国空军主力对伦敦进行了最后一次大规模空袭，随后便暗中准备飞往东线，空袭苏联的战略目标。

1941年6月22日，希特勒撕毁苏德互不侵犯条约，突然出动190个师，3700辆坦克，4900架飞机，47000门大炮和190艘战舰，兵分三路以闪电战的方式突袭苏联。

德军突袭苏联的消息传到华盛顿之后，美国民众顿时陷入了一种进退维谷的境地。一方面，美国民众对共产主义讳莫如深，认为共产主义的苏联与法西斯德国并无实质性的区别，都是独裁统治的代名词；另一方面，绝大多数的美国民众又都感到，如果不跟苏联合作，共同反对法西斯的话，最终倒霉的将会是美国。

一向坚持国际主义的罗斯福在此时持后一种意见。当《自由》杂志的编辑富尔顿·奥斯勒给罗斯福送去一篇准备发表的题为《我们还要说"让共产主义见鬼去吧"!》的社论之时，罗斯福回信说："我认为俄国式的独裁和德国式的独裁都同样需要加以谴责，但有一点必须清楚，即目前对美国造成直接威胁的是德国。"

有鉴于此，罗斯福一再敦促国会，按照《租借法案》，赶快给苏联送去支援物资，并采取措施，事先防止有人对这种援助进行有组织的反对。这项努力直到10月份才达成。不过，与对英国的援助相比，美国给苏联提供的援助要少得多!

1941年8月9日，作为美国总统的罗斯福与英国首相的丘吉尔在加拿

轮椅总统·罗斯福·luositu

大纽芬兰省附近的普拉森舍湾举行了第一次历史性的会晤。罗斯福坐在重巡洋舰"奥古斯塔号"前平台的安乐椅上，凝望着晨雾中浩瀚的大海。不久，悬挂着英国皇家海军旗的大战列舰"威尔士亲王号"破浪而至。如期举行的欢聚带有战时的紧急气氛。晚宴上，双方就对这次会晤的最主要目的，即发表一个关于反法西斯战争的联合宣言，进行了磋商，并达成了初步意向性的共识。

这次历史性的会晤对改变第二次世界大战的态势具有重要作用。后来，丘吉尔写道："这是一次伟大的历史性的会晤，一次感人至深的两国人民精诚团结的表现。"

罗斯福希望会议结束时发表一个简短的声明。而且，他已经让人拟定了一份文字："他们已经在海上举行了一次会议；参加会议的还有双方有关部门的成员，他们讨论了根据租借法对民主国家进行援助的计划；会谈绝没有涉及国会法令授权以外的对将来的承诺。这个声明还说首相和总统讨论了有关世界文明的某些准则，并同意对这些准则发表一项联合宣言。"

当时，为了避免遭到国会和舆论的攻击，罗斯福并没有将与丘吉尔会晤的消息在美国公开，而是以休假和钓鱼的名义来到普拉森舍湾的。因此，他对联合声明的形式十分看重，以免日后遭到国会与孤立主义者的

1941年，罗斯福在阿根廷纽芬兰登上威尔士亲王号会见温斯顿·丘吉尔并进行秘密会谈，以发表《大西洋宪章》。

攻击。

丘吉尔急切盼望着美国在援助英国对抗德国的道路上走得更远一些，但同时也担心美国会趁机从英国攫取利益，尤其是攫取英国在海外的殖民地。因此，在第一次会晤的过程中，丘吉尔一直对罗斯福保持着很强的戒心。不久，他就发现，罗斯福是一个无比精明和莫测高深的人物，更是一个巧妙的规避者，很不容易逼他在具体问题上就范，也不能在违背他的判断、意志或本能的情况下，迫使或诱使他承担特定的义务。

罗斯福自然也不会对丘吉尔掉以轻心，他不会毫无目的地援助英国。除了保障美国的安全之外，他要为美国日后的发展谋求更大的空间。不过，丘吉尔也不是一个容易对付的人。罗斯福发现，他在追求某种既定目标时具有一种不屈不挠、勇往直前的定力，这种人在逆境中的能量要大于平时。

就这样，两个历史巨人在合作中斗争，在斗争中合作，竟然产生了惺惺相惜之情。他们时而会激怒对方，但马上又会将争端化解于无形；他们时而又会将对方逗得开怀大笑，但马上又会将话题转入十分严肃的战事上来。后来，罗斯福在给丘吉尔的一封电报中曾说："能与你同处于这同一个十年（指20世纪40年代）是多么有趣啊！"

8月14日，罗斯福与丘吉尔终于在联合声明上达成了一致意见，发表了历史上著名的《大西洋宪章》。宪章一共有8条：

第一，他们（指罗斯福与丘吉尔）两个国家（指美国与英国）不寻求任何领土的或其他方面的扩张；

第二，他们不希望看见发生任何与人民自由表达的意志不相符合的领土变更；

第三，他们尊重所有民族选择他们愿意生活于其下的政府形式之权利；他们希望看到曾经被武力剥夺其主权及自治权的民族，重新获得主权与自治；

第四，他们要在尊重他们现有的义务下，努力促使所有国家，不分大小，战胜者或战败者，都有机会在同等条件下，为了实现它们经济的繁荣，参加世界贸易和获得世界的原料；

第五，他们希望促成所有国家在经济领域内最充分的合作，以促进所有国家的劳动水平、经济进步和社会保障；

第六，在纳粹暴政被消灭之后，他们希望建立和平，使所有国家能够在其境内安然自存，并保障所有地方的所有人在免于恐惧和不虞匮乏的自由中，安度他们的一生；

第七，这样的和平将使所有人能够在公海上不受阻碍地自由地航行；

第八，他们相信，世界上所有国家，为了现实的和精神上的理由，必须放弃使用武力。如果那些在国境外从事或可能以侵略相威胁的国家继续使用陆海空武器装备，则未来的和平将无法维持；所以他们相信，在一个更普遍和更持久的全面安全体系建立之前，解除这些国家的武装是必要的。同样，他们会协助和鼓励一切其他可行的措施，来减轻爱好和平的人民在军备上的沉重负担。

9月底，苏联驻英大使宣布，苏联政府同意《大西洋宪章》的基本原则。几乎与此同时，英国、苏联、比利时、卢森堡、荷兰等国家也在伦敦召开了讨论《大西洋宪章》的同盟国会议。《大西洋宪章》已成为这些国家继续进行反法西斯战争的纲领，也为战后建立联合国宪章奠定了基础。几个月之后，罗斯福也向美国民众指出："我们联合国家关于我们争取的和平已经在某些广泛的原则上取得一致。《大西洋宪章》不仅适用于大西洋沿岸地区，也适用于整个世界。"

《大西洋宪章》的发表表明，美、英、苏联合起来共同反对法西斯势力已有了共同的原则基础。不过，从宪章中也不难看出，罗斯福依仗美国经济实力而极力强调把"机会均等"、"海上自由"的原则塞进去，其目的就是为了与英国争夺海外殖民地。

三

卷入第二次世界大战

日本与美国之间在第二次世界大战爆发之前就已经矛盾重重了。两国为了争夺在太平洋上的利益，屡屡发生冲突。1941年4月，在日、美两国就太平洋上的局势展开谈判前后，日本陆续占领整个印度支那（今东南亚），损害了美国在东南亚的利益。这进一步激化了美国与日本之间的矛盾。美、英等国强烈要求日本从中国撤军并停止扩张，并以限制钢铁和石油出口对日本进行要挟，迫使日本就范。

1941年10月中旬，日本近卫文麿内阁遭到了前所未有的压力。一方面，国内有领土扩张野心的军国主义分子极力要求近卫文麿下台；另一方面，英美等国又极力遏制日本在亚洲称霸的野心。在这种情况之下，近卫文麿只好宣布下野，由好战的东条英机组织新政府。东条英机组阁极大地加剧了远东的僵持局面。

东条英机上台之后，为了安抚天皇，于11月5日向华盛顿提出一项建议，这是日本作出的最后一次主动表示。如果在11月25日之前达不成协议，战争就会爆发。实际上，日本早就做好了同美国开战的准备。同所有时代的战略家一样，日本人也依照上次战争应为下次战争作准备的原则，打算一旦同美国发生冲突，就利用他们的舰队夺取菲律宾，攻打东印度群岛，然后在日本控制的中太平洋水域同挺进的美军一决雌雄。

不过，日本联合舰队总司令山本五十六却不同意这种冒险的行为。他看到了美国的工业实力，并断言如果不消灭在夏威夷水域的美国太平洋舰队，日本在同美国的战争中就没有获胜的希望。这个罪大恶极的战争贩子极力主张出动航空母舰对停泊在珍珠港的美国战列舰和航空母舰发动突然袭击。他向东条英机宣称，如果摧毁美国舰队，日本就能够在没有干涉的情况下征服菲律宾、马来亚（今马来西亚联邦西部地区）和东印度群岛。然后他就可以退到从千岛群岛到澳大利亚边缘的守固的防线后面，利用防线内的交通和供应线击退对这个屏障的进攻，直到西方国家被迫接受日本对大东亚共荣圈的控制为止。

正是由于有了山本五十六这个疯狂的计划，东条英机才敢于向美国提出最后一项建议。此时，他已经决定，如果美国不接受这项建议的话，就按照山本五十六的主张，袭击珍珠港，并将袭击的时间定为夏威夷时间12月7日。

在这份建议中，东条英机表示，日本愿意从东南亚撤军（从东南亚撤军，而不是美国要求的从中国撤军），但是美国必须首先同意停止对中国的所有援助，并结束石油禁运。美国国务卿赫尔就此项建议会见了日本特使。

罗斯福曾说："我要知道日本是否在打扑克就好了！我不能肯定日本是否在衣袖里藏着手枪。"

为了避免使美国卷入与日本的直接军事冲突之中，罗斯福建议同日本人和解，或者达成暂时解决办法，最少要让远东局势恢复到1941年7月之前的状况。如果能够达成这一目的，美国将取消石油禁运，至于中国问题，就由中国和日本通过外交手段来解决。作为对美国取消禁运的回报，日本必须承诺，不再向印度支那派遣部队，并同意即使在美国同德国和意大利交战的情况下也不执行三国轴心协定。

实际上，罗斯福并不相信日本会同意这项协议。11月24日，他曾在电报中对丘吉尔说："我不抱很大希望。我们都必须做好准备来应付不久就可能出现的真正麻烦。"

从这句话中可以看出，罗斯福已经开始着手准备应对即将来临的战争了。罗斯福这项解决与日本之间利益争端的协议并没有按照预定计划实施。一方面，中国政府对这项以牺牲中国利益为代价的妥协方案表示不满；另一方面，日本并没有从东南亚撤军的迹象，反倒肆意地扩大侵略的范围，用军舰从自甲午海战后即被其强占的中国台湾向东南亚增兵。

罗斯福对日本人的欺诈行为感到十分愤怒，他宣称："这改变了整个局势，因为这是日本人进行欺诈的证据，他们在为全面停战谈判时，不应该向印度支那派遣那支远征军。"

实际上，日军不光在向东南亚增兵，企图袭击珍珠港的日本海军也已经趁着太平洋的大雾天气掩护，悄悄地溜到了北太平洋。11月27日，美国政府向美国驻太平洋部队司令部传达消息说："谈判已经破裂，预料日本将在随后几天内向菲律宾等地发动进攻。"

驻珍珠港太平洋舰队司令赫斯本德·金梅尔上将认为，夏威夷眼下不会受到威胁，因而没有命令部队全部进入戒备状态，没有安装防鱼雷网，也没有进行空中搜索。除了把飞机集中在机场以防遭到破坏之外，金梅尔没有采取任何行动。如果他当时派出飞机搜索的话，很容易发现日军已经逼近了夏威夷水域。

造成这一疏忽的很大一部分原因来源于美国人对日本的轻视。他们认为，日本的军舰和飞机是模仿美国装备制造的，质量低劣；近视的日本飞行员不能击中目标。因此，他们绝不敢在谈判破裂之后进犯美国本土。就算是美日两国发生直接的军事冲突，战场也一定会在亚洲。一家小报甚至刊登了一篇文章，绘声绘色地描写了美国人如何在60天的时间里战胜日本的假想。

罗斯福并不这样认为，他知道一旦爆发战争，日本将是一个十分可怕的对手。在国务卿赫尔与日本特使进行着毫无成果的会谈之时，罗斯福也要求国会领导人不要连续休会三天以上，以便应对随时可能发生的战事。

情报机构提供的关于日本军舰动向的报告不断送到罗斯福的手上。通过已经破译的密码可以得知，东京外务省已经通过它的驻外务使馆烧毁了外交密码。这表明日本即将与美国断交，但没有任何迹象表明日军即将袭击珍珠港。美国的情报机构为什么没有收到关于日本海军进攻珍珠港的任何消息呢？这主要是因为山本五十六下令，袭击珍珠港的日本军舰在整个航行期间绝对不准发报。美国军方在此时虽然知道了日本军舰已经驶离港口，但却不知其具体去向。大部分人都判断，它在向南朝着新加坡的方向驶去。在内阁会议上，甚至有一个人乐观地宣称："日本舰队出海也许是进行演习。"

12月6日，罗斯福亲自向日本天皇裕仁呼吁和平。他在电报中："我们两国都有恢复传统的和睦、防止人类进一步走向死亡和毁灭全世界的神圣义务！这不光是为了我们自己伟大的国家和人民，而且也是为了邻邦的人民。"

深夜，一名特别信使送来了美国情报机构破译的日军重要情报。这份情报显示，日本已经指示日本特使，拒绝接受罗斯福提出的协议。罗斯福把电报递给一直在一旁走来走去的霍普金斯，不安地说："这意味着战争。"

霍普金斯回答说："既然战争必然会爆发，我们如果不能首先发动进攻和防止任何形式的突然袭击，那就糟糕了。"

罗斯福摇着头说："不，我们不能这样做！我们是一个民主国家，我们是爱好和平的人们。"

几个小时以后，在距离珍珠港约370公里的中太平洋上，6艘打着日本太阳旗的航空母舰掉头迎风行驶。183架轰炸机、战斗机从航母上起飞，向着珍珠港的方向飞去。此时的夏威夷仍然是黎明时分，但华盛顿已经是下午了。罗斯福刚刚吃完午饭，穿着儿子的一件旧毛衣，一边翻阅着集邮册，一边同霍普金斯聊天。

下午1点47分，电话员说海军部长诺克斯坚持要求和罗斯福通话。罗斯福示意电话员将电话转了进来。诺克斯焦急地说："总统先生，看样子日本人好像袭击了珍珠港！"

罗斯福显得很平

珍珠港被轰炸时的惨烈景象

静，他把这个消息告诉了身边的霍普金斯。霍普金斯大惊失色道："啊！不会！"

罗斯福说："这恰恰是日本人会采取的出乎意料的行动。就在他们谈论太平洋和平的时候，他们却密谋破坏和平。"

沉默了一阵之后，罗斯福喋喋不休地述说着自己为使美国不介入战争所作的种种努力，然后又怀着沉重的心情说："如果这则消息属实的话，我将无法控制整个局势了。"

下午2点5分，罗斯福打电话给国务卿赫尔，转达了这则令人震惊的消息。赫尔告诉他，日本特使刚到国务院，情报机构截获的日本方面的情报显示，东京明确地告诉这两名日本特使，要他们在下午1点转达日本拒绝接受美国和平建议的照会。这个照会显然是打算在袭击珍珠港前几分钟中断两国关系。但是，日本大使馆一片混乱，照会没有及时翻译出来。这就使得照会送到美国国务院的时间落在了袭击珍珠港之后。

罗斯福指示赫尔接见日本人，但是不要提袭击珍珠港的事，他应该对他们以礼相待，然后冷淡地把他们打发出去。根据罗斯福的指示，赫尔拒绝同日本特使握手，也没有请他们坐下。他对日本特使送来的照会上的内容已经一清二楚了，但还是装模作样地浏览了一遍。还没有看完，他就把照会恶狠狠地摔在了桌子上，冷冰冰地说："我担任公职50年来从来没有看过这样一份充满无耻谎言和歪曲事实的文件！无耻的谎言和歪曲的事实竟然如此之多，在今天以前，我从来没有想象过地球上会有任何政府能说出这种话来。"

日本特使想说些什么，但是赫尔没有给他机会，而是愤怒地挥手，示意他们出去。两名日本特使回到马萨诸塞大街的日本大使馆后才获悉日本袭击珍珠港的消息。这时，诺克斯也已经将这一消息证实了，并立即向罗斯福作了汇报。罗斯福把战时内阁召集在一起，研究对策。

罗斯福设法同夏威夷驻军司令打通了电话，他在电话里一遍又一遍地说："该死的，竟有这样的事！"

丘吉尔从伦敦打来电话，想证实一下他在收音机里听到的消息。他问罗斯福："总统先生，关于日本，这是怎么回事？"

罗斯福回答说:"十分确实,他们已经在珍珠港发动了袭击!现在我们大家是风雨同舟了。"

日军投向珍珠港的炸弹,不但粉碎了美国的太平洋舰队,同时也打破了罗斯福战争政策的僵局。从此之后,美国便全面卷入了第二次世界大战。美国的全面介入,对加速第二次世界大战结束的进程起到了非常重要的作用。

四

两大阵营的最终形成

得到确切的消息之后,每个人都陷入了极大的痛苦与恐慌之中。一些官员预料,日本人在对珍珠港进行毁灭的袭击之后肯定会入侵夏威夷,另一些官员认为,西海岸会成为下一目标。当罗斯福在电话里同夏威夷州州长瑟夫·波因德克斯特就日军偷袭珍珠港的事件进行沟通之时,旁边的人听到波因德克斯特尖叫着:"天啊!就在此刻夏威夷上空又有一群日本飞机!"

罗斯福表面上显得镇定自若,但内心里却满腔怒火。他马上同陆军参谋长乔治·马歇尔将军讨论了部署部队的问题,指示国务卿赫尔随时向拉美国家介绍情况,使他们准备就绪,并命令史汀生和诺克斯在所有的国防工厂和关键的设施设置岗哨。

罗斯福把新任秘书格雷斯·塔利叫到他的书房,并示意其他人全部离开。当书房里只剩下他们两个人的时候,罗斯福说:"请坐,格雷斯,明天我去国会发表讲话,我想口述我的讲稿,篇幅不长。"

说完,罗斯福点燃了一支香烟,深深地吸了一口,又把烟吐出来。他看了看塔利,开始以冷静的调子口述讲稿。他清晰地、慢慢地念出每一个字,小心谨慎地说出每一个标点符号和新的段落。讲稿有500多字,罗斯福一口气口述完毕,中间没有犹豫,之后也没有进行修改。

此时,珍珠港的救援工作已经全面展开了。美军太平洋舰队损失惨重,总共有19艘军舰被击沉、击伤。除了军舰之外,美军损失265架飞机,士兵死亡2403人,受伤1187人。珍珠港事件成为美国军史上最严重的惨案。

第二天，罗斯福在长子詹姆斯的搀扶下走向众议院的讲台时，会场上爆发出了前所未有的热烈掌声，甚至连曾经百般刁难他的共和党人也鼓掌欢迎。日军偷袭珍珠港已经使政治上的敌意消失了，所有的美国人都团结在了罗斯福的身边，准备同日本人大战一场。

罗斯福一手扶着讲台，一手打开一个黑色笔记本，众人都在安静地等待着他的发言。罗斯福极力地抑制着自己的情绪，环视了一下会场，他的目光时而停留在前排的内阁成员身上，时而又停留在最高法院的大法官和各国外交使节身上。最后，他用坚定而充满信心的目光瞅了瞅座无虚席的观众席。在那里，他的妻子埃莉诺坐在前总统伍德罗·威尔逊的夫人身边，默默地支持着他！

此时此刻，全国各地的美国人也都坐在收音机旁，静静地守候着，等着收听罗斯福的讲话。妇女们不时地擦着眼泪，男人们则目光坚毅，似乎已经做好了上战场的准备。

罗斯福终于以他那沉稳而富有魅力的声音说：

副总统先生、议长先生、参众两院各位议员们：

昨天，1941年12月7日，这是一个遗臭万年的日子。在这一天，美利坚合众国遭到了日本帝国海空军队突然和蓄谋的进攻。

在那时，美国同该国仍然处于和平状态。根据日本的请求，我们当时仍在同该国政府和天皇进行着对话，期望尽最大的努力来维持太平洋的和平。实际上，直到日本空军开始轰炸美国瓦胡岛之后一个小时，日本驻我国大使及其同事才向国务卿提交了对美国最近致日方的信函的正式答复。虽然复函声言继续现行外交谈判已无用，但并未包含有关战争或武力进攻的威胁或暗示。

应该记录在案的是：由于夏威夷同日本的距离，这次进攻显然在许多天乃至若干星期以前就已进行策划了。在策划的过程中，日本政府通过虚伪的声明和表示希望维系和平而蓄意对合众国进行了欺骗。

昨天对夏威夷群岛的进攻，给美国海陆军部队造成了严重的损害。我遗憾地告诉各位，很多美国人丧失了生命。此外，据报，美国船只在旧金山和火奴鲁鲁岛之间的公海上也遭到了鱼雷袭击。

昨天，日本政府还对马来西亚发动了袭击。

昨天晚上，日本人袭击了香港。

昨天晚上，日本人袭击了关岛。

昨天晚上，日本人袭击了菲律宾群岛。

昨天晚上，日本人袭击了威克岛。

今天早晨，日本人又袭击了中途岛。

日本在整个太平洋区域采取了突然的攻势。昨天和今天的事实不言自明。合众国的人民已经形成了自己的见解，并且十分清楚，这关系到我们国家的安全和生存本身。

作为陆海军总司令，我已指示，为了我们的防务采取一切措施。但是，我们整个国家都将永远记住这次对我们的进攻的性质。

不论要用多长的时间才能战胜这次预谋的入侵，美国人民一定要以自己的正义力量赢得绝对的胜利。

我现在断言，我们不仅要作出最大的努力来保卫我们自己，我们还要确保这种形式的背信弃义永远不会再危及我们。我这样说，相信是表达了国会和人民的意志。

对敌行动已经存在。无庸讳言，我国人民，我国领土和我国利益都处于严重危险

罗斯福总统签署对日战争声明，1941年12月8日摄

之中。

　　信赖我们的武装部队——依靠我国人民的坚定决心——我们将取得必然的胜利——上帝助我！

　　我要求国会宣布：自1941年12月7日日本进行无缘无故和卑鄙怯懦的进攻时起，合众国和日本帝国之间已处于战争状态。

　　罗斯福的讲话结束后，参议院没有像往常一样展开辩论。在一个小时之内，参议院便以全票通过批准了罗斯福的请求。议案提交众议院时只有一个人投了反对票。就这样，美国在1941年12月8日正式对日宣战了。与美国同时向日本宣战的还有另外一个强大的国家——英国。次日，中国政府在与日本实际交战多年之后，正式对日宣战。紧接着，对日宣战的国家增加到了20多个。

　　德、意、日三国同盟条约的第三款规定：任何一方遭受攻击，其他方都应尽全力协助，包括政治、经济和军事等等。根据这一规定，德国于12月11日对美国宣战，意大利也紧随其后。

　　美国的介入，极大地改变了第二次世界大战的格局。至此，第二次世界大战中的阵营结构最终形成了。德国、意大利、日本三大轴心国及芬兰、匈牙利、罗马尼亚等国为一方，美国、英国、苏联、中国等反法西斯同盟和全世界反法西斯力量为另一方，在全球范围内进行了一场规模浩大的战争。

　　美、英这两个西方最强大的资本主义国家同社会主义的苏联结成了同盟是第二次世界大战进程中重要的里程碑。美国总统罗斯福、英国首相丘吉尔和苏联最高统帅斯大林面对着严峻的形势，为了争取战争的胜利，都从不同侧面并以不同方式进行了不懈的、坚忍不拔的和真诚的努力！

五

大力推行战时经济体制

对日宣战之后,罗斯福的一切工作都围绕着如何赢得这场战争而展开了。他镇定自若,有条不紊地指挥着一切,仿佛他过去所做的一切都只是为了迎接这个时刻的到来似的。一位密切注视形势发展的观察家萨姆纳·韦尔斯评论说,他"表现了掌握和控制十分紧急的事态的高超才干,这是一位政治家最难能可贵的特点"。

此时,国内的孤立主义势力已烟消云散,从前处处与罗斯福作对的人也大大地收敛了敌意。罗斯福也意识到,在关键时刻要维护国内的安定团结。于是,他停止了那些存在分歧和极易导致分歧的国内政治活动,尤其是"新政"式的改革和党派政治活动。不过,罗斯福这样做并不表示他放弃了这些改革。他仅仅只是强调了战争与内政之间的轻重缓急,他曾说:"在危机时刻,我们不可能既是战争的现实主义者,又是未来的设计者。"

也就是说,在他看来,改革内政与赢得战争都是为了拯救人类文明或民主政治。只不过两者之间存在着一个轻重缓急的关系而已。在当前情况下,应该将所有的精力都集中起来,对付日本军国主义和法西斯德国。

重整军备是罗斯福对日宣战后做的第一件大事。国会迅速废止了禁止将应征入伍者派赴西半球以外的规定,并规定服役期延长到战争结束后6个月。新兵役法还规定所有20岁(1942年,国会又把义务兵役的应征年龄降低到18岁)至44岁的男子都要进行兵役登记,年龄在45岁至65岁的男子则要进行后备劳务登记。

一时间,在征兵局登记者共达3100万人,其中1000万人经严格的体格和智力检查而被征召入伍。整个第二次世界大战期间，美国的总兵力共达1500多万，其中陆军1000万人，海军和海岸警卫队400万人，海军陆战队60万人。值得一提的是，妇女服兵役者约21.6万，黑人入伍者达117万。

在陆军和海军得到加强的同时，空军力量也急剧地得到增强。珍珠港事件爆发时，美国陆军航空队不足30万人，能适应作战的飞机不过1500架，但到战争结束时在陆军航空队服役的人员高达230万，飞机7万架。

美国直接参战之后，自身所需外加援助同盟国的军火装备和后勤物资成了一个庞大的数字。1942年1月6日，罗斯福在致国会的国情咨文中指出，现代战争的方式更迫切地要求劳动和生产，他要求国会同意他列举的生产指标：

1. 飞机：1942年生产6万架，1943年生产12.5万架；

2. 坦克：1942年生产4.5万辆，1943年生产7.5万辆；

3. 防空火炮：1942年生产2万门，1943年生产3.5万门；

4. 船舶：1942年总数为600万吨位，到1943年时则要达到1000万吨位。

为了满足这一需要，罗斯福下令将国民经济迅速被纳入战时生产的轨道。一时间，无数民用工厂被改装为生产军需物资的工厂。他宣称："民用生产将不得不进一步地削减，再削减，在许多情况下，还要完全取消。"从巨大的集团工业到乡村的简易车间，一切可用的厂房和机器设备都转向了军工生产。几乎所有的汽车工业都不再生产汽车，转而制造飞机、坦克、卡车，其他轻工企业则制造机关枪、步枪、雷管、炮弹，化工企业则专门生产炸药。战场庞大的需求使得这些工厂不得不日夜赶工，自大萧条以来的失业现象几乎在一夜之间就消失了。据统计，1940年，美国的失业工人达900万，但到1944年时，这一数据已经下降到了67万。而这67万人大多是因极特殊的条件限制，如残疾、智障等原因不能工作。

尽管如此，但工厂生产出来的物资仍然满足不了战场的需要。于是，罗斯福便授权战时人力资源委员会展开人力总动员和就业协调工作，动员中学生和已退休的老工人到工厂帮忙。

骤然铺开的大规模军火生产所需要的巨额资金让还没有从大萧条中完全恢复元气的美国面临着巨大的困难。为了筹措资金，罗斯福下令，采取紧急财政政策。

首先，加强同包括银行在内的各经济部门的联系，尽量争取金融界的支持；

其次，致力于控制通货膨胀，尽量把支出控制在最小的范围之内；

再次，发行公债，号召民众利用手中的余钱来购买公债，以支持战争；

最后，扩大征税的范围和方式，增加政府的财政收入。

尽管如此，但由于战费支出过于庞大，初期即达每天1亿美元左右，这就使得联邦政府在有效实行了上述措施后，仍感入不敷出。毫无办法的罗斯福不得不将目光转向了赤字预算的道路。

从1941到1945年这5年之中，美国的财政预算支出约为3176亿美元，其中用于战争的就达2815亿美元，占预算总额的88.6%。

由于战时政府和消费者都在大量购买物资，市场上的很多商品都供不应求。供需失衡很快就导致了物价上扬。从一定程度上说，通货膨胀一直是战时经济体制的副产品，它既困扰着政府的年度财政预算，又困扰着中下层收入者的日常生活。为了控制物价，罗斯福在美国直接参战之前作了好几次尝试，但效果都不大好。

1942年1月，罗斯福向国会提交了物价控制紧急法案，国会很快就予以通过了。该法案授权物价管理署控制物价和房租，并规定重罚违章者。这项法案初见成效之后，罗斯福又要求国会授予他调整农产品价格的全权，这项要求连同稳定工资和薪金的权利，都得到了批准。罗斯福随即下达行政指令，要求相关职能部门和临时机构对诸如工资、薪金、零售物价和批发价、房租、农产品价格进行严格的限定。为了对这些管制事项加以监督，罗斯福成立了经济稳定局。

1943年4月，罗斯福向全国民众发表了一场著名的演说，号召美国人民坚守"阵地",对所有影响生活费用的所有商品规定了最高限价。后来,他还宣布对轮胎、汽油、食糖、咖啡、牛油、酒、烟等商品实行定量配给。同时又对囤积居奇和黑市交易进行惩治。

这就导致市场上大量的商品出现了脱销的现象,给国内民众的生活带来了极大的不便。大部分人对这种因战争带来的苦难并没有太多的怨言。在一次"炉边谈话"中,罗斯福强调,如果出现恶性通货膨胀,就会动摇整个战时经济体制,继而影响战争的胜负。他号召自己的同胞们以伟大的理解力和坚贞的爱国心作出必要的"牺牲",以换取战争的最后胜利。

罗斯福不但号召同胞们这样做,他自己也是这样做的。美国政府发行的第一张 E 类公债就是他掏钱购买的。他还想办法让白宫尽量节约开支,将节约下来的钱用于支持战争。自从战争开始之后,白宫里的膳食便变得随便起来,一些原本十分喜欢到白宫去蹭吃蹭喝的人都受不了他的节约,再也不来了。甚至连勤杂人员和工作人员也都盼望英王或有贵宾驾到,因为那时白宫的饮食会丰盛和得体一些。

罗斯福此举为全国民众做出了榜样,大多数人都开始厉行节约,并将节约下来的钱拿来购买公债,支持战争。在各大城市经常会出现这样的场景:人们在朔风中竖起衣领,井然有序地排着长队,等候公债销售点开门营业。美国财政部为筹措战争经费一共发售了 7 次战时公债、一次胜利公债,共约 1569 亿美元,其中三分之一被个人认购。可见当时美国民众对战争支持的程度。

罗斯福政府创建并控制的战时经济体制,不但使美国在直接参战后不久就扭转了战局,还名副其实地充当了"民主国家的伟大兵工厂",为第二次世界大战的胜利起到了决定性的作用。当然,罗斯福在处理这个毫无前例可循的紧急事务时也犯了一些错误。罗斯福在 1943 年初就曾坦率地向国会承认:"第一次处理这样大的事情总需要一个试验摸索的过程,犯错误是难免的。……我们从所犯的错误中吸取了教训。我们取得了经验,这就使我们今年能够改善战时经济管制的必要机构,能够简化行政手续。"

实际情况正如罗斯福所说的一样,战时经济体制在经历了开头两年的混乱与浪费局面之后，迅速走上了正轨。希特勒曾嘲笑美国是"没落而效率低的民主国家"，但到1943年底之时，罗斯福政府所创建的这套战时经济体制的优势已经展现了出来。在这个过程中，罗斯福付出了极大的努力，并表现出了敢于承认错误、改正错误的勇气。

六

统领全球战局的总司令

根据美国《宪法》第二条第二款的规定，美国总统是美利坚合众国陆海空军以及现役各州民兵的总司令。罗斯福在欧战爆发后即宣布美国进入"有限紧急状态"，并在实际上行使了三军总司令的职责，并且取得了相当不错的成就。对日宣战之后，罗斯福这个三军总司令更是成为了全军和全国关注的对象。

1942年2月，罗斯福在华盛顿成立了参谋长联席会议，由乔治·马歇尔将军、欧内斯特·金海军上将和陆军航空队司令阿诺德将军组成。这个参谋长联席会议实际上就是美国军队的总参谋部，负责协调陆、海、空三军的所有事务。参谋长联席会议直属于罗斯福，并随时向这位总司令报告军事战略事宜、武装部队人员需要、军用物资的生产和分配情况及所有三军共存的政策问题。联席会议下设副参谋长联席会议、联合秘书处、参谋长联合计划署（含作战计划委员会）、联合情报委员会（含经济作战局）、心理战联合委员会等直属机构，另外还设有野战运输、通讯、后勤、气象、军需分配等附属机构。

罗斯福在大部分的时间里并不直接参与作战计划的制定，而是将权力下放给了参谋长联席会议。当然，参谋长联席会议也不可能去解决具体的问题，他们一般只承担运输供应、装备分配和兵力配置方面的工作，具体作战方案则由当地司令官制定。这个时候，参谋长联席会议的下属机构就显得异常重要了。通常，当一个决议达成之后，联席会议便会派出一名或几名资深的专家前往某一战区任高级指挥官的参谋，一方面负责协助指挥官解决作战过程中遇到的种种问题，另一方面则负责与参谋长联席会议的联络工作。

参谋长联席会议每天都必须和罗斯福沟通一次，但罗斯福又涉事太多，根本无力亲自过问这些事务。在这种情况下，马歇尔提议罗斯福委任一个陆海空总司令的参谋长（也称白宫参谋长），代表总统出席联席会议。

1942年7月，罗斯福正式任命威廉·丹尼尔·莱希为美国陆海空军总司令的参谋长，充当他与参谋长联席会议之间的中介。莱希于1875年5月6日出生在艾奥瓦州汉普顿。18岁时，他考入了安纳波利斯的美国海军学院。毕业后，他被分配到亚洲舰队"俄勒冈"号上服役，曾参加美西战争、八国联军侵华战争等。

第一次世界大战时期，莱希被任命为一艘名为"海豚"号的邮递船船长。也就是在这个时期，莱希结识了时任助理海军部长的罗斯福。两人几乎是一见如故，很快就结下了深厚的友谊。罗斯福想办法把莱希从商船队中调了出来，成为了他的私人船长。

第一次世界大战之后，莱希先后担任海军装备局局长、航海局局长。在罗斯福第二届总统任期内，莱希被任命为海军作战部部长。

第二次世界大战爆发后，已到退休年龄的莱希被派到波多黎各担任总督。法国沦陷之后，罗斯福又命他出任维希法国大使，力求使维希政府站在美国一边。任内，他经常与罗斯福进行书信往来，汇报法国情况。对莱希的表现，罗斯福是非常满意的。所以，当马歇尔提议他任命一名白宫参谋长时，罗斯福立即就想到了这位经验丰富、处事稳重的老将。

作为罗斯福在联席会议的代表，莱希主持会议、制定议程、签署主要文件和决议，并随时向罗斯福报告各种重大战略问题和其他有关重要问题。与此同时，为适应盟国战略联合的需要，罗斯福还委任他参加了英、美联合参谋长会议的工作。

作为罗斯福的私人参谋长，莱希在任职期间，充分显示出了他非凡的组织才能和指挥才能。他曾多次主持参谋长联席会议和联合参谋长会议，先后讨论了盟军在北非的军事行动、开辟第二战场、太平洋战场的战略和战争指挥权，以及扩大军工生产等一系列重大问题。他为主要同盟国首脑及其高级军事顾问举行会晤，协调战略行动，做了大量准备工作。这些会议包括：卡萨布兰卡会议、华盛顿会议、魁北克会议、开罗会议和德黑兰会议等。

实际上，美国并没有任何一个法律对参谋长联席会议的职权范围进行过规定，这就使得这一组织具有很大的灵活性，它可以根据战争的需要而变更其活动范围。根据莱希的回忆，这种变更往往同罗斯福的想法有关，足智多谋的罗斯福实际上是通过这个机构来指挥这场战争的。

战时，罗斯福很喜欢直接去白宫里警戒最森严的地方——白宫地图室，以详细了解战争进程的最新情况。一大批才识过人的年轻军官日夜守在地图室里，把接收到的军事电讯及时反映在各类地图上。

罗斯福坐在轮椅上，看着地图，经常一两个小时一动也不动。为了让罗斯福长时间看地图不至于脖子痛，工作人员把地图悬挂得很低，因为罗斯福坐在轮椅上，视角很低。通过地图上不同颜色的小旗和指示针，罗斯福可以及时地了解美国三军在全球的位置以及变幻莫测的战局。根据这些情况，他又会制定整体部署，并通过五角大楼发布到世界各地。

除了制定整体的战略部署之外，罗斯福对分布在各战区的美军司令官也有权直接任免或调换。参谋长联席会议也常向他举荐一些具有潜质的军官和军功卓著的老将军，前者如50岁的艾森豪威尔，后者如巴顿，都是由马歇尔参谋长建议起用的。罗斯福听从了马歇尔的建议，并把他们调到了相当重要的位置上。事实证明，这种决策是正确的。

在战争年代，作为总司令的罗斯福，权力空前地大了起来。他广泛而极限地行使总司令的职能，绕过国会以超龄军舰换取英国的海军基地，允许美军开往格陵兰和冰岛，以总司令的身份加强和监控战时生产，发布行政命令划定"军事区"，将10多万日侨和日裔美国公民强行送进"集中营"。这些措施或保障了战争的顺利进行，或为美国在战后的发展提供了更大的空间。当然，从国际主义的角度来看，罗斯福的有些做法未免有些过激，甚至是令人唾弃的，但作为美国的总统为美国谋取利益则是无可厚非的。

除了处理国内和军内的事务之外，罗斯福最大的职能仍然是统领全局。他把主要精力都用在了全球战略的筹划、与盟国协调关系、制定战时外交政策及构想战后世界格局等方面。为了协调盟国的联合作战，罗斯福与丘吉尔于1942年1月23日创建了盟军联合参谋长会议，以密切协调英美军事行动。

盟军联合参谋长会议实际上是美军参谋长联席会议与英军参谋部的有机组合。美方成员主要是参谋长联席会议的三人和莱希，英方成员有英国陆军元帅艾伦·布鲁克爵士及其代表、海军大臣庞德爵士及其代表、空军上将波特尔爵士及其代表、首相丘吉尔等。

联合参谋长会议的许多工作最后都要由罗斯福来最后决定。莱希曾说："我们只是工匠，只是根据总司令交给我们的总计划制订出具体而明确的战略方针而已。"

从 1943 年开始，罗斯福俨然成为了盟国陆海军总司令，成为了统领全球战局的总司令，成为了全球战争的中心人物。不可否认的是，罗斯福在政治上的许多举措都曾遭到过强烈的反对，但其军事决策却很少遭到质疑。大多数职业军人都钦服他的领导才能。美国陆军部长史汀生认为美国军史上，从来没有一个比他更优秀的统帅。盟军统帅艾森豪威尔也在日后写道："罗斯福先生的某些政治措施，我是永远不会赞成的。但是他是战时国家统帅，我完全是从他这个身份认识他的，而且从这个身份来看，我觉得他完全满足了大家对他的期望。"

· 第十章 ·

加速战争的进程

一

签署《联合国家宣言》

日军偷袭珍珠港后不久,丘吉尔便抵达美国,与罗斯福举行了会谈。12月24日晚上是西方的平安夜。这一天,华盛顿的节日气氛并没有因为战争而受到多大的影响,依然像往年一样热烈。白宫轮廓映现在火树银花中,3万多名民众聚集在白宫前的草坪上,希望跟罗斯福共同度过这一美好的节日。

这一年的平安夜与往常不同,因为罗斯福的身边多了一个人,他就是英国首相丘吉尔。丘吉尔和罗斯福共同主持了白宫草坪上点燃圣诞树的仪式。当缀满缤纷饰物的圣诞树闪烁出瑰丽的光芒时,罗斯福向美国民众介绍了丘吉尔,并称他为"伙伴、老相识和好朋友"。丘吉尔随即发表了一篇词藻华丽而又动情的演说。

从事自由事业的同事们:

我的朋友、伟大而卓越的罗斯福总统刚才已经发表过圣诞节前夕的演说,已经向全美国的家庭致以友爱的献词。现在,我为自己能追随其后讲几句心里话而感到无限的荣幸!

虽然我在这一个特殊的日子里远离自己的家庭和祖国,但能够跟你们在一起度过这个欢快的节日,我一点也没有异乡的感觉!我不知道这是因为我本人的母系血统(丘吉尔的母亲是美国人)和你们相同,或是由于我多年来在这个伟大的国家所获得的友谊,抑或是由于这两个文字相同、信仰相同、理想相同的国家在共同奋斗中所产生出来的认同感,抑或是由于上述种种原因的综合！

总之，我在美国的政治中心——华盛顿过节，完全不觉得自己是一个异乡之客！我和各位之间本来就有手足之情，再加上各位欢迎的盛意，我觉得很应该和各位共坐炉边，同享这圣诞之乐！

今年的圣诞前夕与以往的任何一个圣诞节都不同，它是如此的奇异！因为整个世界都卷入了一场生死搏斗之中！人类充分发挥了自己的聪明才智，使用科学所能设计的一切恐怖武器互相厮杀着！假如我们不是深信自己对别国领土和财富没有贪图的恶念，没有攫取物资的野心，没有卑鄙的念头，那么我们在今年的圣诞节中，一定会很难过！

战争的狂潮虽然在各地奔腾，让我们时刻都处在心惊肉跳之中，但在今天，每一个家庭都在宁静而肃穆的空气里过节！今天晚上，我们可以暂时把恐惧的忧虑心情抛开，为那些可爱的孩子们营造一个快乐的世界吧！今天晚上，全世界说英语的家庭都应该变成光明、和平的小天地，让孩子们尽情享受这个良宵，让他们因为得到父母的礼物而高兴！让我们这些成年人也尽情地和他们一起畅享无限的快乐吧！

快乐之后，请大家不要忘记摆在我们面前的严峻使命！明年，我们将面对更为艰苦的任务，但我们必须战斗，战斗，再战斗！我们要让我们的孩子所应继承的产业，不致被人剥夺；我们要让我们的孩子在文明世界中应有的自由生活，不致被人破坏！

在上帝庇佑之下，我谨祝各位圣诞快乐！

丘吉尔的这篇演说一下子拉近了他跟美国民众的距离，把在场的人感动得热血沸腾！人们奔走相告，将丘吉尔的这篇演说传到了美国的每一个角落。

圣诞节过后，丘吉尔在罗斯福的陪同下到美国国会山向两院联席会议致辞。这一次，丘吉尔再次发挥了自己作为一个伟大演说家的天赋，向参众两院的议员们发表了自己生平最动人的演说之一。他说,在未来的岁月里,英、美两国将为了人类文明的命运而庄严地并肩战斗。为唤醒议员们的亲近和认同感,他再次把自己的母亲是美国人这一事实搬了出来。他说:"我不禁想起:如果我的父亲不是英国人而是美国人,而我的母亲不是美国人而是英国人的话,那我大有可能凭自己的力量成为诸位在座中的一员。"

丘吉尔的演说引来了议员们雷鸣般的掌声。他成功了,成功地调动了美国人民反抗法西斯的热情,也为他此行的真正目的奠定了基础。

丘吉尔这次来美国的目的是同罗斯福举行一次"审议整个战争计划"的会议。罗斯福热情地表示欢迎,并希望会议不仅要协调盟国的战略,而且还要阐明政治目标,并在此基础上起草一份能号召国内外团结一致的声明。这个会议就是历史上著名的"阿卡迪亚"会议。

阿卡迪亚是古希腊的一个小城邦,位于伯罗奔尼撒半岛中部的高原地区。由于与世隔绝,这里的居民在古希腊时代过着一种富有淳朴气息的田园生活。他们远离世俗,远离喧嚣,就如中国伟大诗人陶渊明笔下的"桃花源"一样。于是,在西方文化中,阿卡迪亚便成了世外桃源。罗斯福和丘吉尔将这次会议的代号定为"阿卡迪亚"也表明了他们重建和平世界的美好愿望。

会议进行得很顺利,几乎在所有重大问题上都达成了协议。罗斯福与丘吉尔重申了双方参谋人员早先作出的决定,采取"先欧后亚"的战略,先打败德国这个最主要的敌人,然后再着手对付日本。这次会议确定,成立英美联合参谋长委员会,在太平洋地区建立英、美、荷盟军联合司令部,成立军需品分配委员会等5个联合机构,统筹盟国在军火、船运和原料等方面的经济活动。鉴于苏联在抗击法西斯德国中的重要作用,罗斯福决定恢复曾一度终止的对苏援助。

阿卡迪亚会议的主要政治成果是起草了一份所有参加反轴心国战争的国家所必须接受的原则宣言。这个宣言便是历史上著名的《联合国家宣言》。宣言是由美国国务院起草的,罗斯福看过之后表示满意,便交给了丘吉尔和苏联政府,希望他们也能同意。

苏联虽然在意识形态与美、英两国相去甚远，但在斯大林领导之下的苏联红军无疑是抗击法西斯德国最为有力的力量之一。是故，罗斯福在苏、德战争爆发后就立即主张大力援助苏联。他还曾派霍普金斯以私人代表，前往莫斯科，与斯大林商讨对苏援助的相关问题。是故，美、英两国虽然与苏联势不两立，但站在共同对付法西斯德国的立场上，他们彼此之间又成为了亲密的盟友！

1942年元旦，美、英、苏、中等26个反法西斯国家的代表齐集华盛顿，签署了《联合国家宣言》。《联合国家宣言》重申了《大西洋宪章》的宗旨与原则，并规定：各签字国政府保证使用全部军事和经济资源来抵御与之处于交战状态的轴心国成员及其附属国；保证同本宣言签字国政府合作，保证不同敌人单独停战或媾和。至此，不同社会制度、种族、信仰和语言的国家在打败法西斯的共同旗帜下，实现了从政治、经济和军事方面的空前大联合，以美、英、苏、中为主体部分的国际反法西斯同盟正式宣告成立了。

鉴于美国与苏联之间接触并不多，两国之间的对立情绪并没有多大的缓和。于是在两国接触的最初阶段，丘吉尔扮演了斯大林与罗斯福之间的纽带的角色。但是由于苏联在战争爆发后曾伙同德国秘密瓜分了波兰，并实际占领了曾经被迫割让给波兰的领土，这就导致了英国与苏联之间的裂隙越来越大。斯大林曾对前去商讨加强英、苏关系的英国外交大臣艾登指出，苏联要求盟国正式承认苏联在1941年6月间的边界状态。也就是说，苏联在此之前攻占的波兰、芬兰、爱沙尼亚、立陶宛、拉脱维亚等国的领土都要归属于苏联。

丘吉尔和罗斯福当然不会同意斯大林的这一要求。一则，如果同意苏联这样做，就意味着反法西斯同盟与法西斯德国并无二致，不过都是为了自己的利益而发动战争的罪犯；二则，如果承认了苏联的这个新边境，就相当于让其在战后有了更加广阔的发展空间。到时候，苏联势必会发展壮大起来，很有可能会超过英美。让苏联强大起来是不符合美、英两国的世界利益的。

有鉴于此，罗斯福就此难题在阿卡迪亚会议上与丘吉尔进行过讨论，并冠冕堂皇地宣称，如果接受斯大林的要求，"那将同我们正在为之而战的全部原则背道而驰"，因此边界问题必须等到战胜法西斯德国之后再行商讨。为了达成这一目的，罗斯福与斯大林达成了一种心照不宣的妥协，他通过加大对苏联的物资援助让陷于苦战的斯大林把边界问题搁置了起来。

尽管各国之间还有一些矛盾，但阿卡迪亚会议所取得成果，尤其是《联合国家宣言》的签署标志着世界反法西斯同盟正式形成了。会后《联合国家宣言》的发表壮大了反法西斯国家的力量，鼓舞了世界人民反法西斯的斗志，加速了世界反法西斯战争的胜利进程，也为战后创建联合国组织奠定了基础。

二
登陆北非的"火炬行动"

为了实施"先欧后亚"政策，丘吉尔在阿卡迪亚会议期间向罗斯福提出了一个在北非登陆的"体育家计划"。罗斯福认为在北非登陆很有必要，马上同意了丘吉尔的建议。罗斯福指出，在北非登陆具有非常重要的战略和战役意义。

首先，在北非登陆可以让德国无法对将来可能加入反法西斯同盟的外围基地进行有效地控制。其次，由于该地区只有德意军驻守，而法国的维希政权可能不会对盟军实施抵抗政策（北非大部分地区是法国的殖民地），一旦在北非登陆就可以为美军日后对柏林作战奠定基础。更加重要的是，如果登陆成功，便可以鼓舞美军和盟军的士气，从而加速法西斯德国的灭亡。

罗斯福同意了"体育家计划"之后便命令联合参谋长联席会议制定具体的作战计划。随后，他便将目光转向了太平洋战场。虽然罗斯福也认为应该实施"先欧后亚"的原则，但此时美军在太平洋战场上的表现不得不让他担忧。

珍珠港事件后的将近半年时间里，美军在太平洋战场上被动地处于守势。日军兵分数路相继占领了泰国、中国香港、马来西亚、新加坡、菲律宾、荷属东印度、缅甸、关岛和威克岛等地，美、英、荷等国损失惨重。这让罗斯福不得不加强太平洋地区的防务。

1942年3月，罗斯福将太平洋战场分成两大战区，西南太平洋战区由麦克阿瑟上将任总司令，太平洋战区则由海军上将切斯特·尼米兹任总司令。为了提高士气，麦克阿瑟和尼米兹多次命令美军使用舰载飞机对日军阵地进行轰炸，炸完就走。1942年4月18日，由航空母舰"大黄蜂号"

上起飞的 B-25 式轰炸机群执行了对东京的空袭，极大地震动了日本朝野。

日本最高统帅部为了挽回面子，很快下令对美军采取报复性行动。5月8日，日军在珊瑚海与美军展开了激战。由于准备不足，日军首遭重创。由于这次失败，日军不得不推迟了入侵莫尔兹比港的计划。

1942年6月4日，中途岛战役爆发。美军以损失一艘航母和150架飞机的代价重创日军，击沉了日本4艘航空母舰，击落了330架飞机。从此，美军与日军在太平洋上的实力对比发生了明显的变化。日军丧失了海空优势，不得不由进攻转入防御；美军则开始由防御转入进攻。

稳定了太平洋的战场之后，登陆北非的作战计划也已经制定了出来，计划名称改为了"火炬行动"。1942年7月25日，罗斯福正式批准了"火炬行动"计划。联合参谋长委员会任命艾森豪威尔为盟军北非远征军总司令。

当时，法国的维希政府在北非有大约6万名士兵及海岸炮台，在卡萨布兰卡驻有10艘以上的战列舰及11艘潜艇。罗斯福根据驻阿尔及利亚大使罗拔·戴利·梅菲提供的情报判定，维希政府不会阻止盟军登陆。

为评估维希法国军队的意向，梅菲被任命为美国在阿尔及利亚的特使，其主要任务是试探法国军队的态度及与可能支持盟军的人士建立沟通。梅菲不负重望，成功地与数名法国军官建立了联系，其中包括法国在阿尔及尔的最高指挥官查理·伊曼纽尔将军。他们愿意和盟军合作，但要求与一名盟军高级军官到阿尔及尔进行一次秘密会议。

1942年10月21日，盟军北非远征军总司令艾森豪派出他的高级指挥官马克·

943年1月，罗斯福（左二）及邱吉尔（右一）在北非卡萨布兰卡与自由法国的吉罗及戴高乐（右二）会晤，商讨盟军作战计划。

韦恩·克拉克中将乘坐潜艇"六翼天使号"前往阿尔及尔的歇尔谢尔与这些法国高级军官举行了会晤。

11月8日,盟军在卡萨布兰卡、阿尔及尔、奥兰三地登陆。由于种种原因,维希法国的士兵朝盟军开了枪,并不是像之前允诺的那样,不予抵抗。但盟军依然很快就占领了整个摩洛哥和阿尔及利亚,直逼突尼斯城下。

在盟军登陆北非之时,罗斯福正在马里兰州西部的卡托克廷山的别墅里休息。秘书格雷斯·塔利发现罗斯福有些坐立不安,似乎在等待着什么重要的消息。

终于,电话铃响了,格雷斯·塔利接通了电话。电话是华盛顿陆军部打来的。格雷斯·塔利将电话交给了罗斯福。罗斯福有些担心,他不知道等待自己的将会是什么样的消息。他颤抖着双手,从塔利的手中接过了话筒。

接过话筒之后,罗斯福说了一声"请讲"便安静地听着电话那边传来的每一个信号。他是那么的专注,那么的安静,以致连自己心脏跳动的声音都能听见。对方终于将所有的消息都汇报完毕了。罗斯福突然笑了起来,大声对着话筒说:"感谢上帝!感谢上帝!听起来好极了。祝贺你!"

罗斯福放下电话,转身面向客人,大声宣布道:"我们已在北非登陆,伤亡低于原来的估计。我们开始反攻了。"

次年春夏之交,盟军与德国非洲军团司令、"沙漠之狐"隆美尔统率的德军在突尼斯展开激战。5月13日,25万德军被迫投降。盟军取得了作战以来所赢得的最大一场胜利。北非解放了。此是后话。

北非的解放也使地中海上的航路畅通,并可由此经苏伊士运河直达印度洋,这使得从波斯湾增援苏联成为可能。此外,盟军在北非登陆成功还彻底粉碎了德、日企图在中东和印度会师的狂妄计划。斯大林对北非战役评价极高,他说:"非洲的军事行动表明主动权已转到我们盟国手中,欧洲的军事政治状况也从根本上变得有利于英、美、苏同盟了。它破坏了轴心国体系中的领导力量纳粹德国的威信,从精神上瓦解了希特勒在欧洲的盟国……它为打垮意大利和孤立纳粹德国创造了条件。最后,它为在更靠近德国的要害地区开辟欧洲第二战场创造了前提,而这对战胜希特勒暴政将具有决定性意义。"

北非战场传来好消息之后不久,太平洋上的局势也对美军越来越有利了。1942年8月,瓜达卡纳尔岛争夺战爆发了。这场战役长达7个月,拥有优势兵力和火力的美军取得了完全胜利,日本则充分暴露了其国力有限、战线过长、海空军备不如美国等弱点。至此,日、美两国的海军力量进一步发生了变化,美国完全掌握了制海权和制空权。

美国人距离胜利越来越近了,罗斯福由衷地感到高兴。但是他同时也感到,随着战争的继续,自己距离死亡也越来越近了。他明显感到了自己身体上的某些变化,但又不能在这种战况紧急的情况下撂下担子来安心休养。

更加让罗斯福感到恐惧的是,老朋友们一个个去世或离开了白宫,自己身边的工作人员已经换了一遍。白宫成了一个缺乏欢乐的地方,罗斯福也成了一个越来越孤单的人。他总是独自吃着用托盘端来的晚餐,然后很早就睡觉了。罗斯福几乎不顾一切地设法扩大他的圈子。

两个脾气古怪、没有结婚的堂妹劳拉·德拉诺和玛格丽特·萨克利成了白宫的常客。奇怪的是,这两个脾气古怪的堂妹与罗斯福倒十分合得来。萨克利小姐是一个温文尔雅的女子,人们给她取了一个绰号叫"雏菊"。她很会养狗,"法拉"就是她送给罗斯福的。

劳拉的脾气比萨克利更加古怪,她披着一头紫发,对什么事情都有些神经过敏。罗斯福也总喜欢拿她的神经过敏来开玩笑。有一次,罗斯福告诉她,全日食造成的突然黑暗预示着末日来临。劳拉对此深信不疑。当日全食来临的时候,劳拉便走到自己的房间,把她的珠宝盒握在手里,安静地等待着世界末日。看着劳拉天真的举动,罗斯福狂笑不止。

三

参加卡萨布兰卡会议

　　1943年新年的前一年,白宫照例举行了新年晚会。罗斯福带着家人跟参加晚会的人谈笑风生,颇有领袖风范。当午夜的钟声敲响之时,罗斯福手执香槟酒杯,提议大家"为联合国家的胜利干杯"。就在这一天晚上,白宫二楼那间东西向的长方形大厅里放映了一部新影片,即由著名影星英格丽·褒曼和汉弗莱·伯加特联合主演的《卡萨布兰卡》。卡萨布兰卡当时已经在美军著名将领巴顿将军的控制之下。几天之后,罗斯福与丘吉尔便是在这里制定了1943年的作战计划。

　　1月11日早晨,罗斯福乘坐一架波音314型飞机从迈阿密空军基地起飞,飞往了卡萨布兰卡。丘吉尔已经在那里等候他了。会前,罗斯福曾两度邀请斯大林参加会议。由于当时正值苏联红军积极准备向盘踞在斯大林格勒附近的德军发起总反攻,斯大林走不开,没能参加这次历史性的会议。

　　罗斯福与丘吉尔经过会商决定,1943年应优先考虑攻占西西里岛,迫使意大利退出战争,减轻德军对苏联红军的压力;消除德国潜艇的威胁,确保大西洋的交通安全;加强对德战略轰炸,继续准备横渡英吉利海峡的力量,把在法国北部登陆开辟第二战场的计划推迟至下一年执行;执行太平洋和远东的作战计划,以击退日军的进犯和支持中国。

　　在援助苏联的计划上,丘吉尔与罗斯福的观念有所不同。丘吉尔一向厌恶共产主义,认为共产主义的实质与法西斯独裁统治并没有什么区别。因此,他在与苏联合作抗击法西斯德国的同时,也在想办法防范苏联在战后成为英国最强大的敌人。罗斯福则强调,竭尽所能援助苏联是一种"有利可图的投资"。在这一点上,英国与美国之间产生了些许裂隙。

两国之间的另外一个矛盾是在对待法国的态度上。法国沦陷之后，德国扶植了傀儡政权，因其政府所在地在法国中部的维希，故名维希政府。夏尔·戴高乐将军在法国沦陷之后即流亡伦敦，成立了"自由法国"全国委员会，以此作为流亡政府的胚模。这样，法国就出现了两个政府并存的局面，一个是德国扶植的傀儡政权，一个毫无实力的流亡政权。

一向以民主自由自夸的美国人认为，法国中部的维希政权虽然是德国的傀儡政权，但它毕竟实际统治着法国，残留着"正统合法"的形式。所以，罗斯福主张继续同维希政府保持外交关系。丘吉尔则视戴高乐领导的流亡政府为法兰西抗战的象征，并从道义上和物资上给予支持。

卡萨布兰卡会议的主要目标之一便是为"法国的困境"找一条出路。不知道出于什么原因，罗斯福不大喜欢戴高乐，并且认为他是一个令人生厌的家伙。在罗斯福看来，戴高乐不愿为抗战的努力而暂时放弃政治上的对立，希望用非民主的手段使自己成为法国独裁的政治领袖。这一切都是罗斯福无法接受的。更让罗斯福感到恼火的是戴高乐竟然想在战后重新让法国成为欧洲大陆的中心。罗斯福认为法国在反抗法西斯德国的战争中并没有起到什么作用，应该在战后退居次要位置，但戴高乐却处处力争恢复法兰西殖民帝国，企图在战后让法国重新成为欧洲大陆的霸主。

罗斯福嘲讽戴高乐说："他不自量力地自比圣女贞德和克雷孟梭，然而他不可能同时像这两个人。"

当然，丘吉尔极力支持戴高乐也不是没有目的的。他想在战后的欧洲建立一个由英国领导的国家集团，帮助戴高乐无疑有利于这目标的实现。一个统一而强大的欧洲国家集团无疑会对美国形成某种压力。罗斯福对丘吉尔的这种野心也表示强烈的不满。他曾说戴高乐是"大英帝国马厩里喂养和训练的赛马"，是丘吉尔养活的"不听话的孩子"，而丘吉尔则是个"蹩脚的爸爸"。

到卡萨布兰卡会议召开之时，德军已经占领了法国全境，维希政权已经名存实亡了。罗斯福再与其保持外交关系似乎说不过去了，便转而支持从纳粹监狱出逃并与维希政权关系不甚密切的前法国政府的亨利·吉罗将军。如此一来，英美各支持一方，矛盾便公开化了。

罗斯福设想了一个解决办法，这便是由戴高乐和吉罗共同领导法属北非的事务，等到战后由法国人按照民主的方法自行决定他们的领导人。于是，罗斯福主要让丘吉尔邀请戴高乐来卡萨布兰卡，而他则负责邀请吉罗。实际上，罗斯福在此时已经打算对法国实行一次"包办婚姻"，并且认为凭借自己的声望和妥协天赋，这场婚姻是不会出问题的。丘吉尔基本接受了罗斯福的这种妥协。

戴高乐不会不知道罗斯福不喜欢自己，因此他很不情愿到卡萨布兰卡参加这次决定流亡政府命运的会议。但罗斯福和丘吉尔好不容易抓到一个解决两国矛盾的机会，怎么会轻易罢休呢！于是，丘吉尔在邀请电报中便以威胁的口吻催促戴高乐赶快前来，否则的话，英国将不得不与他分道扬镳。

戴高乐终于到了卡萨布兰卡，但他却拒绝与吉罗将军合作。戴高乐的这种不合作态度有两个方面的原因。一方面，他领导的自由法国在过去的几年里确实取得了一些成就，他据此认为自己是法兰西精神的化身，也是法国战后唯一的领袖人选。另一方面，他对罗斯福那种强行为法国"包办婚姻"的态度极为不满。他曾说："从他（指罗斯福）那彬彬有礼的贵族面孔后面，可以看出他对我是毫不留情的……他说的和平是一种美国式的和平，他深信自己必定是主宰和平结构的人物，被蹂躏的国家应屈从他的评判，特别是法国，应该承认他是救星和仲裁者。"

戴高乐的不合作态度激恼了丘吉尔。他已经向罗斯福表示，将大体接受这种妥协，但戴高乐的不合作态度却让他下不来台。丘吉尔发火了，他无法忍受一个靠自己一手扶持而跃居高位的人让自己如此难堪。1月26日，在丘吉尔大发雷霆之后，戴高乐终于作出了让步，同意了罗斯福提出的方案，并在联合公报上签了字。联合公报生效了，但并没有规定任何具体事务。罗斯福决定，等到5个月之后再另行商议。

戴高乐的态度让罗斯福确信，他是在为战后争取法国领袖的地位而做准备，对他更加不满了。在会谈的最后一天，罗斯福没有通知丘吉尔就与吉罗签署了一项协议，保证美国和英国援助吉罗保留法国在军事、经济、财政和精神上的利益，协助他将法国人民团结起来，共同对抗纳粹德国。

几天之后，丘吉尔获悉这些协议时，他坚持要修改协议，并把戴高乐也包括进去。罗斯福并没有同意丘吉尔的要求。他根本不想让"自由法国"染指北非战役,并称不管戴高乐"多么生气",就是不能在成功之前向他透露丝毫消息。

他甚至对丘吉尔说:"一旦让'自由法国'参与盟军行动,德国人马上就知道了。"

除了参加会议之外,罗斯福在卡萨布兰卡期间还对驻北非的美军进行了访问。跟美国人在一起的时候,他没有了跟丘吉尔在一起的那种谨慎,也没有了跟戴高乐在一起的那种傲慢,他"就像一个放了假的小学生"一样轻松快活!艾森豪威尔将军后来在《欧洲征战记》中写道:"他显得开朗乐观、充满活力、甚至有点活泼诙谐。我认为他的这种精神状态与笼罩在整个卡萨布兰卡会议上空的进取气氛是分不开的。"

罗斯福还在巴顿将军的陪同下驱车前往卡萨布兰卡东北140公里的拉巴特,去视察克拉克将军指挥的美军第五集团军。那一天,作为三军总司令的罗斯福同两万多名士兵一道吃午饭,他在午餐上吃的食物跟士兵们是完全一样的,主要有烧火腿、白薯、青豆荚、水果沙拉、面包、奶油、果酱等。

四

轴心国同盟的解体

1943年是第二次世界大战北非和欧洲战场的决定性时期。在苏德战场上，苏联红军取得了斯大林格勒保卫战的胜利，毙伤、俘虏德军约150万人，摧毁、缴获了德军3500辆坦克和装甲车、12000门火炮和迫击炮、约3000架飞机及大量的其他技术兵器。这些兵力和兵器的损失对德国的整个战略地位产生了极大的影响并彻底动摇了其整个战争机器。从此之后，红军便转入了全面反攻，完全掌握了战略主动权。

斯大林格勒战役刚刚结束，罗斯福就致电斯大林，祝贺苏联红军取得的这一伟大胜利。罗斯福在致斯大林的电报中说：

> 你统帅的军队在斯大林格勒取得了辉煌的胜利！作为美利坚合众国武装部队的统帅，我谨向你表示热烈的祝贺！为了保卫这座已使大名永垂不朽的城市而进行的160天史诗般的战役，以及全体美国人都在为之庆祝的决定性胜利，在这场各国人民团结起来反对纳粹及其同伙的战争中，将永远保持为最光辉的篇章之一。
>
> 你们在前线的作战部队的指挥官和战士，以及在工厂里和田野里支援他们的男女老幼，通过共同努力，不仅增添了自己祖国部队的荣耀，也以榜样的力量激发了一切联合国家重新下定决心，竭尽全力去打败共同的敌人，迫使他们无条件投降！

斯大林格勒战役取得胜利之后，美、英两国也开始加强对付德国的

"狼群"战术。一时间，两国用于对付德国潜艇的舰船和飞机增加了4倍多。德国海军损失惨重，海军上将邓尼茨已渐感力不从心，只得拼命督促建造新潜艇，但仍然无法弥补损失。

根据卡萨布兰卡会议的既定方针，盟军于6月份开始准备在地中海开辟新战场。艾森豪威尔出任地中海战场盟军总司令，英国的亚历山大元帅任进攻西西里岛的总指挥。7月9日夜，美国的巴顿将军和英国的蒙哥马利元帅率领16万盟军开始向西西里岛大举进攻。两天之后，盟军以极小的代价登上了西西里岛。

面对盟军强大的攻势，意大利军队就像躲避恶魔一样躲避着盟军。只要遇到盟军，他们便立即四散逃亡了。正所谓"兵败如山倒"，赶来增援的德军想把这座已经轰然倒塌的大山再扶起来已经是不可能的事情了。于是，德军也迅即被逼回到了意大利。

意大利军队的的惨败让意大利法西斯政权在国内遇到了前所未有的危机。轴心国同盟在此时也显示出了它的脆弱性。7月25日，意大利国王维克托·伊曼纽尔召见墨索里尼，宣布他为"意大利最遭人痛恨的人"，随即以保护他的安全为名将其强行拘禁了起来。几天之后，墨索里尼被送往荒无人烟的马达莱纳岛。

意大利的法西斯政权在第二次世界大战中第一个垮台了，轴心国同盟已经出现了一道裂隙。意大利新政府由彼得罗·巴多利奥元帅领导，他试图使意大利不受损伤地从战争中脱身出来。

在墨索里尼政府垮台后的第四天，罗斯福向美国人发表了一场重要的演说。他在演说中指出："轴心国已经出现了第一条裂缝。罪恶而腐朽的意大利法西斯政权正在土崩瓦解……墨索里尼和他的法西斯匪帮将会受到应有的审判，使他们对人类犯下的罪行得到惩处。全世界爱好和平的人们决不容许任何罪犯通过辞职这种卑劣的手段逃之夭夭。因此，我们对意大利的要求仍旧同我们对德国和日本的要求一样——无条件投降。"

在如何处置战败的意大利上，罗斯福与丘吉尔再次产生了分歧。罗斯福希望废除意大利的君主立宪制，彻底清除法西斯主义的痕迹。但丘吉尔则认为，君主立宪制对欧洲国家而言，是最坚强和最稳定的政府形式。如果同盟国不给意大利现政府以某种程度的承认，它就会垮台，意军就不会抵抗德国，或者意大利就会"赤化"。

为了商议如何处置战败的意大利，以及下一步的军事行动，罗斯福与丘吉尔于 8 月 14 日到 24 日在加拿大的魁北克举行了一次会议。这就是历史上著名的第一次魁北克会议。会议代号为"四分仪"，联合参谋长会议的全体成员都参加了这次会议。中国政府的外交部长宋子文也以观察员身份参加了会议。

罗斯福在处置意大利的问题上向丘吉尔作出了让步。与此相对应，丘吉尔也在法国的问题上对罗斯福作出了让步。罗斯福和丘吉尔就即将在莫斯科会议上进行商谈的《四国宣言》草案问题上达成了协议，声明不承认由戴高乐控制的法国国民解放委员会。

讨论"霸王"作战计划是第一次魁北克会议的主要内容。丘吉尔坚持优先进军意大利和巴尔干，企图拖延"霸王"计划，罗斯福则力主应横渡英吉利海峡进攻欧洲大陆，在欧洲开辟第二战场，以缓解苏联红军的压力。经过激烈的争论，丘吉尔最终向罗斯福做出了妥协，同意"霸王"计划应比地中海计划占有优先地位。第一次魁北克会议还决定，在德国无条件投降一年之内击败日本。

第一次魁北克会议结束后不久，意大利的巴多利奥政府便与盟军签订了停战协定，并于当年的 10 月 13 日对德宣战。这标志着轴心国的解体。

此时，战场上的形势对盟国越来越有利了，法西斯的失败已经是可以预见的事情了。随着胜利的临近，美、英、苏三国之间的矛盾也越来越突出。罗斯福希望能够举行一次三国首脑会议，当面同斯大林就一些重大问题进行磋商。

在第一次魁北克会议期间，罗斯福就与丘吉尔联名致电斯大林，建议举行三国首脑会谈，以便在"战争的关键时刻共同探讨整个局势"。斯大林建议可先举行三国外长会议，然后在 11 月底再举行首脑会议。

10 月 19 日，三国外长会议在莫斯科举行。三国外长在这次会议就各自关心的问题进行了磋商。英国外长艾登在战后回忆说："每一个主角都有一个他认为特别重要的题目。俄国人所关心的是 1944 年春在欧洲开辟第二战场。赫尔最关心的是关于战争目标的四国宣言和维持和平的国际组织。我的目的是就建立使盟国可以磋商与战争有关的欧洲问题的机构达成协议。"

会议公报宣布：三国的首要目标是尽快结束战争；在伦敦成立欧洲咨询委员会，以研究战后合作问题，并负责制订有关法西斯国家投降的条款。

五

二战三巨头齐聚德黑兰

三国外长会议为即将召开的三国首脑会议奠定了基础。外长会议结束后不久,三国首脑便决定在德黑兰举行一次会晤。第二次世界大战期间的世界三巨头马上就要在德黑兰见面了。

11月27日,罗斯福乘专机经由开罗飞抵德黑兰。霍普金斯、莱希、赫尔、马歇尔和罗斯福的女婿约翰·伯蒂格少校等70多人跟随罗斯福一起抵达了德黑兰。为了防范德国特务的暗杀行动,斯大林邀请罗斯福搬到俄国使馆区的一幢小别墅居住。白宫特工人员和苏联内务部的人员共同组成了一个临时警戒小组,负责保护罗斯福的安全。

11月28日是一个晴朗的天气,阳光灿烂,气候温和。下午3点钟,在正式开会前一小时,斯大林身着苏联大元帅的咔叽制服,胸前佩戴列宁勋章,来到了罗斯福的房间,前来拜访这位鼎鼎大名的美国总统。这是美苏两大盟国首脑的首次会晤。

除了罗斯福与斯大林之外,只有两名负责翻译的工作人员在现场。当斯大林走进房间时,罗斯福向他致意说:"见到您很高兴,我一直在想同您见面。"

斯大林也微笑着回答说:"我也很希望会见你。我应受责备,因为军务羁身以至拖延了这次会见。"

两人寒暄了一阵之后便开始就第二战场、战后商船转让、远东时局、法国问题以及触及丘吉尔痛处的印度问题交换了意见。两人的会谈持续了45分钟,但达成一致的意向却少得可怜!一则,两国都有着自身的利益,不容易达成妥协;二则,两人语言不通,大部分时间都要花在艰苦的翻译上。

轮椅总统·罗斯福

临分别时，罗斯福对斯大林为他提供的住处表示满意，并再三致谢。罗斯福的爽直态度让斯大林觉得十分舒服，认为他是一位很聪明的盟友。

下午4点，三国领导人会议正式开始了。罗斯福被推举为会议主席。罗斯福在致辞中表示："作为在座三人中最年轻的一个，请允许我冒昧地欢迎两位长者，并对加入到这个家庭圈子里来的新成员（指苏联）表示欢迎。"

二战时期的斯大林（左）罗斯福（中）与丘吉尔

罗斯福的率直赢得了一阵热烈的掌声。随后，罗斯福又接着说："俄国人、英国人和美国人第一次作为家庭的成员相聚一堂。我们所抱的唯一目标，是赢得战争的胜利。希望大家自由讨论，畅所欲言。"

丘吉尔接着说："这次会议也许象征着人类有史以来，整个世界力量空前的大聚会，人类的幸福及命运已完全掌握在我们手中。"

斯大林也说："美、英、苏三大国的友谊是非常重要的，希望大家很好利用这个机会。"

在讨论具体的问题之前，每一个人都表现出了良好的修养，并尽可能地用语言来赞美对方。丘吉尔奉英国国王之命，向斯大林赠授了为纪念光荣的斯大林格勒保卫战而特别设计铸造的宝剑。斯大林把宝剑举到唇边，轻吻剑鞘，然后把宝剑交给身旁的伏罗希洛夫元帅。

罗斯福对这把宝剑非常感兴趣，他想看一看，便对斯大林说："可否让我看看你的宝剑？"

伏罗希洛夫元帅在斯大林的授意下将宝剑双手递给了罗斯福。罗斯福右手握住剑柄，试试它是否平衡称手。他由衷地赞美说："这真是一把精美绝伦的宝剑，拿在手里简直感觉不到它的存在，完全像是自己手臂的延伸一样！"

他高兴地举起宝剑，从空中猛劈下来，雪亮的钢刃发出一道寒光。罗斯福的率直把现场的气氛调动了起来。大家纷纷笑了起来。罗斯福把宝剑递给了伏罗希洛夫元帅，再由他交给苏联的仪仗队捧出去。这些言辞和举动都为会议创造了友好的气氛。

但是，当讨论到具体问题的时候，他们就发生了分歧。在开辟欧洲第二战场的问题上，三国的立场首先发生了分歧。当时，苏联是抗击德军的主要力量，迫切需要美、英在欧洲西部开辟另一条战线，牵制德军，缩短战争时间。斯大林早在1941年就要求英国开辟第二战场，却遭到了丘吉尔的拒绝。后来美国和英国国内也掀起了要求开辟第二战场的声浪，两国才在第一次魁北克会议上制定并商讨了"霸王"战役计划，准备在1944年从法国诺曼底登陆。

让罗斯福感到意外的是，丘吉尔在魁北克会议上已经同意了"霸王"行动，但再次讨论到这个问题之时，丘吉尔却再次提出了所谓的"地中海战略"，主张英、美从地中海进攻意大利，再往巴尔干进军。

斯大林反驳丘吉尔说："进行地中海战役对打败德军意义不大，巴尔干离德国心脏太远。所以，还是尽快进行'霸王'战役好。"

丘吉尔思索了一阵，又提出两路并进的办法，实际上还是想把巴尔干作为主要战场。这时候，连罗斯福也觉察出丘吉尔的用心了。他知道丘吉尔是想从巴尔干打进中欧，不让苏联红军进入奥地利、罗马尼亚和匈牙利，以防苏联在战后插手中欧的事务，成为英国最强大的敌人。

罗斯福是一个地道的实用主义者，他认为当前最重要的事情就是在最短的时间内打败法西斯德国，减少牺牲美国士兵的生命。至于防范苏联的事情可以拖一拖，等到战争胜利之后再说。当然，罗斯福之所以有这种想法与美国的实力是分不开的。美国本土并没有遭到战争的破坏，实力与战前相比并没有太大的削弱。苏联在短时间内还不是美国的对手。但英国由于频繁地遭到德军的空袭，很多城市已经是一片瓦砾了。丘吉尔不得不提前防范苏联这个潜在的敌人。

罗斯福说"如果在地中海登陆作战，就会把战役推迟两三个月，我不想推迟'霸王'战役。"

经过反复争论，最后三国达成了一致协议，在1944年5月实施"霸王"行动并进攻法国的南部,在欧洲开辟第二战场。斯大林也答应,苏联红军将同时发动攻势,阻止东线德军西调。

在谈到处置纳粹德国时,罗斯福认为应该让德国人从思想深处消除"帝国"这个观念。斯大林则认为这还不够,必须使这个帝国本身永远无力再把世界拖入战争。丘吉尔则用三根火柴形象地提出了自己的见解,他用三根火柴分别代表苏、波、德三国,在桌面上将它们集体向西移动。斯大林当即表示这是个好主意。

于是,当再次谈及如何处置德国的问题上时,斯大林赞成丘吉尔的三根火柴图解法,主张牺牲德国来重建和扩大波兰,并表示可以有条件接受寇松线为苏波边界。为防止德国法西斯的复活和消除斯大林的忧虑,罗斯福提出把德国分割为五个部分和两个地区的计划。丘吉尔则仍旧主张把普鲁士从德国分离出来,再把德国南部诸省与中欧多瑙河沿岸国家合并成一个多瑙河联邦。

斯大林认为倘要分割德国,那就应当是真正的分割,他宁愿建立一个由许多小国组成的、分散的、割裂的和软弱的德国。罗斯福表示同意斯大林的观点,他指出:"当德国分成若干个省时,它对文明的危险性就比较小了。"

在德黑兰会议期间,三巨头还就战后世界格局的问题进行了讨论。有一天,罗斯福画了三个圆圈,表示他对联合国这样一个战后维护和平的国际组织的基本体制的构思。中间那个圈表示"执行委员会",右边那个圈代表由美、苏、英、中4个大国组成的"警察",左边那个圈代表"40个联合国家"。在执行委员会的下面,还写着"国际劳动组织、卫生、农业、粮食"等字样。这是罗斯福构想的关于联合国机构的最初草案。罗斯福说服斯大林接受了这一想法。

在德黑兰会议上,三国还就对日作战的问题上进行了谈判。斯大林表示,苏联将在欧洲战争结束后,出兵中国东北,直接对日作战。

12月1日,德黑兰会议结束了,三国首脑发表了《德黑兰宣言》。德黑兰会议和《德黑兰宣言》是反法西斯联盟主要国家在战争后期建立有效军事合作的重要步骤,对加强盟国团结、加快第二次世界大战的进程、彻底打败德意日法西斯产生了重大作用和影响。后来,罗斯福曾如是评价这次会议："我认为这次会议是很成功的，并且确信它是一个历史性的事件。它表明，我们有能力共同战斗，更能在融洽的气氛中为和平而工作。"

· 第十一章 ·

伟人最后的岁月

一

第四次总统候选人提名

德黑兰会议结束之后,罗斯福在回国的途中特意到西西里岛去视察了美国的作战部队。罗斯福的来访极大地提高了士兵们的斗志。回到华盛顿之后,罗斯福马上任命陆军上将艾森豪威尔为欧洲同盟国远征军最高司令,准备发动"霸王"行动。1944年1月2日,艾森豪威尔抵达伦敦,就任盟军远征军最高司令。

当时,盟军已经制定了在法国南部的诺曼底登陆的具体计划。艾森豪威尔审阅了该计划,并提出了一些改进意见,把登陆正面扩大到80公里,第一梯队由3个师增加到5个师,登陆滩头也从3个增加到5个,空降兵从2个旅增加到3个师,这一意见得到最高司令部三军司令的支持。

1944年2月,英、美联合参谋长委员会批准了"艾森豪威尔修改后的霸王"计划大纲和修改后的作战计划。但是随之对登陆舰艇的需求也增加了。为了确保拥有足够的登陆舰艇,英、美联合参谋长会议决定将登陆日期推迟到6月初,并且将原定同时在法国南部的登陆推迟到8月。

6月6日,盟军在诺曼底的5个海滩开始登陆了。盟军趁着比较有利的潮汐和月光横渡英吉利海峡,出其不意地在诺曼底地区登陆了。在登陆后的一周里,盟军顽强地巩固了滩头阵地并向纵深推进。到7月初,在诺曼底登陆的盟军共有13个美国师、11个英国师和一个加拿大师,总兵力已达100万人。登陆战役持续到7月24日,盟军以惨烈的代价取得了胜利。这场世界战争史上规模最大的两栖登陆战役得到了斯大林的高度评价。他在答《真理报》记者问时说:"就其计划之周密、规模之宏大和行动之巧妙而言，是战争史上从未有过的先例……这件事将作为头等业绩载入史册。"

诺曼底登陆战役的胜利成功地在欧洲大陆开辟了第二战场。这意味着纳粹德国陷入了两线作战的困境之中。此后，盟军与苏联红军从东西两个方向对德军实施夹攻，很快便将战场推进到了德国本土。

在诺曼底登陆战役获得成功的同时，美军在太平洋战场上也取得了辉煌的胜利。美军不断攻城略地，很快就将日军控制的范围压缩了。吉尔伯特群岛、马绍尔群岛、新几内亚岛和马里亚纳群岛等地都已经在美军的控制之下了。8月10日，美军又占领了被称为日本海上防御心脏的关岛，从而突破了日本在太平洋上的内防御圈。日本本土与南方交通线有被切断的危险，美军也随时有直接在菲律宾、中国台湾和日本本土登陆的可能。

在这种情况下，日本首相东条英机被迫于7月20日宣布辞职，由小矶国昭出任首相。同日，德国东普鲁士拉斯藤堡内一间会议室的一枚炸弹险些结果了希特勒的性命。还是在这一天，罗斯福第四次被提名为美国总统候选人。

1944年是美国的大选之年，将决定着罗斯福是否能继续领导美国人进行这场艰苦卓绝的战争。在峥嵘岁月里，罗斯福一直处于超负荷的工作状态。自1943年冬季起，他的健康状况就明显地每况愈下。身心交瘁的他有时迷糊在办公桌上，有时流露出不愿过问任何事务的表情。再加上母亲萨拉和身边一些亲密的朋友接二连三地逝世，罗斯福受到了肉体和精神的双重打击，明显地苍老了。

1944年3月，罗斯福患了严重支气管炎，然后住进贝塞斯达海军医院。这次患病直到6个月之后才康复。医生发现，罗斯福的心脏扩大，血压很高，患有动脉硬化和高血压症。医生建议他减少吸烟量，并要减轻体重。在身边工作人员的帮助下，罗斯福做到了这些。他原来每天要吸两包烟，患病后便减少了一半；体重也明显下降了。如此一来，罗斯福就显得更加憔悴了。

随着战争的爆发，白宫也失去了战前的那种欢乐和热闹。被誉为

"影子总统"的霍普金斯有一个女儿长期住在白宫。她天真活泼，十分讨人喜欢，埃莉诺将其当做亲生女儿一样对待。此时，她已经跟随继母住到了乔治城霍普金斯的新居。罗斯福大女儿安娜一家去了西雅图，4个儿子全都在海外服役，13个孙子、孙女除节假日外，也很少到白宫来看望爷爷、奶奶。

和所有的父母一样，罗斯福时时刻刻都在牵挂着身处战场上的儿子们。大儿子詹姆斯是美国海军陆战队著名的卡尔森突击大队的一员。他在太平洋的马金岛指挥潜艇作战时，手中的步话机被日军的子弹打掉了，但他随即抓起另一部继续指挥战斗。罗斯福对客人介绍这件事时，总是骄傲地说："吉米（詹姆斯的昵称）并没有惊慌。"后来，救了3位战友性命的詹姆斯被授予海军十字勋章，并荣升上校。

桀傲不驯的二儿子埃利奥特常在外面惹事。小题大作的对手们正愁没有攻击罗斯福的素材，埃利奥特刚好为他们提供了素材。不过，埃利奥特在战争中的表现却十分出色。他先当侦察敌情的陆军飞机驾驶员，后因成绩卓著而步步提升，在战争快结束时已升为准将了。

有一次，对手们利用报纸再次对桀骜不驯的埃利奥特大加指责，借机攻击罗斯福。罗斯福看着报纸上的报道，黯然神伤，竟然不自觉地流下了眼泪。这一幕被记者记录了下来。埃利奥特在一封家书中悲切地写道："爸爸，我在设想，如果我们兄弟当中有一个人战死的话，他们可能就不会来折磨我们家了。"

读到这里，罗斯福更嘴唇颤抖，眼中噙满了泪花。看来，罗斯福确实老了，不过他是为了美国的自由与安全操劳而变老的。

三儿子小罗斯福和四儿子约翰都在海军服役。他们分别在巡洋舰"穆尔号"上和"大黄蜂号"上服役。罗斯福去世时，他们因为在海外服役，没能回国参加父亲的葬礼。

正是因为上述种种原因，罗斯福渴望停下来休息一下，度过一个安宁而祥和的晚年。他写信给民主党全国委员会主席罗伯特·汉尼根说："我的灵魂总在呼唤我回到哈德逊河畔的老家去。"

在大选来临之际，全国各地的民众纷纷给罗斯福写请愿书，希望他能领导美国取得最后的胜利。一份上有6000多名炼钢工人签名的请愿书写道:"我们知道您很累,但是我们没有办法,我们不能让您退休。"

另一封信上则写着:"当前,世界忧患重重,请不要把我们撇下不管。上帝将您放在世界上,就是要您做我们的北斗星。"

尽管胜利已经曙光在望,但战后国际风云必将诡谲莫测,除了罗斯福还有谁能如此透彻地洞悉美国和世界政治呢?美国的军事策略和盟国外交都是由他经手操办的,再也没有人比他更加合适领导美国民众取得最后的胜利了。

经过一番激烈的心理斗争,罗斯福最终决定再次站出来,竞选总统。不过,他对竞选的热情已经远没有前三届那种高涨了。7月11日,罗斯福在致汉尼根的信中说:"假如人民命令我继续担任这项职务,领导人民继续进行这场战争,我就像一个在火线不能离开岗位的士兵一样无权退下来。就我自己来说,我不想再竞选了。到明年春天,我就做了12年总统和武装部队总司令了。"

一周后,民主党全国代表大会在芝加哥召开了。大会首轮投票就通过了对罗斯福的提名,但在副总统候选人上争夺激烈。罗斯福的健康问题已是有目共睹的事实了。许多代表认为选择一个竞选伙伴就等于选择一个下届总统。

由于广泛的反对,罗斯福才勉强地舍弃了现任副总统华莱士。最后,来自密苏里州的参议员杜鲁门被提名为副总统候选人。罗斯福与杜鲁门关系一般,对他也没有多少了解。此时,罗斯福正在圣迭戈,准备从那里乘船到珍珠港,同尼米兹和麦克阿瑟商讨今后太平洋的战略问题。罗斯福在火车上发表了接受提名的演说。他说:"我们当前的任务是什么呢?第一,赢得战争,迅速地赢得战争,以压倒一切的优势赢得战争;第二,成立世界性的国际组织;第三,为我们即将回国的战士和所有的美国人建立一种经济体系,为他们提供就业机会,创造像样的生活。"

二

葬礼之前的就职典礼

在1944年的大选中，与罗斯福竞争总统之位的共和党人是年仅42岁的托马斯·杜威。杜威虽然年轻，但却温文尔雅，很有手腕，已经当了10年纽约州州长。在杜威被提名为共和党总统候选人之前，盟军远征军最高司令麦克阿瑟上将也想竞选总统。

不过，罗斯福始终认为，麦克阿瑟是个和美国政治彻底绝缘的人，整日对自己的痴心妄想浮想联翩，毫不关注国内日新月异的政治经济现状。罗斯福这样说并不是没有道理的。1936年的总统大选之时，麦克阿瑟坚信兰登能够击败罗斯福，而他的参谋长艾森豪威尔却认为兰登没有胜算的可能。

为此，麦克阿瑟大为气恼，认为艾森豪威尔和另一位同样怀疑兰登获胜的军官是"胆小怕事，目光短浅的一类人，即使有足够的证据也不敢作出判断"。后来的事实证明，艾森豪威尔是正确的，兰登几乎成了民主党历史上输得最惨的一个人。

到了1944年，已经有传言说麦克阿瑟和罗斯福总统关系恶劣。一些痛恨罗斯福的共和党右翼分子也趁机极力怂恿麦克阿瑟参加总统竞选。当时，太平洋战场上的形势已经到了非常关键的时期。如果在这个时候作为盟军最高司令的麦克阿瑟和作为三军总司令的罗斯福公开闹矛盾的话，无疑会动摇军心。于是，麦克阿瑟将军经慎重考虑后，便于5月间自行宣布退出竞争。

1944年6月，罗斯福同罗森曼谈到一个他在40年的政治生涯中曾一再考虑的问题：政党改组。他说："我们应该有两个真正的政党，一个代表自由主义，另一个代表保守主义。"

　　罗斯福本来打算清除民主党内部的保守势力，尤其是南方的反动分子，而吸引共和党内的自由派。如此一来，就可以按照罗斯福的意愿，将民主党改组为代表自由主义的政党，而共和党则将被迫改组为代表保守主义的政党。

　　罗斯福曾让罗森曼去同威尔基去讨论这个问题。当时，作为共和党内颇具号召力的威尔基刚被共和党正统派从竞选中排挤出来。7月初，威尔基在纽约同罗森曼举行了一次秘密会晤，他表示自己将积极支持政党改组的主张。他愿意和罗斯福一道来制订一个计划。但有一个问题，威尔基坚持他的立场：他要等到大选过后才能会见罗斯福。因为他害怕在大选之前同罗斯福接触会被共和党人误会，以为他出卖了共和党。

　　罗斯福当时似乎已经感到自己时日无多了，他急切地希望在大选之前促成政党改革的事情。罗斯福再次发挥了他迂回之才，争取让威尔基在大选之前就与他进行会谈。不过，就像在1940年的大选中差一点败给威尔基一样，这次他又摔了跟斗。威尔基认为罗斯福之所以这么着急地跟他进行会晤，很可能是在要弄竞选策略，而不是采取长远的战略行动。

　　是故，威尔基始终不同意在大选之前同他见面。没有想到，这一拖延便将改组政党的大好时机白白浪费了。10月间，一向喜欢挥霍自己精力的威尔基因患冠状动脉血栓症突然逝世了。他再也没有机会在大选之后跟罗斯福合作，共同改组美国的政党了。

　　罗斯福在惋惜之余，不得不回应共和党总统候选人杜威对其发起的攻击。在全国巡回演说，杜威发表的基本上是经过仔细推敲而又无懈可击的演说，以便最大限度地调动支持共和党的选民，同时又不至于引起战时特别的震荡。杜威没有攻击罗斯福政府的外交政策，也没有批评罗斯福提出的社会目标。他反复强调现政府是由一群"累坏了的老头子"组成的，他还提到罗斯福政府和临时机构中经常发生的口角、争吵和不合体统的勾心斗角。

　　杜威所说的是事实，而且让人很难反驳。杜威想让美国民众知道，自己比罗斯福更加年轻，有更多的精力可以驾驶美国这艘大船达到胜利的彼岸。有一次，记者拍摄了一张罗斯福去太平洋旅行之前的照片。这张照片上，罗斯福面容枯槁、有气无力、目光呆滞、老态尽显。8月，他在西雅图向全国发表广播演说，当时他穿戴着腿部支架，阵阵剧痛迫使他要用手臂的全部力量抓住演讲台来撑住自己，这使得他在翻转讲稿时十分吃力，同时也使得他通篇演讲显得结结巴巴，完全没有了昔日的镇定与幽默。不过，杜威强调的第一点却在无形之中帮助了罗斯福。他确实是一个"累坏了的老头子"，不过却是为了美国全体民众的利益才累坏的。这在无形之中唤起了美国民众对罗斯福的敬仰之情。

共和党人抓住罗斯福的这些表现，对其健康问题提出了质疑。正是在这种情况下，民意测验出现了波动。《纽约每日新闻》每期都一成不变地向读者强调这样一个基本事实："罗斯福已经62岁了，而杜威比他年轻20岁。"《纽约太阳报》甚至发表评论说，副总统有可能在罗斯福任内接任总统之位。言下之意在说，罗斯福可能活不到大选之期了。

为了安抚民心，罗斯福请他的医生麦金太尔给他开具了一张公开的健康证明书。证明书上宣称："他的器官毫无毛病，完全健康。他每天担任非常繁重的工作，但他能担负起来，因为他精力过人。"

10月21日，罗斯福为了这张健康证明书上所言非虚，硬是顶着凛冽的寒风，冒着冰冷刺骨的小雨，乘敞篷汽车横贯纽约市4个辖区，历时4个小时，行程80多公里，向选民们展示了自己的健康状况。在整个旅程中，罗斯福始终保持微笑，强忍着！雨水淋透了他全身，黑色海军斗篷闪闪发亮，但他一句怨言也没有。

随后两周里，罗斯福又前往费城、芝加哥、波士顿等城市，最后是在海德公园作了演说。非常不幸的是，他在费城又遇到了大雨。罗斯福病情的恶化很可能跟这次选举有关系。因为他在这次选举中为了表现自己的身体是健康的，不得不强忍着一些毫无必要的折磨！

尽管罗斯福强撑着，但依然难掩他的老态。在竞选中，他拿着演说稿的手不时颤抖，机智与诙谐明显地少了些，有时还出现了意外的停顿或含混。不过，其中也不乏精彩的演说。

当时，一些共和党人传言，罗斯福为了救自己不小心留在阿留申群岛上的爱犬法拉不惜派出军舰去搜索。在答复共和党对"我的小狗法拉"的诽谤时，罗斯福作了被许多撰稿专家认为是他政治生涯中最精彩的演说："好啦，我们又在一起了，这是在4年之后！这4年是什么样的年头啊！我的确老了4岁！这似乎使某些人感到恼火。其实，自从1933年开始，我们开始收拾堆在我们面前的烂摊子之时算起，我们千百万人都老了11岁。"

罗斯福的一番话把大家都拉到了大萧条和新政时代，勾起了大家的回忆。如此一来，人们就在心理上与罗斯福拉近了距离。在谴责共和党使用卑劣手法对其进行攻击之时，罗斯福说："共和党中有许多开明而且心胸宽阔的人，他们为使该党现代化和跟上美国进步的步伐，一直很努力而又体面地战斗着。不过，他们却不能够把老保守派共和党人从他们所盘踞的地盘上赶跑……"

在谈到正题时，他昔日那种犀利、机敏和辛辣又回来了。他说："共和党领导人不满足于对我、我的妻子和孩子们进行人身攻击，他们现在把我的小狗法拉也包括在内了。不像我的家庭成员，法拉对此十分反感。当它听到共和党杜撰作家编造故事说，我把它留在阿留申群岛的一个岛屿上，后来又派一艘驱逐舰去找它，并且为此花了美国纳税人两三百万乃至两千万美元时，它的苏格兰心灵狂怒不已。我可以忍受那些攻击我

1944年富兰克林·罗斯福第四次连任美国总统

个人的谎言，但我认为我有权利对这种诽谤—只狗的谎言进行反驳。"

面对共和党人种种卑劣的攻击手法，罗斯福曾对霍普金斯说："这是我一生中遇到的最卑鄙的一次竞选，对手不能也不配与我在政纲上较量，总是恶毒地在这种层次上发起进攻。"

罗斯福还将杜威与威尔基进行了比较。他认为杜威完全是一个小人，根本不配做自己的对手。威尔基则堪称真正对手，一个能激起自己斗志并能使他产生敬重之情的对手！遗憾的是，威尔基已经过世。

1944年11月7日，大选的结果表明，杜威果然不是罗斯福的对手。罗斯福以选举人票432票对杜威的99票，选民票以2560万票对杜威的2200万票获胜。罗斯福第四次当选为美国总统。

1945年1月20日，罗斯福第四任总统就职典礼仪式在白宫举行。前三次就职典礼都是通过长长的宾夕法尼亚大街到国会山举行的，这次为什么要选择在白宫呢？白宫对外公开的理由是，战时不应搞铺张排场。其实，真正的原因是，罗斯福经过几个月竞选的折腾已经筋疲力尽，衰弱得连经过宾夕法尼亚大街的游行路线去参加就职典礼的力气都没有了。罗斯福在就职典礼开始之前提了两点要求，一是让远在海外的长子詹姆斯回来，他可以像前三次那样扶着儿子站立宣读就职宣言；二是让他那散居各地的孙子、孙女们都赶到华盛顿参加就职仪式。为此，罗斯福花了不少钱为他们买机票和车票。在罗斯福去世前几个月举行的第四次总统就职典礼似乎更像是总统的葬礼。他想再看一眼全家人在一起开开心心的场面！

三

构想战后的世界新格局

1944年下半年，美军在太平洋战场上又取得重大胜利。经过世界海战史上规模最大的莱特湾大海战，日军的航空母舰全部被歼。从此，一蹶不振的日本海军就不起多大作用了。1945年1月9日，声势浩大的美军在菲律宾登陆，向马尼拉推进。在这期间，美国的B-29重型轰炸机频繁空袭日本本土，加速了日本战争经济的崩溃和日本帝国主义的失败。

在欧洲战场上，苏联红军已经在1945年初将德军赶回柏林地区，波兰和东欧的大部分已经解放；西线德军在阿登地区的反扑被彻底粉碎；意大利战区的盟军正计划北进：三面受敌的德国已走到了绝境。

在此之前，罗斯福就预言，德国法西斯和日本军国主义将在1945年彻底失败。1945年1月6日，他在向国会提交的年度国情咨文中说："持久和平赖以为基础的国际合作并不是单行道……1945年这新的一年可以成为人类历史上成就最大的一年。在这一年，我们可以看到纳粹法西斯恐怖统治在欧洲的告终；在这一年，我们可以看到讨伐大军紧缩对帝国主义日本邪恶势力中心的包围；这一年，我们可以看到而且必然看到世界和平组织的实质开端。"

罗斯福在此时考虑最多的事情就像他在年度咨文中提到的一样，就是加快世界和平组织的建设。英、法、德、苏等国在战争中受到了严重的破坏，经济实力已经严重下降，但美国本土并没有遭受战火，从而得以保存了实力。两者相较而言，美国在世界上的实力已上升到首屈一指的地位了。罗斯福预言，在战后，或许只有苏联在军事方面还可与美国比肩而立。从这一点出发，罗斯福考虑在战后构建一个以美国为主导的世界新格局。

早在1943年年底，开罗会议召开之前，罗斯福就曾对长子詹姆斯说："美国将不得不出面领导，并运用我们的斡旋进行调解，帮助解决其他国家之间必然产生的分歧，如俄国与英国在欧洲的分歧，英国与中国、中国与俄国在远东的利益纷争。我们有能力做到这一点，因为我们是大国，是强国……美国是能在世局中缔造和平的唯一的大国，这是一项伟大的职责。"

正是基于苏联在战后可能会成为唯一一个能够在军事方面与美国并肩的国家，罗斯福希望两国在战后能够和平共处，并设法以美国的强大经济实力影响或作用于其他各国，将其纳入美国式价值观念的战后格局之中。

罗斯福构想的是一个包含有"地理政治"或"地域性国际化"意味的新格局。他深信战后的事务将要在大国控制的体制下解决，而每一大国对其所在的地区负有特别的职责和突出的利益，但这些地区是互相开放的范围，而非排他的或封闭的王国。这一维持和平的战略体系并不妨碍一个地区的传统发展渠道。在这种格局中，门户开放的自由资本主义能够同共产主义及改革后的欧洲帝国主义共存。

由于丘吉尔与斯大林在1944年10月已经就战后欧洲势力范围的划分达成了一种让人生厌的协议，罗斯福认为他的这种规划具有消毒性甚至解毒性的功用。罗斯福认为，丘吉尔与斯大林两人间的这种协议对欧洲和平和人类文明具有毒害性。所以，他以美国控制全世界、大国控制某一地区的模式来消解这种毒害性，以避免世界大战再次发生。

在罗斯福设想的战后世界格局中，美国将主宰西半球、太平洋和日本，英、法两国将看管西欧，并充当当前殖民地的"托管国"，苏联将维护东欧及其邻近的东北亚部分地区的安全。中国国民党政权暂时还不能有效地控制东亚地区，因为它本身还有待从日本的侵略中恢复，同时还受到内战的威胁。罗斯福希望，中国恢复实力之后将能作为一个大国逐步在这一世界体系中发挥更大的作用。实际上也就是对苏联形成强大的牵制作用。

蒋介石（左一），罗斯福（左二），丘吉尔（左三）在开罗会议上的合影。

正是基于这种考虑，罗斯福在开罗会议上曾不顾丘吉尔的不悦，给予中国大国地位，让蒋介石成为了盟国四强（美、英、苏、中）的领袖之一。实际上，凭当时中国在经济和军事上的实力远远不能与英、美、苏三国中的任何一方相提并论。

与此同时，为了遏制四强中唯一的社会主义国家苏联，罗斯福还积极采取措施，限制苏联势力的拓展，如拒绝让苏联分享原子弹的秘密，主张美军驻扎在德国南部，赞同丘吉尔对巴尔干的安排，加强美国在太平洋和大西洋的海军基地建设等等。

如此一来，整个世界都会在美国的控制之下。为了防止再次发生世界大战，他还渴望成立一个具有维护和平能力的新的国际联盟。在此之前，《联合国家宣言》的发表已经为此奠定了基础。在德黑兰会议上，罗斯福也曾构想过整个新联盟的组织机构！

但丘吉尔和斯大林对罗斯福的这种设想并不大认同。他们更多地希望争取各自的利益。于是乎，战时盟国间的猜忌、矛盾和利益冲突便伴着胜利的来临而不可避免地加大了。罗斯福已经多次建议尽早举行三国首脑会议。

早在1944年7月19日，罗斯福在致斯大林的信中就写道："鉴于事情进展得如此迅速和顺利，我认为应该尽快由您、首相（指丘吉尔）和我举行一次会晤。"

丘吉尔同意这种想法并确定会晤日期在9月第二个星期左右，以苏格兰北部作为会晤地点。斯大林在8月2日给罗斯福的信中写道："遗憾的是……与我们前线战事有关的情况使我不能指望有可能在最近举行这种会晤。"

第二次魁北克会议之后，丘吉尔和罗斯福再次向斯大林建议举行三方会晤。9月30日斯大林在给丘吉尔信中写道："从我们共同事业的利益出发，我对此极为重视。但是，就我来说，我不得不做一点保留。医生劝我不要作长途旅行。在一定时期内，我不能不考虑到这一点。"

正是因为斯大林不愿意远行，丘吉尔才于1944年10月启程去莫斯科，并与其达成了划分欧洲势力范围的协议。

莫斯科会谈之后，美、英、苏三国政府首脑在来往信函中就召开新的三国最高级会议问题交换意见，决定"三巨头"会晤于1944年11月在苏联沿海岸举行雅尔塔会议。由于罗斯福总统就职典礼，会议延期到1945年1月底至2月初再举行。这次会议就是历史上著名的雅尔塔会议。

根据丘吉尔的提议，确定会议代号为"阿尔戈航海者"。罗斯福明白代号暗中的含义，对丘吉尔提出的"阿尔戈航海者"的名称特别欢迎。传说，一批古希腊的勇士曾乘坐"阿尔戈号"到黑海沿岸并寻找金羊毛。雅尔塔会晤就是美、英两国领导人到黑海沿岸来寻金羊毛的机会。苏联对当时在西线战场陷入困境的盟军的援助，以及最终同意对日作战就是金羊毛。

1944年12月，德军在西战场的阿登地区（比利时）对盟军发动了强大的反攻，美、英军队陷入了困境。1945年1月6日，丘吉尔不得不向斯大林求援。1月12日，苏联红军从波罗的海到喀尔巴阡山的整个战线上连续不断地给德军强有力的打击，德军被迫停止了在西线的进攻，从而缓和了阿登地区盟军的处境。经过1月的战斗，苏联红军朝柏林方向推进500公里，2月1日已达奥得河的屈斯特伦地区，进入了德境，从而为继续进攻取得了有利的战略地位。

从欧洲战场的全局看，最后击溃德国的日子已经在望。这时，英美两国在太平洋和东南亚集结了大量海空军，但要进攻日本本土，其兵力明显不足，这就激发了美国政府要抓住苏联"金羊毛"的企图。正如罗斯福在三大国巨头会晤"提要"中所述："为了击败德国，我们应该有苏联的支持。在欧洲战争结束后，为了同日本作战，我们绝不可没有苏联"。罗斯福决心争取在雅尔塔得到苏联关于参加远东战争的"书面保证"。

四

带病参加雅尔塔会议

在雅尔塔举行会议对罗斯福而言是不利的。他的身体已经极度衰弱,如今又得远涉重洋——在海上航行10天,行程7558公里,然后再飞行2212公里,然后才能到达满目疮痍、卫生条件和其他设施都极差的雅尔塔。丘吉尔抱怨说:"即使我们花10年的时间去寻找,再也找不出比雅尔塔更糟糕的地方了。那里完全是斑疹、伤寒和虱子的世界。"

在罗斯福去世前的最后一段时间内,全家都为他感到忧愁。女儿安娜从西雅图回到了华盛顿,来照顾父亲的起居。安娜性格开朗,甚至有些泼辣,她走到哪儿,就把欢笑声带到哪儿。她似乎企图用自己的笑声来安抚父亲疲惫的身心。为了让罗斯福不为自己的病症担心,医生从来不在他面前提及他的病情,只是说他"劳累过度,工作负担过重"。但是对身患动脉硬化这种绝症的罗斯福来说,已经没有任何方法可以挽救他的生命了。每当看到父亲的双手颤动不止之时,安娜都会在心中暗暗流泪。

罗斯福准备让女儿安娜陪同自己到雅尔塔去参加三国首脑会议。当然,随他们一同前往的还有对罗斯福绝对忠诚的苏格兰犬法拉。因为安娜不但把他的生活起居照顾得非常妥帖,而且不喜欢在他耳边唠唠叨叨。她总能给罗斯福营造一种轻松愉悦的氛围。在这一点上,作为妻子的埃莉诺则截然不同,她总喜欢叮嘱丈夫不要抽烟,多休息,还喜欢就一些政治问题询问丈夫的意见,督促丈夫下决定。安娜与埃莉诺的表现都是出于对罗斯福的爱,只不过她们表现的方式不同罢了。

有一次,罗斯福的贴身男仆把饭送到了罗斯福的房间。当时,埃莉诺正在就某项决定询问罗斯福的意见，安娜突然向母亲大发雷霆道："难道你不知道这样做会让父亲患消化不良症吗？"

泼辣的安娜想让母亲知道，不要在饭桌上向父亲施压，不要打扰父亲休息。身心疲惫的罗斯福更加喜欢女儿关心他的方式，因此在生命最后的一段时间里就像一个顽固的孩子一样跟妻子怄起了气。他把所有重要的文件都交给女儿保管，借此向埃莉诺施压。埃莉诺因此感到特别委屈，但依然一如既往地支持着丈夫，帮他起草各种文件。在罗斯福去世之后，埃莉诺之所以能够在美国政界仍然享有崇高的声誉，与她这种开阔的胸怀、令人尊敬的情操是分不开的。

1月23日，罗斯福一行乘坐"昆西号"巡洋舰横渡大西洋，前去雅尔塔参加三国首脑会议。途中，安娜和全体船员为罗斯福举办了一个欢乐生日宴会。罗斯福已经63岁了！船员们为了向总统表示崇高的敬意，别出心裁地用子弹壳为他制作了一个烟灰缸，作为生日礼物！

2月2日，罗斯福在前往雅尔塔的途中，在马耳他岛上跟丘吉尔讨论了有关结束对德、日战争的一些问题。2月4日，雅尔塔会议正式开始了。雅尔塔会议是盟国在战时所有9次会议中争论最激烈的一次。埋下了陷患。三方围绕着处置德国问题、波兰和东欧问题、联合国问题、远东问题等展开了激烈的讨价还价。会期匆匆，许多棘手而分歧太大的问题被搁置，只留下了一个框架性或意向性的协议。

在惩治德国的问题上，三国决定由美、英、法、苏四国分区占领德国，德国必须交付战争赔偿以及彻底消灭德国军国主义和纳粹主义的一般原则。

三国决定波兰东部边界大体上以寇松线为准，在若干区域作出对波兰有利的5至8公里的逸出，同意波兰在北部和西部应获得新的领土，其最后定界留待和会解决……

斯大林承诺在欧洲战争结束后2至3个月内参加对日作战，其条件是：维持外蒙古的现状，库页岛南部及邻近岛屿交还苏联，中国大连商港国际化，苏联租用旅顺港为海军基地，苏、中共同经营中东铁路和南满铁路，千岛群岛交予苏联。

三巨头还就创建联合国的问题进行了磋商,同意苏联的乌克兰和白俄罗斯加盟共和国为联合国创始会员国,决定美、英、法、苏、中等5国为安理会常任理事国,规定实质性问题常任理事国一致同意的原则。此外,会议还讨论了希腊、南斯拉夫、意大利等欧洲国家的有关问题。

雅尔塔会议巩固和维护了三国战时联盟,对加速反法西斯战争的胜利进程和促进战后和平稳定局面的形成起到重要积极作用,为联合国的建立奠定了基础。但会议的某些协议未经有关国家同意,具有明显的大国强权政治和绥靖政策的倾向,严重损害了中国等国的主权、利益和领土完整。

在雅尔塔会议期间,罗斯福的健康每况愈下。丘吉尔的医生莫兰勋爵看望了罗斯福之后,对丘吉尔说:"他是个病情很重的人。他的症状是动脉硬化,已经发展到了晚期,因此我觉得他只能再活几个月了。"

三巨头分手的前夜,斯大林在宴会上提议为美国总统的健康干杯。他说:"我和丘吉尔先生下定决心对抗德国法西斯是比较简单的事情。因为我们都是为了自己祖国的生存而同纳粹德国作战的。但这里有第三个人,他的国家未曾遭受侵略的严重威胁,也还没有濒临即时的危险,他多半出于对国家利益的更广泛的考虑,成为把全世界动员起来以反对希特勒的种种手段的主要锻造者。他就是伟大的美国总统罗斯福先生!"

罗斯福在答辞中说:"我们这些领导人在这里的目的,就是要给这个地球上的每个男人、妇女和儿童以安全和幸福的可能。"

会议结束之后,罗斯福再次乘坐"昆西号"巡洋舰经苏伊士运河抵达阿尔及尔,然后横穿大西洋,向华盛顿驶去。疲惫的罗斯福和助手们得在航行期间拟定向国会发表的关于雅尔塔会议的演讲稿。在横渡大西洋的9天间,他们为此忙个不停。"昆西号"驶

雅尔塔会议(前排左起:丘吉尔、罗斯福、斯大林)

出阿尔及尔两天后，罗斯福的军事顾问沃森病逝于船舱里。罗斯福守在沃森的身旁，怆然泪下。罗斯福没有像从前那样掩饰自己的悲伤。或许，他在此时已经知道了自己在不久之后将追随沃森而去吧！

2月28日，罗斯福一行回到了华盛顿。次日，他便出现在国会大厅，向议员们发表演说。罗斯福太虚弱了，他连站起来的力气都没有了。自从1933年就职总统以来，他第一次也是最后一次坐着向议员们发表了自己的演说。

在演说的开始，罗斯福先就自己坐着发表演说向议员们表示了歉意。他说："这对我来说，要比在两条腿的下部带上差不多10磅重钢架要方便的多。另外，我刚刚做完一趟22000多公里的旅程，身体也确实太疲惫了。"

没有人对罗斯福坐着发表演说表示不满，因为他的容貌看起来确实疲惫不堪，而且一脸病容。他吐词含糊不清，念讲稿时结结巴巴，时而停顿，时而将一些无关的枝节问题也拉到演说中来。这在以前是很难见到的！他的右手颤抖，艰难地用左手翻读讲稿；灰蓝色的眼睛有些迷朦，脸上肌肉松弛，背也有些驼。

只是在讲到雅尔塔会议的成就、并要求国会接受"永久性的和平结构"——联合国时，他的脸上才重现光彩，而且语调激昂慷慨，往昔那种站在讲坛上的状态似乎又恢复了。不过，这仅仅只是一瞬间而已，那种光彩与慷慨激昂马上就消逝了……

五

人生的最后一次旅行

在向国会通报了雅尔塔会议取得成果之后,安娜与罗斯福的苏格兰犬法拉急切地想要去度假。罗斯福曾答应,他们将尽快乘飞机去佐治亚温泉。飞机终于在1945年3月29日起飞了。随行的人员相当多,有罗斯福喜欢的女仆莉齐·麦克达菲、贴身男仆阿瑟·普雷蒂曼、特工人员迈克赖利和医生布鲁恩。由于这次外出旅行算不上重要,而且时间很短,所以麦金太尔医生并没有随他一起去。麦金太尔没有随他一起去的另外一个原因是,大家都说罗斯福在那段时间里面色再次红润起来,病情似乎好转了。脾气古怪的两个堂妹劳拉·德拉诺和和玛格丽特·萨克利也跟着他一块去了。谁都没有料到,这次旅行居然成了罗斯福人生中最后一次旅行!

实际上,罗斯福的面色红润起来并不是因为病情好转,而是因为他马上就可以同自己保持多年暧昧关系的露西·塞默尔相会了。安娜想让父亲的晚年过得开心一些,便瞒着母亲埃莉诺在佐治亚温泉安排好了一切,让罗斯福与露西度过一个愉快的假期。安娜本来想亲自去温泉的,但她的儿子约翰尼因得某种传染病住进了医院,所以她没有去。

初春的佐治亚温泉十分美丽,莺飞草长,阳光明媚。山坡上的山茱萸、野紫萝兰和玫瑰花都已争妍怒放,一切都显得生机勃勃。置身于这里的罗斯福似乎恢复得很快,兴致很高。

那几天,战场上捷报频传。在太平洋战场上,日军已经到了穷途末路。美军攻占菲律宾首都马尼拉市后乘胜扩大战果,琉璜岛在3月底被克复。4月1日,规模浩大的冲绳岛会战开始,几乎绝望的日军死死守护着通往日本本土的最后一道屏障。150架"超级空中堡垒"在白天空袭东京让日本朝野一片恐慌。

欧洲战场上传来的消息也让人十分兴奋。4月11日,美军第九集团军距离柏林已经不足100公里了,只要一天多的时间就可以挺进柏林,美俄两军可望提前会师。

罗斯福盘算着,再过两周,50多个联合国家的代表们将齐集旧金山,宣告联合国的成立。他还知道,原子弹试爆即将进入最后的装配阶段。

罗斯福十分高兴,他抽出了一点时间来润色自己的演讲稿。这篇演讲稿是为4月13日纪念民主党的精神之父托马斯·杰斐逊诞辰202周年的集会而准备的。届时全国都将听到罗斯福从广播里传出的声音。有一段话是这样写的:"今天我们面临的突出事态是:文明如果能够幸存,就必须培植或促进人类关系的科学,让各种民族能够在同一地球和世界上一起和平地生活、一起工作。"

尽管润色演讲稿是一件很费脑筋的事情,但罗斯福依然玩得很开心。4月9日,他坐在一辆特制的小汽车上到一个交叉路口去接露西。露西是乘一辆有篷的大旅行车来的,还带来了两个人:著名的画家肖马托夫小姐和摄影师尼克·罗宾斯。露西坐进罗斯福的小汽车,跟他一起到了温泉边上的"小白宫"。

罗斯福身边的特工人员当然会对每个接近罗斯福的人进行检查。不过,他们都认识露西,因为罗斯福不止一次跟她秘密相会。得到罗斯福的指示之后,特工人员并没有对露西进行检查,就放她进去了。

罗斯福接到露西之后便打电话给安娜,让她明白,她为露西到温泉与他会面所作的安排已经奏效。他喜悦地告诉安娜:"有位老朋友来我这里作客。"

那些天,露西和罗斯福就像愉快的小孩一样过着美好的日子,好像美好日子永远不会结束似的。正当肖马托夫小姐在给罗斯福画素描并仔细端详他的时候,他依然握着露西的手,不肯放开。

他们打算在4月12日举行一场野外宴会和歌唱表演。欢乐的时光总是过得那么快！时间很快就到了4月12日上午。罗斯福准备让温泉医院里能够走动的病人全都去参加表演，由白人扮作黑人演唱黑人歌曲。

特工人员小心仔细地对野餐地区进行了检查，还专门为罗斯福摆放了一把椅子，准备让他坐着观看歌唱表演。罗斯福的司机蒙蒂·斯奈德在他要走的路线上跑了一趟空车，查看他要到达的地方和要停车的地方，以确保罗斯福的安全。这一天看上去和春天里的每一天都一样美丽，让人感到十分放松。司机蒙蒂也同特工人员随便寒暄了几句。

野外宴会的一切都准备好了，但是罗斯福却没有来。那天上午，罗斯福在照像时觉得有点头痛。人人都因为他而弄得神经有点紧张。露西·默塞尔给他的头做推摩，直到他说他觉得好一些了。

当时，大家都没有太在意罗斯福突如其来的头疼，还以为那不过是肌肉痛罢了。罗斯福也没有太在意。好些了之后，他便拿起一封邮件瞧了又瞧，准备在午饭前再摆几个姿势让人照像。当时午饭快准备好了。

这时，白宫的秘书之一比尔·哈西从华盛顿赶来了。他带来许多需要总统签名的文件。有一项文件是国会通过的法案，另一项文件是一封外交信件。罗斯福想在露西、肖马托夫小姐和两个堂妹面前自我炫耀一番。他吹嘘说他马上就要显示一下美国历史，让她们见识见识法案是怎样通过的。说着，罗斯福就大笔一挥，在文件上签下了自己的名字。这个时候，姑娘们都嗤嗤地笑了起来。

罗斯福还对哈西特开了小小的玩笑。在罗斯福签署每份文件，包括签署任命一些人担任政府工作的委任状时，哈西特把一张张委任状铺在房间里的每把椅子上，让墨迹吹干。罗斯福开玩笑说："喂！主教，你洗的衣服都收好了没有，是不是全都干了？"

罗斯福的幽默把大家全都逗笑了。这时，午饭也已经准备好了。罗斯福吃得很少，很快就结束了午餐。

午餐过后，罗斯福拿起自己将在杰斐逊诞辰纪念会上发表的演说稿，再润色润色。他在演说稿的末尾加上了一句话："唯一使我们对明天的认识受到限制的是我们对今天的怀疑。"

罗斯福的周围全是他所爱和信任的女人，有女仆莉齐、情人露西和姨母波莉。女人们在开心地同罗斯福聊着天，肖马托夫小姐则趁这个机会给他画像。罗斯福的手始终握着露西的手，不曾松开过。突然，他举手按住头部，说了声："我头疼！"

话刚刚说完，他的手臂就垂了下来，头也歪到了左胸前。肖马托夫小姐尖叫起来。露西则一边尖叫，一边用手抱住了心爱之人的头部。当时是下午 1 点 15 分。

布鲁恩医生被叫来了，他吩咐把总统放到床上，给他诊断病情。这时，不知道谁提醒露西，如果让人发现她和肖马托夫小姐在这幢房子里，会让她们感到很尴尬。

露西担心罗斯福的病情，想留下来照顾她所爱的人。但大家坚持让她离开。在离开之前，她啜泣着向人们发出了一连串的问题："你们会不会让我知道他的病情如何？你们会不会打电话给我？你们会不会通知我什么时候回来？"

人们说："会，会，会。赶快走，你必须马上就走。我们将打电话给你。"

露西哭着说："啊！天啊！这么可怕！我不知道怎么办？"

人们催促她说："现在赶快走吧！一切都会好起来的。"

露西被推出门外的时候，波莉正在给白宫打去了电话。人人都告诫波莉不要叫第一夫人埃莉诺惊慌失措。波莉告诉埃利诺说："总统已晕倒，但是现在他在另一个房间里接受治疗照顾。"

埃利诺失声说："天啊！要不要我马上就赶过去？"

波莉回答说："不必马上来！事情看来并不太严重。"

当时，人们并没有意识到事情的严重性，以为罗斯福不过是肌肉痛导致的昏厥，马上就会恢复的。事实上，罗斯福在过去几年里也曾昏厥过几次，都是在很短的时间内就恢复了健康。可能正是因为这个原因，大家才对罗斯福的突然昏厥放松了警惕！

六

一代伟人骸骨归故乡

白宫的麦金太尔医生通过电话与布鲁恩医生商量治疗的办法。安娜从麦金太尔那里得到消息说，父亲的病情似乎有好转，她也没有太担心。但是在1945年4月12日下午3点31分（华盛顿时间4点31分），罗斯福的呼吸突然停止了。医生尽了最大的努力进行抢救，但再也无法使他复活了。医生的诊断结果是，罗斯福患的是脑溢血。25年后，布鲁恩医生写了一篇文章，说要是当时有治高血压的药，或者罗斯福戒烟，并且不再劳累过度的话，事情也许会有不同的结局。

此时，正在华盛顿萨尔格拉夫俱乐部参加年度茶会的埃莉诺得知消息后，立即驱车赶回白宫。她给4个在海外服役的儿子发去电文："亲爱的孩子们，你们的父亲于今日下午长眠不醒了。他鞠躬尽瘁，守职至终，也望你们能尽职守责到底。"

为了应对这一紧急情况，政府各部的首脑齐集内阁会议厅，讨论应付措施。华盛顿时间下午5点47分，美国三大通讯社向海内外发出了美国总统罗斯福逝世的电讯。7点9分，副总统杜鲁门在首席大法官哈兰·斯通的主持宣誓就职，成为美国第三十三任总统。

罗斯福去世的消息公布之后，美国民众自发地赶到白宫前面的草坪上，想来看总统最后一眼，但他们什么也看不到，或许他们本来就没打算看到什么，他们只想默然伫立，哀悼这位领导了他们达12年之久的伟大总统！

后来成为美国第三十六任总统的林登·约翰逊在国会山前失声痛哭道："他一直待我情同父子，他是一位在任何时候都无所畏惧的人。上帝啊！你为什么把我们所有人的担子全担在他的肩上啊！"

那些曾经反对过罗斯福或与他有宿怨的人在此时也放下了政治成见，默默地哀悼他，称赞他说："他是个战时英雄，他为了美国人民，确实做到了鞠躬尽瘁，死而后已。"

一度反对罗斯福的《纽约时报》在此时也发表了中肯的评论，评价他说："正值强大而残忍的野蛮势力威胁着整个西方文明之时，幸好有他，伟大的罗斯福坐镇白宫。哪怕再过一百年，人们想起这件事情的时候，恐怕还要匍匐在上帝的面前，感谢他为美国人安排了这么一位伟大的总统！"

丘吉尔得知罗斯福去世的消息后，突然手足失措，不知该做些什么了。几天之后，他在圣保罗大教堂的追悼仪式上失声痛哭，哀悼这位世纪伟人。斯大林得知这一消息后，神情黯然，默默地紧握着美国驻苏联大使哈里曼的手约有30秒之久，还没有请他坐下。为了对这位自己十分崇敬的总统致敬，斯大林下令莫斯科红场降了半旗，并在旗帜上围了黑边。

罗斯福在1932年的大选中曾说过："请根据我的敌人的评论来评价我。"那么，他的敌人是如何评价他的呢？日本东京电台引述时任日本首相铃木的话说："我得承认，罗斯福确是一个领导有方的政治和军事领袖！美国军队之所以能够取得今日的优势地位，莫不有赖于他的领导。他的去世对美国人民来说，是一个巨大的损失！对罗斯福的去世，我也深表同情。"

在引述了铃木首相的评论之后，东京电台还特意播放了几分钟哀乐，以表示对一位伟人去世的敬意。从罗斯福的敌

1945年美国总统罗斯福的葬礼

人，日本首相的评价中可以看出罗斯福确实是20世纪最伟大的政治、军事领袖之一。他是美国民众的好总统，也是美军士兵的好司令！在生活上，他是好儿子、好丈夫、好父亲和好爷爷！不过，他并不是完美无瑕的，他的风流也给家庭，尤其是他的妻子埃莉诺带来了很多痛苦！从这个意义上来说，他又不能算是一个好丈夫！

罗斯福逝世之后，他的遗体便由总统专列运回华盛顿。列车运行的速度很慢，沿途有许多人露宿在轨道两旁，等候着瞻仰总统的灵车。

1945年4月14日上午10点，罗斯福的灵车抵达华盛顿。灵车由海军陆战队、坦克部队、陆军和各兵种的女兵护卫着。上面覆盖着黑丝绒和星条旗。一辆由4匹白马拉着炮车早已等候在那里。士兵们把罗斯福的灵柩抬到了炮车上，然后便缓缓地沿着华盛顿的街道往前走去。炮车后是一匹孤独的乘马，戴着眼罩，马蹬倒悬，垂挂着一柄宝剑和一双马靴。这象征着勇士已离开了人世。

大街两旁到处都是人，但却异常安静。除了人们低低的啜泣声之外，什么声音也听不到，仿佛整个世界在这一刻全部睡着了一样。

下午4点，罗斯福的祭奠仪式在白宫东大厅举行。世界各国的吊唁使团送来的鲜花围满了大厅的四壁。他生前用过的轮椅赫然摆放在祭坛

罗斯福的出殡

的旁边。华盛顿教区的安格斯·邓恩大主教主持了简短的主教派葬礼，他在祈祷后的悼词中引用了罗斯福在 1933 年就职仪式上说的那句话——"我们唯一必须畏惧的就是畏惧本身！无可名状、毫无道理，决不应有的恐惧将瓦解人们变退却为前进所需要的努力。"

邓恩大主教说："这是总统先生最初对我们讲的话，我确信他依然希望把这句话作为他最后的遗言。"

杜鲁门走进东大厅时，人们似乎忘记了他已经就任美国总统，应该站起来以示对他的尊敬。大厅里异常安静，没有一个人站起来，杜鲁门自己似乎也没意识到这种礼仪上的疏忽。此时此刻，人们所能想到的一切，都是他们伟大的总统罗斯福去世了。

过了一会，埃莉诺进来了，她胸前只佩着当初订婚时富兰克林送给她的金质胸花。她默默无言地走向罗斯福的灵柩，所有的人都站了起来，向这位同样伟大的第一夫人致敬。然后，所有的人都悄悄地退出了东大厅，让一袭黑纱的埃莉诺独自和丈夫呆一会。人们不知道埃莉诺对丈夫讲了些什么，但可以感到她明显无法控制自己的感情，她轻抚了一下丈夫的脸颊，把一束玫瑰放在了灵柩里。

此时此刻，她想的是什么呢？是她与罗斯福之间的恩爱，还是罗斯福在情感上对她的背叛？或许两者都有，或许她已经原谅了丈夫在情感上的出轨！埃莉诺和丈夫单独呆了一会，灵柩便被封盖了起来。

当天晚上，灵柩便由专列送往到了罗斯福的故乡海德公园。次日一早，炮车载着灵柩沿着崎岖的山路缓缓而上，到达了罗斯福宅第附近的小山丘上。上午 10 点，富兰克林·德拉诺·罗斯福被安葬到了祖宅旁边的小山丘上。他的坟墓四周被高大的铁杉树和篱笆密密地围了起来，地上种满了玫瑰。

罗斯福去世 26 天之后，即 1945 年 5 月 8 日，法西斯德国宣布无条件投降；4 个月之后，日本军国主义也在盟军强大的攻势之下，尤其是在广岛和长崎爆炸的两颗原子弹的威慑之下，宣布无条件投降了。作为美国伟大的领袖，罗斯福为这场反法西斯战争的胜利创造了有利的条件。

罗斯福去世之后，他的爱犬法拉似乎知道自己的主人已经永远离开

在罗斯福家族位于海德帕克家玫瑰花园中的罗斯福和埃莉诺墓地

了,它常常跑到房子边上的小山丘上哀鸣。埃利诺替丈夫继续照顾着这条忠诚的狗!丈夫去世之后,她也淡出了政治舞台,在祖宅里过上了平静的生活。5年之后,法拉悄无声息地死去了。埃莉诺让人把它安葬在了罗斯福墓的附近。12年之后,埃利诺也进入天堂与他们相会了。